"十三五"职业教育国家规划教材

高等职业教育财会类专业系列教材

主 编◎叶治斌 黄爱明

副主编◎张森芳 徐丽芳 邓妩 何锋

XINBIAN SHUIFA

新编税法

（第2版）

重庆大学出版社

内 容 提 要

教材编写以截至 2022 年 2 月财政部、国家税务总局公布的最新的税收制度为依据,立足高职高专理论知识"必需、够用"的原则,融合 1+X 职业技能等级证书考试元素,兼顾学生岗位能力迁移与职业生涯发展,以税收实体法为主线,全面、系统、详细、准确地介绍了增值税、消费税、企业所得税、个人所得税、车船税、教育费附加等 16 个税(费)种以及税收征管与税务行政等适用社会最新需求的相关内容。同时教材采用了知识点拨—知识引读—教学内容—知识卡片—知识问答—案情设定—知识运用与实训的编写结构。

图书在版编目(CIP)数据

新编税法 / 叶治斌,黄爱明主编. -- 2 版. --重庆:
重庆大学出版社,2022.2(2023.1 重印)
高等职业教育财会类专业系列教材
ISBN 978-7-5689-0735-4

Ⅰ.①新… Ⅱ.①叶…②黄… Ⅲ.①税法—中国—
高等职业教育—教材 Ⅳ.①D922.220.4

中国版本图书馆 CIP 数据核字(2022)第 013264 号

高等职业教育财会类专业系列教材
新编税法
(第 2 版)
主 编 叶治斌 黄爱明
副主编 张森芳 徐丽芳 邓 妩 何 锋
责任编辑:王 波 顾丽萍 版式设计:顾丽萍
责任校对:刘志刚 责任印制:张 策

*

重庆大学出版社出版发行
出版人:饶帮华
社址:重庆市沙坪坝区大学城西路 21 号
邮编:401331
电话:(023) 88617190 88617185(中小学)
传真:(023) 88617186 88617166
网址:http://www.cqup.com.cn
邮箱:fxk@ cqup.com.cn (营销中心)
全国新华书店经销
中雅(重庆)彩色印刷有限公司印刷

*

开本:787mm×1092mm 1/16 印张:19.25 字数:447 千
2018 年 1 月第 1 版 2022 年 2 月第 2 版 2023 年 1 月第 6 次印刷
印数:4 301—6 300
ISBN 978-7-5689-0735-4 定价:49.00 元

第2版前言

近年来,特别是在落实税收法定与国家减税降费的大背景下,我国的税收制度随着市场经济的发展正发生着深刻的变化,一些税收法律法规也做了重大的调整和修改,特别是增值税法(征求意见稿)已发布、消费税法正式实施、个人所得税法的第七次修订、关税调整以及印花税等小税种上法等,而能够及时、全面地反映最新税收法律法规的高职高专教材甚少。因此,有针对性地编写一本适应当前财税改革实际的教材显得尤为迫切。教材编写以截至2022年2月财政部、国家税务总局公布的最新的税收制度为依据,参阅了最新的税务师执业资格考试教材、注册会计师执业资格考试教材、初级会计师技术资格考试教材及最新颁布的税收法规、政策等规定,吸收了编写团队税法研究的最新成果与税法教学实践中的经验。在编写的过程中突出以下几点:

1. 编写传承性。 教材在原《新编税法》的基础上进行修订,最早出版的时间是在2009年,经历了4次出版,分别由华南理工大学出版社、清华大学出版社、国家开放大学出版社(原中央广播电视大学出版社)、重庆大学出版社出版,累计使用数量超过15 000册,使用的院校包括河源职业技术学院、惠州经济职业技术学院等近10所高职院校,使用评价效果优秀,有一定的前期编写与出版基础。

2. 课证融通性。 教材立足高职高专理论知识"必需、够用"的原则,同时将学生考取"1+X"证书智能财税、金税财务运用、财务共享服务职业技能等级证书以及初级会计师《经济法基础》科目的税法知识部分融入,兼顾学生岗位能力前移与职业生涯发展,以税收实体法为主线,全面、系统、详细、准确地介绍了16个税(费)种,税收征管与税务行政等适用社会的最新需求。教材课后习题均来自以上证书考试的历年真题,尽量使学生达到不仅所学能所用,而且有所考。

3. 结构特色性。 教材采用了知识点拨—知识引读—教学内容—知识卡片—知识问答—案情设定—知识运用与实训的编写结构,其中,知识卡片有很多内容体现了高校课程思政要义,如中国共产党领导下的税收事业发展、袁隆平与税收的故事等内容,使学生知晓古今,以史为鉴,增强学生"四个自信"。同时考虑到税收法法条比较枯燥无味,教材汇集了大量的税收热点、税收趣闻、税收轶事、现实案情、税收游戏等,符合职业教育教学规律,彰显学生学习的主体性与主导性。

4. 团队协同性。参加教材编写的人员中有来自职业院校从事多年税务课程教学的一线教师,这些教师不仅拥有财经类的多个专业技术资格,如税务师、会计师、经济师、审计师、统计师等,同时也拥有较为丰富的考证培训授课经验以及财税实操经验,如两位主编均拥有超过 30 期的考证培训授课经验,而且长期在会计服务公司进行社会实践,累计为 200 家以上小微企业提供会计建制建账、再造会计业务核算流程、财税优惠政策解读及执行、纳税申报、税务筹划等服务;也有来自法律、税务、会计中介机构负责人,凸显教材内容的职业性、实用性、适用性。

本书由惠州经济职业技术学院叶治斌和黄爱明担任主编;河源职业技术学院张森芳、惠州经济职业技术学院徐丽芳、北京大成(珠海)律师事务所邓妩、惠州城市职业学院何锋担任副主编;惠州博雅特会计服务有限公司柯佳杰、国家税务总局惠州市税务局吴志峰参编。各章具体分工如下:第一章、第二章、第六章由叶治斌编写;第五章、第十章由黄爱明编写;第三章、第四章由张森芳编写;第七章由徐丽芳编写;第十一章由邓妩编写;第八章由何锋编写;第九章由柯佳杰、吴志峰编写;全书由叶治斌总纂定稿。

本书的编写,除选用了现行的法律法规外,还参考了一些专家、学者编写的有关资料与教材,在此一并表示谢意。

由于编写人员知识和经验的局限性,错误和疏漏在所难免,恳请读者批评指正(邮箱:gdhzyezhibin@163.com),以便今后不断完善。

叶治斌

2022 年 1 月

目 录 CONTENTS

下编 税收程序法

上 编
税法基础知识

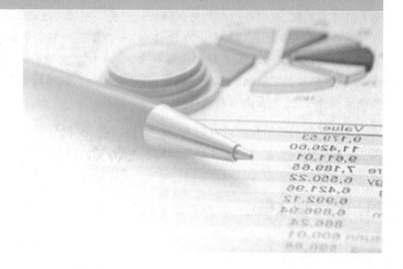

第一章 税法概论

【知识点拨】

税法是国家法律的重要组成部分,是征纳双方共同遵守的行为规范。税法的概念、税收法律关系、税法的构成要素、税法的分类、税法的作用、税法的制定与实施、税法体系与税务机构设置,是税法的基础理论知识,也是学习和研究税收实体法的关键。本章的重点是税法的概念、构成要素、税法的分类、税法的体系,难点是税法的构成要素与分类。

【知识引读】

税收关系你我他

西方有句名言:人的一生,只有两件事无法避免,那就是死亡和纳税。人固有一死,所以没有人能够逃脱。而人生活在经济社会中,每个人都是税收的实际承载者,所以必须纳税,没有人能够逃脱纳税的义务。也许有人会说:我不做生意,工资也不够缴税,所以税收与我无关。其实不然,我们每个人都与税收密切相关。税收渗透在人们日常生活中,只是我们没有留意而已。有些物品的税金含在价格内,人们在不知不觉中就缴纳了税金。比如,喝酒、抽烟、购买高档化妆品,这里面就含有税金,你在付款购物的同时,就缴纳了税金;得奖、中奖、中彩票要按规定缴纳个人所得税等,只是我们个人缴纳的税金所占的比例小而已。国家的绝大部分税金,是由企业缴纳的。

从上面的引读中我们可以思考:什么是税收? 税收与税法有什么联系与区别? 什么是税法? 税法构成要素与分类又是怎样的? 本章内容将对这些问题进行阐述。

第一节 税法概述

一、税法的定义

税法是国家制定的用以调整国家与纳税人之间在征纳税方面的权利及义务关系的法律规范的总称。税法主要包括税收法律、税收法规和税收规章。它是国家及纳税人依法征税、依法纳税的行为准则。其目的是保障国家利益和纳税人的合法权益,维护正常的税收秩序,保证国家的财政收入。

【知识卡片1.1】

税的本意

税由"禾""兑"两字组成,"禾"指农产品,"兑"即送达,其本意是社会成员向国家送交农产品。税,起源于奴隶社会,初税亩是我国征收田税的最早记载,唐朝的租庸调制、两税法,宋朝实行方田均税法,明代"一条鞭法",又称"一条编法",清朝的"摊丁入亩",又称"地丁合一"等,都是我国古代重要的赋税制度。

【知识卡片1.2】

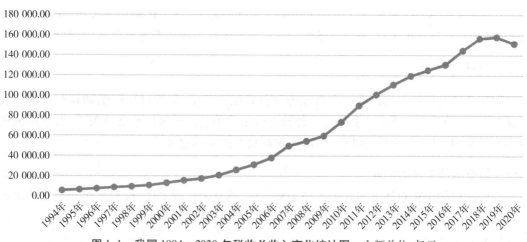

图1.1　我国1994—2020年税收总收入变化统计图　金额单位:亿元

【知识卡片1.3】

税与老鼠的关系

唐朝除征收农业税外,还要征收另外一种附加税,叫雀鼠耗。耗就是损耗,雀鼠耗就是为了弥补雀、鼠偷吃粮食,造成粮仓内粮食损耗而征收的一种税。后来,人们就叫老鼠为耗子。

税法与税收密不可分,税法是税收的法律表现形式,税收则是税法所确定的具体内容。因此,了解税收的本质与特征是非常必要的。税收是国家为了行使其职能而取得财政收入的一种方式。它的特征主要表现在以下3个方面:

(1)强制性。强制性主要指国家以社会管理者的身份,用法律、法规等形式对征收捐税加以规定,并依照法律强制征税。

(2)无偿性。无偿性主要指国家征税后,税款即成为财政收入,不再归还纳税人,也不支付任何报酬。

(3)固定性。固定性主要指在征税之前,以法的形式预先规定了课税对象、课税额度和课税方法等。

因此,税法就是国家凭借其权力,利用税收工具的强制性、无偿性、固定性的特征参与社会产品和国民收入分配的法律规范的总称。

【知识问答1.1】

税与费有什么区别?

答:税收是国家为了满足社会公共需要,依据其政治权力,按照法律规定,强制地、无偿地参与社会产品分配的一种形式。费是指国家机关向有关当事人提供某种特定劳务或服务,按规定收取的一种费用。税与费的区别主要有以下三点:

(1)征收主体的不同。税通常由税务机关和海关收取,费通常由其他机关和事业单位收取。

(2)特点的不同。国家收费遵循有偿原则,而国家收税遵循无偿原则。有偿收取的是费,无偿课征的是税,这是两者在性质上的根本区别。

(3)用途的不同。税款一般由国家通过预算统一支出,用于社会公共需要,除极少数情况外,一般不实行专款专用;而收费多用于满足收费单位本身业务支出的需要,专款专用。

二、税收法律关系

国家征税与纳税人纳税形式上表现为利益分配的关系,但经过法律明确其双方的权利与义务后,这种关系实质上已上升为一种特定的法律关系。了解税收法律关系,对于正确理解国家税法的本质,严格依法纳税、依法征税都具有重要的意义。

(一)税收法律关系的构成

税收法律关系在总体上与其他法律关系一样,都是由权利主体、权利客体和税收法律关系的内容三方面构成的,但在三方面的内涵上,税收法律关系的内容则具有特殊性。

1.权利主体

权利主体即税收法律关系中享有权利和承担义务的当事人。在我国税收法律关系中,权利主体一方是代表国家行使征税职责的国家税务机关,包括国家各级税务机关、海关,税务机关是最重要的征税主体;另一方是履行纳税义务的人,包括法人、自然人和其他组织,在华的外国企业、组织、外籍人、无国籍人,以及在华虽然没有机构、场所但有来源于中国境内所得的外国企业或组织。这种对税收法律关系中权利主体另一方的确定,在我国采取的是属地兼属人的原则。

在税收法律关系中权利主体双方法律地位平等,只是因为主体双方是行政管理者与被管理者的关系,所以双方的权利与义务不对等。因此,税收法律关系与一般民事法律关系中主体双方权利与义务平等是不一样的,这是税收法律关系的一个重要特征。

【知识问答1.2】

税务机关、海关分别对什么税种征税?

答:(1)税务机关:增值税、消费税(含燃油税)、企业所得税、个人所得税、资源税、土地增值税、城镇土地使用税、契税、耕地占用税、房产税、车辆购置税、车船税、印花税、烟叶税、固定资产投资方向调节税(保留税种,暂缓征收)、城市维护建设税和环境保护税。

(2)海关:进出口关税和船舶吨税、代征进口货物增值税和消费税。

2.权利客体

权利客体即税收法律关系主体的权利、义务所共同指向的对象,也就是征税对象。例如,所得税法律关系客体就是生产经营所得和其他所得,财产税法律关系客体即财产,流转税法律关系客体就是货物销售收入或劳务收入。税收法律关系客体也是国家利用税收杠杆调整和控制的目标,国家在一定时期根据客观经济形势发展的需要,通过扩大或缩小征税范围调整征税对象,以达到限制或鼓励国民经济中某些产业、行业发展的目的。

3.税收法律关系的内容

税收法律关系的内容即税收法律关系权利主体所享有的权利和所应承担的义务,这是税收法律关系中最实质的东西,也是税法的灵魂。它规定权利主体可以有什么行为,不可以有什么行为,若违反了这些规定,须承担相应的法律责任。

国家税务主管机关的权利主要表现在依法进行征税、税务检查以及对违章者进行处罚;其义务主要是向纳税人宣传、咨询、辅导税法,及时把征收的税款解缴国库,依法受理纳税人对税收争议的申诉等。

纳税义务人的权利主要有多缴税款申请退还权、延期纳税权、依法申请减免税权、申请复议和提起诉讼权等;其义务主要是按税法规定办理税务登记、进行纳税申报、接受税务检查、依法缴纳税款等。

(二)税收法律关系的产生、变更与消灭

税法是引起税收法律关系的前提条件,但税法本身并不能产生具体的税收法律关系。税收法律关系的产生、变更和消灭必须有能够引起税收法律关系产生、变更或消灭的客观情况,也就是由税收法律事实来决定。按税收法律事实是否与纳税人的意志有关,分为税收法律行为和税收法律事件。税收法律行为一般指纳税人实施的应当课税的经济活动,如纳税人开业经营即产生税收法律关系,纳税人转业或停业就造成税收法律关系的变更或消灭。税收法律事件,是指与纳税人意志无关的客观现象,如新税种的开征等。

【知识问答1.3】

纳税人的死亡而导致纳税义务终止是税收法律事件还是税收法律行为?

答:纳税人的死亡是税收法律事件,因为纳税人的死亡,与纳税人的意志无关,是不以纳税人的意志为转移的。

(三)税收法律关系的保护

税收法律关系是同国家利益及企业和个人的权益相联系的。保护税收法律关系,实质上就是保护国家正常的经济秩序,保障国家财政收入,维护纳税人的合法权益。税收法律关系的保护形式和方法是很多的,税法中关于限期纳税、征收滞纳金和罚款的规定,《中华人民共和国刑法》(简称《刑法》)对构成偷税、抗税罪给予刑罚的规定,以及税法中对纳税人不服税务机关征税处理决定,可以申请复议或提出诉讼的规定等都是对税收法律关系的直接保护。税收法律关系的保护对权利主体双方是对等的,不能只对一方保护,而对另一方不予保护,对权利享有者的保护,就是对义务承担者的制约。

【知识卡片1.4】

是税收产生了文字?

提起古埃及,不少人恐怕会想到关于木乃伊的好莱坞恐怖大片。您知道吗,作为四大文明古国之一,古埃及人创造了灿烂无比的文化。最近专家研究发现,古埃及人是通过"税收"才发明了文字。这一观点彻底打破了人们的日常思维,通常人们认为:文字和税收的关系一

定是文字在前，税收在后，可是在破译了一块出土的古埃及时代的象形文字陶片后，不少学者肯定地告诉世人，文字的起源在于"税收"的产生，换句话说是"税收"分娩了文字。

三、税法的构成要素

税法的构成要素是指各种税都应具备的共同要素，一般包括总则、纳税义务人、征税对象、税目、税率、纳税环节、纳税期限、纳税地点、减税免税、罚则、附则等项目，其中纳税义务人、征税对象、税率是其最基本的要素。

（一）总则

总则主要包括立法依据、立法目的、适用原则等。

（二）纳税义务人

纳税义务人（简称"纳税人"）即纳税主体，是税法规定的负有纳税义务的单位和个人，包括法人、自然人及其他组织。

【知识卡片1.5】

纳税人与负税人的关系

纳税人是直接向税务机关缴纳税款的单位和个人，负税人是实际负担税款的单位和个人。在税收负担（简称"税负"）不能转嫁的条件下，负税人也就是纳税人，如个人所得税的税款是由纳税人承担的，纳税人就是负税人；在税负能够转嫁的条件下，纳税人可以通过一定途径把税款转嫁出去，负税人并不是纳税人，这时的负税人，就是最终承担税款的单位和个人。如增值税的纳税人虽然是企业，但企业可能通过提高商品价格，把税款转嫁给消费者，还可能采取压低原材料购买价格把税款转嫁给供应商，这样，消费者或供应商就成了负税人。

【知识卡片1.6】

广东全面实施税收实名制管理

自2017年1月1日起，广东省（不含深圳）税务部门全面实行税收实名制管理，办税人员须按规定办理实名采集后，才能办理相关涉税事项。税收实名制需要对法定代表人、财务负责人、办税人的身份信息进行采集、核验和维护，简称"三员信息采集"。采集的身份信息包括姓名、身份证件、手机号码、人像信息等。税收实名制管理主要是明确前来办税人员的身份和授权关系，凡未进行采集的，过渡期后都无法办理相关涉税事项，这也保护了纳税人的合法权益，降低了纳税人在办税过程中的风险。

（三）征税对象

征税对象即纳税客体，主要是指税收法律关系中征纳双方权利义务所指向的物或行为。这是区分不同税种的主要标志，我国现行税收法律、法规都有自己特定的征税对象。比如，企业所得税的征税对象就是应税所得，增值税的征税对象就是商品或服务等在生产和流通过程中的增值额。

（四）税目

税目是各个税种所规定的具体征税项目。它是征税对象的具体化。比如,消费税具体规定了烟、酒等 15 个税目,个人所得税规定了工资、薪金所得,劳务报酬所得等 9 个税目。

（五）税率

税率是对征税对象的征收比例或征收额度。税率是计算税额的尺度,也是衡量税负轻重与否的重要标志。我国现行的税率主要有:

1. 比例税率

比例税率,即对同一征税对象,不分数额大小,规定相同的征收比例。我国的增值税、企业所得税、城市维护建设税等采用的是比例税率。

2. 超额累进税率

超额累进税率,即把征税对象按数额的大小分成若干等级,每个等级规定一个税率,税率依次提高,但每一纳税人的征税对象则依所属等级同时适用几个税率分别计算,将计算结果相加后得出应纳税款。目前采用这种税率的有个人所得税。

3. 定额税率

定额税率,即按征税对象确定的计算单位,直接规定一个固定的税额。目前采用定额税率的有资源税、城镇土地使用税、车船税等。

4. 超率累进税率

超率累进税率,即以征税对象数额的相对率划分若干级距,分别规定相应的差别税率,相对率每超过一个级距的,对超过的部分就按高一级的税率计算征税。目前,采用这种税率的是土地增值税。

（六）纳税环节

纳税环节主要指税法规定的征税对象在从生产到消费的流转过程中应当缴纳税款的环节。如流转税在生产和流通环节纳税,所得税在分配环节纳税等。

（七）纳税期限

纳税期限是指纳税人按照税法规定缴纳税款的期限。比如,企业所得税在月份或者季度终了后 15 日内预缴,年度终了后 5 个月内汇算清缴,多退少补;增值税的纳税期限,分别有 10 日、15 日、1 个月、1 个季度或者半年,纳税人的具体纳税期限,由主管税务机关根据纳税人应纳税额的大小分别核定,不能按照固定期限纳税的,可以按次纳税。

（八）纳税地点

纳税地点主要是指根据各个税种纳税对象的纳税环节和有利于对税款的源泉控制而规定的纳税人的具体纳税地点。

（九）减税、免税

减税、免税主要是对某些纳税人和征税对象采取减少征税或者免予征税的特殊规定。减税、免税的形式主要有:税基式减免、税率式减免、税额式减免。

【知识卡片 1.7】

持续减税是供给侧结构性改革的重要举措

高税负的供给约束作用已经严重地影响了中国经济的复苏进程,供给侧结构性改革的一个重要部分就是合理扩大减税规模,大力解除供给约束,充分释放生产要素的供给热情,这是推动中国经济走出低谷的必然选择。在减税政策的制定中,应当进一步解放思想,不仅在一些小税种上减税,还可以考虑从企业负担最重的所得税、增值税等大税种入手,实施全面、普遍、大力度的减税措施:不仅对企业减税,而且要对居民减税,这样才能真正降低企业成本,启动居民消费。国家税务总局统计,2016—2021 年全国新增减税降费累计超过 8.6 万亿元。

(1)税基式减免是通过缩小据以计算税款的依据(计税依据或称税基)的方式来减免税。如规定起征点(征税对象到达开始征税的数量界限),达到、超过起征点的全额纳税;未达到起征点的,则不纳税、规定免征额(全部征税对象中免予征收纳税的数额,小于免征额的不征税,大于免征额的,只就超过的部分纳税)或项目扣除等。

(2)税率式减免是通过降低税率减免税。如我国企业所得税中关于符合条件的小型微利企业,应减按 20% 的税率征收企业所得税。

(3)税额式减免是通过减免应纳税额来减免税。如我国耕地占用税中规定农村居民在规定用地标准以内占用耕地新建自用住宅,按照当地适用税额减半征收耕地占用税。

【知识卡片 1.8】

刘秀减税:造就"光武中兴"

光武帝,即刘秀,东汉王朝的建立者,在位期间(公元 25—57 年)先后多次颁布释放奴婢和禁止残害奴婢的诏令,多次下诏免罪徒为庶民;废除王莽时期的苛捐杂税,减轻田赋,恢复西汉三十而税一的旧制,山林池泽听任贫民开采,兴修水利,实行屯田;废除地方兵役制,裁并 400 余县,精简官吏十分之九,中央机构包括财政机构也大为紧缩,如秦汉以来一直归属少府掌管的"山泽陂池之税",亦令其改属司农,由国家统一征收一切租税,少府的职责只是单纯管理皇室支出。这是封建税收体制上的一个重要政策。这些措施实行的结果是"百姓殷富,粟斛三十,牛羊被野"(《后汉书·明帝纪》),全国政治稳定,巩固了亡而复立的刘氏王朝,史家誉作"光武中兴"。

(十)征收方法

征收方法是指税款征收和税款解缴入库的方法。我国现行的征收方法主要有查账征收、查定征收、查验征收、定期定额征收、代扣代缴、代收代缴、代征代缴、"三自"纳税、自报核缴等,具体解释见"第十一章第二节"。

【知识问答 1.4】

代扣代缴、代收代缴、代征代缴有什么区别?

答:(1)代扣代缴是指在经济往来中向纳税人支付收入、所得时,将纳税人应缴的税款代为收下并代为缴纳。如企业在支付工资时代扣代缴个人所得税。

（2）代收代缴是指在经济往来中向纳税人收取收入、所得时,将纳税人应缴的税款扣除下来并代为缴纳。如受委托单位在接受应纳消费税产品加工收取加工费的同时,代收代缴消费税。

（3）代征代缴是税务机关按照国家法律、行政法规的规定,委托某些单位和个人征收税款的一种征收方式。如税务机关委托国土部门在发放不动产权证时代征印花税。

（十一）罚则

罚则主要是指对纳税人违反税法的行为采取的处罚措施。

（十二）附则

附则一般都规定与该法紧密相关的内容,比如该法的解释权、生效时间等。

四、税法的分类

税法体系中按各税法的立法目的、征税对象、权限划分、适用范围、职能作用的不同,可分为不同类型的税法。

（一）按照税法的基本内容和效力的不同分类

税收基本法是税法体系的主体和核心,在税法体系中起着税收母法的作用。其基本内容一般包括税收制度的性质、税务管理机构、税收立法与管理权限、纳税人的基本权利与义务、税收征收范围（税种）等。我国目前还没有制定统一的税收基本法,随着我国税收法制建设的发展和完善,今后将研究制定税收基本法。税收单行法是就某一类纳税人、某一类征税对象或某一类税收问题单独设立的税收法律、法规或规章。税收单行法受税收基本法的指导与约束。如《中华人民共和国个人所得税法》（简称《个人所得税法》）、《中华人民共和国税收征收管理法》（简称《税收征收管理法》）等。

（二）按照税法的职能作用的不同分类

（1）税收实体法主要是指确定税种立法,具体规定各税种的征收对象、征收范围、税目、税率、纳税地点等。例如,《中华人民共和国企业所得税法》（简称《企业所得税法》）、《个人所得税法》就属于税收实体法。

（2）税收程序法是指税务管理方面的法律,主要包括税收管理法、纳税程序法、发票管理法、税务机关组织法、税务争议处理法等。《税收征收管理法》就属于税收程序法。

（三）按照税法制定部门的不同分类

（1）税收法律。税收法律是指最高国家权力机关依照法律程序制定的税收规范性文件。如《企业所得税法》《税收征收管理法》。

（2）税收法规。税收法规是指国家最高行政机关、地方立法机关依据宪法和税收法律制定的规范性税收文件。其具体形式主要是"条例"或"暂行条例"。

（3）税收规章。税收规章是指国家税收主管部门、地方政府依据有关法律、法规制定的规范性税收文件。财政部、国家税务总局、海关总署以及地方政府制定的有关税收的"办法""规则""规定"属于税收规章。

（四）按照税法征收对象的不同分类

（1）对流转额课税的税法,主要包括增值税、消费税、关税、资源税。这类税法的特点是与商品生产、流通、消费有密切联系。对什么商品征税,税率多高,对商品经济活动都有直接的影响,易于发挥对经济的宏观调控作用。

【知识卡片1.9】

价外税与价内税

对于流转税,根据计税价格中是否包含税额可分为价外税与价内税。所谓的价外税是指计税价格中不包含税额,不构成商品和劳务价格的组成部分,如增值税、关税;所谓的价内税是指计税价格中包含税额,构成商品和劳务价格的组成部分,如消费税。

（2）对所得额课税的税法,主要包括企业所得税、个人所得税。其特点是可以直接调节纳税人收入,发挥其公平税负、调整分配关系的作用。

（3）对财产、行为课税的税法,主要是对财产的价值或某种行为课税,包括房产税、印花税等。

（4）对自然资源课税的税法,主要是为保护和合理使用国家自然资源而课征的税。我国现行的资源税、土地增值税等税种均属于资源课税的范畴。

（五）按照税收负担是否能够转嫁分类

（1）间接税（类）法。间接税主要有消费税、关税等,其特点是税负能够转嫁,也就是纳税人不是实际负担税款的人,纳税人与负税人不一致。

（2）直接税（类）法。直接税主要有企业所得税、个人所得税等,其特点是税负不能够转嫁,也就是纳税人就是实际负担税款的人,纳税人与负税人是一致的。

（六）按照主权国家行使税收管辖权的不同分类

（1）国内税法一般是按照属人或属地原则,规定一个国家的内部税收制度。

（2）国际税法是指国家间形成的税收制度,主要包括双边或多边国家间的税收协定、条约和国际惯例等。

（3）外国税法是指其他国家制定的税收制度。

（七）按照税收收入归属和征收管辖权限的不同分类

（1）中央税属于中央政府的财政收入,如消费税、关税等为中央税。

（2）地方税属于各级地方政府的财政收入,如城市维护建设税、城镇土地使用税等为地方税。

（3）中央与地方共享税属于中央政府和地方政府的共同收入,如增值税、资源税。

当前,除个别小税种（如车船税、城镇土地使用税）地方有补充性的、有限的立法权外,基本上我国的税收立法权均属中央。

五、税法的作用

（一）税法是国家组织财政收入的法律保障

为了维护国家机器的正常运转以及促进国民经济健康发展,必须筹集最大的资金,即组织国家财政收入。为了保证税收组织财政收入职能的发挥,必须通过制定税法,以法律的形式确定企业、单位和个人履行纳税义务的具体项目、数额和纳税程序,惩治偷逃税款的行为,防止税款流失,保证国家依法征税,及时足额地取得税收收入。

【知识卡片1.10】

税收与民生

民生问题涉及百姓生活的方方面面,当前最主要集中在教育、就业、医疗卫生、养老和住房等领域。国家要实现"努力使全体人民学有所教、劳有所得、病有所医、老有所养、住有所居,推动建设和谐社会"的目标,财政就必须不断加大对这些民生领域的投入。财政能否拿出足够的资金来改善民生,关键看税收收入的规模和增长速度。近些年来,我国的税收收入始终保持着较快速度的增长,2002—2020年税收的平均增长速度约为13.6%。

(二)税法是国家宏观调控经济的法律手段

税收作为国家宏观调控的重要手段,通过制定税法,以法律的形式确定国家与纳税人之间的利益分配关系,调节社会成员的收入水平,调整产业结构和社会资源的优化配置,使之符合国家的宏观经济政策。同时,以法律的平等原则,公平经营单位和个人的税收负担,鼓励平等竞争,为市场经济的发展创造良好的条件。

(三)税法对维护经济秩序有重要的作用

由于税法的贯彻执行,涉及从事生产经营活动的每个单位和个人,一切经营单位和个人通过办理税务登记、建账建制、纳税申报,其各项经营活动都将纳入税法的规范制约和管理范围。这样税法就确定了一个规范有效的纳税秩序和经济秩序,监督经营单位和个人依法经营,加强经济核算,提高经营管理水平;同时,税务机关按照税法规定对纳税人进行税务检查,严肃查处偷逃税款及其他违反税法规定的行为,也将有效地打击各种违法经营活动,为国民经济的健康发展创造一个良好、稳定的经济秩序。

(四)税法能有效地保护纳税人的合法权益

国家征税直接涉及纳税人的切身利益,如果税务机关随意征税,就会侵犯纳税人的合法权益,影响纳税人的正常经营,这是法律所不允许的。因此,税法在确定税务机关征税权力和纳税人履行纳税义务的同时,相应规定了税务机关必尽的义务和纳税人享有的权利,如纳税人享有延期纳税权、申请减税免税权、多缴税款要求退还权、不服税务机关的处理决定申请复议或提起诉讼权等;税法还严格规定了对税务机关执法行为的监督制约制度,如进行税收征收管理必须按照法定的权限和程序行事,造成纳税人合法权益损失的要负赔偿责任等。所以,税法不仅是税务机关征税的法律依据,同时也是纳税人保护自身合法权益的重要法律依据。

【知识卡片1.11】

"税收宣传月"知多少?

从1992年开始,税务系统定于每年4月集中开展税收宣传,称为"税收宣传月",由国家税务总局制定指导思想、宣传主题,各地国税局、地税局结合实际开展丰富多彩的税收宣传活动。税收宣传月活动成功举办并成为全国开展税收宣传的一项制度固定下来,在增强公民纳税意识以及维护纳税人合法权益等方面具有十分重要的意义。

(五)税法是维护国家权益,促进国际经济交往的可靠保证

在国际经济交往中,任何国家对在本国境内从事生产、经营的外国企业或个人都拥有税收管辖权,这是国家权益的具体体现。我国自 1978 年实行对外开放以来,在平等互利的基础上,不断扩大和发展同各国、各地区的经济交流与合作,利用外资和引进技术的规模、渠道和形式都有了很大发展。我国在建立和完善涉外税法的同时,还同 100 个国家签订了避免双重征税的协定。这些税法规定既维护了国家的权益,又为鼓励外商投资,保护国外企业或个人在华的合法经营,发展国家间平等互利的经济技术合作关系,提供了可靠的法律保障。

【知识卡片 1. 12】

税收协定护航"一带一路"

商务部统计,2020 年中国企业直接投资"一带一路"相关国家 54 个,投资金额达 177.9 亿美元。尽管对外直接投资势头良好,但仍有企业在境外的生产经营中遭遇各种阻力。作为国家间税收合作的法律基础,税收协定在协调处理跨境税收问题、为企业避免双重征税、保障中国"走出去"企业和来华投资企业双向利益、解决涉税争议等方面发挥了积极作用。国家税务总局最新统计,截至 2020 年 4 月底,我国已与 116 个国家和地区建立了双边税收合作机制,签订双边税收协定、安排和协议已达 106 个,其中属于"一带一路"沿线国家的有 54 个,形成了世界上第三大协定网络,覆盖了中国主要对外投资目的地。

【知识卡片 1. 13】

纳税"大富翁"

由深圳市税务局自主开发的全国首款"税收知识网络游戏"推出上线,各种名目繁杂、枯燥难记又经常遭遇的日常生活税收知识,只需要轻轻点击鼠标,便可以"快乐"搞定。无论你是白领、演员、证券投资者……都可以在游戏中选定自己的角色。二手房买卖、存钱利息、股票分红……这些收入该交多少税?通过该款在线的网络游戏掌握得一清二楚。

第二节 我国税法的制定与实施

税法的制定和实施就是通常所说的税收立法和税收执法。税法的制定是税法实施的前提,有法可依,有法必依,执法必严,违法必究,是税法制定与实施过程中必须遵循的基本原则。

一、税法的制定

税收立法是指有权的机关依据一定的程序,遵循一定的原则,运用一定的技术,制定、公布、修改、补充和废止有关税收法律、法规、规章的活动。

【知识卡片 1.14】

《孙子兵法》中的税收思想

被誉为"武学之圣典,兵家之绝唱"的《孙子兵法》,是中国古典军事文化遗产中的璀璨瑰宝,其内容博大精深,哲理丰富,已大大超越了单纯的军事范畴,涉及社会政治、经济等诸多领域。其中,就包含了深邃的税收思想。

春秋末年,诸侯争霸,战争四起。孙武敏锐地洞察到了战争与经济的内在联系,即敌我之间的较量,归根到底是双方经济实力和综合国力的比拼。《孙子兵法·军争篇》就阐述了赋税的征发是作战取胜的重要物质基础的思想。"是故军无辎重则亡,无粮食则亡,无委积则亡。"孙武高度重视赋税对战争的支撑作用,同时,又站在辩证的立场上,反对过度征发赋税,加重人民负担。

(一)税收立法机关

我国享有税收立法权的国家机关主要有:全国人民代表大会及其常务委员会、国务院、财政部、国家税务总局、国务院关税税则委员会、海关总署等。

1.全国人民代表大会及其常务委员会制定的税收法律

《中华人民共和国宪法》(简称《宪法》)第五十八条规定:"全国人民代表大会和全国人民代表大会常务委员会行使国家立法权。"上述规定确定了我国税收法律的立法权由全国人大及其常委会行使,其他任何机关都没有制定税收法律的权力。在国家税收中,凡是基本的、全局性的问题,例如,国家税收的性质,税收法律关系中征纳双方权利与义务的确定,税种的设置,税目、税率的确定等,都需要由全国人大及其常委会以税收法律的形式制定实施,并且在全国范围内,无论对国内纳税人,还是涉外纳税人都普遍适用。在现行税法中,如《企业所得税法》《个人所得税法》《税收征收管理法》等都是税收法律。除《宪法》外,在税收法律体系中,税收法律具有最高的法律效力,是其他机关制定税收法规、规章的法律依据,其他各级机关制定的税收法规、规章,都不得与《宪法》和税收法律相抵触。税收法律是目前我国税收立法的主要形式。

2.国务院被授权或根据其职权制定的税收法规

国务院被授权立法是指全国人民代表大会及其常务委员会根据需要授权其制定某些具有法律效力的暂行规定或者条例。国务院是国家最高行政机关,依宪法和法律制定行政法规。目前,在我国税法体系中,税收法律的实施细则和部分税种都是以税收行政法规的形式出现的。如《中华人民共和国增值税暂行条例》(简称《增值税暂行条例》)、《中华人民共和国企业所得税法实施条例》、《中华人民共和国税收征收管理法实施细则》等都属于税收行政法规。税收行政法规的效力低于宪法、税收法律,而高于税务规章。

3.地方人民代表大会及其常务委员会制定的税收地方性法规

根据《中华人民共和国地方各级人民代表大会和地方各级人民政府组织法》的规定,省、自治区、直辖市的人民代表大会以及省、自治区的人民政府所在地的市和经国务院批准的较大的市的人民代表大会有制定地方性法规的权力。由于我国在税收立法上坚持"统一税法"的原则,因此地方权力机关制定税收地方法规不是无限制的,而是要严格按照税收法律的授权行事。目前,除了海南省、民族自治地区按照全国人大授权立法规定,在遵循宪法、法律和行政法规的原则基础上,可以制定有关税收的地方性法规外,其他省、直辖市一般都无权自定税收地方性法规。

4.国务院税务主管部门制定的税收部门规章

《宪法》第九十条规定:"各部、各委员会根据法律和国务院的行政法规、决定、命令,在本部门的权限内,发布命令、指示和规章。"有权制定税收部门规章的税务主管机关是财政部、国家税务总局及海关总署。其制定规章的范围包括:对有关税收法律、法规的具体解释,税收征收管理的具体规定、办法等,税收部门规章在全国范围内具有普遍适用效力,但不得与税收法律、行政法规相抵触。例如,财政部颁发的《中华人民共和国增值税暂行条例实施细则》、国家税务总局颁发的《税务代理试行办法》等都属于税收部门规章。

5.地方政府制定的税收地方规章

《中华人民共和国地方各级人民代表大会和地方各级人民政府组织法》规定:省、自治区、直辖市的人民代表大会根据本行政区域的具体情况和实际需要,在不同宪法、法律、行政法规相抵触的前提下,可以制定和颁布地方性法规;省、自治区的人民政府所在地的市和经国务院批准的较大的市的人民代表大会根据本市的具体情况和实际需要,在不同宪法、法律、行政法规和本省、自治区的地方性法规相抵触的前提下,可以制定地方性法规。按照"统一税法"的原则,上述地方政府制定税收规章,都必须在税收法律、法规明确授权的前提下进行,并且不得与税收法律、行政法规相抵触。没有税收法律、法规的授权,地方政府是无权自定税收规章的,凡越权自定的税收规章没有法律效力。例如,国务院发布实施的城市维护建设税、车船税、房产税等地方性税种暂行条例,都规定省、自治区、直辖市人民政府可根据条例制定实施细则。

(二)税收立法程序

税收立法程序是指有权的机关,在制定、认可、修改、补充、废止等税收立法活动中,必须遵循的法定步骤和方法。

目前我国税收立法程序主要包括以下几个阶段:

(1)提议阶段。无论是税法的制定,还是税法的修改、补充和废止,一般由国务院授权其税务主管部门(财政部或国家税务总局)负责立法的调查研究等准备工作,并提出立法方案或税法草案上报国务院。

(2)审议阶段。税收法规由国务院负责审议。税收法律在经国务院审议通过后,以议案的形式提交全国人民代表大会常务委员会的有关工作部门,在广泛征求意见并做修改后,提交全国人民代表大会或其常务委员会审议通过。

(3)通过和公布阶段。税收行政法规,由国务院审议通过后,以国务院总理名义发布实施。税收法律,在全国人民代表大会或其常务委员会开会期间,先听取国务院关于制定税法议案的说明,然后经过讨论,以简单多数的方式通过后,以国家主席名义发布实施。

二、税法的实施

税法的实施即税法的执行。它包括税收执法和守法两个方面:一方面,要求税务机关和税务人员正确运用税收法律,并对违法者实施制裁;另一方面,要求税务机关、税务人员、公民、法人、社会团体及其他组织严格遵守税收法律。

由于税法具有多层次的特点,因此,在税收执法过程中,对其适用性或法律效力的判断,一般按以下原则掌握:一是层次高的法律优于层次低的法律;二是同一层次的法律中,特别法优于普通法;三是国际法优于国内法;四是实体法从旧,程序法从新。

所谓遵守税法是指税务机关、税务人员都必须遵守税法的规定,严格依法办事。遵守税法是保证税法得以顺利实施的重要条件。

【知识卡片 1.15】

乐山大佛与税收

乐山大佛始建于唐玄宗开元初(公元 713 年),中间几经修凿,最后成像于唐德宗贞元十九年(803 年),历时 90 年,用了很多人力和财力。值得一提的是,唐玄宗开元年间曾下诏拨出税款修造大佛,并且指定"专税专用"。历代皇帝用国家财力修建寺庙的不少,但指定用"税款专用"的很少见,这可谓我国赋税史上的一件趣事。

【知识卡片 1.16】

可笑可恼胡须税

世界上一些国家如俄国、法国、英国等,在历史上曾开征过奇特的胡须税。例如,俄国沙皇彼得大帝时期,男子普遍以蓄留长胡须为美,但彼得大帝对此极为反感,认为胡须是一种多余无用的装饰品,不利于清洁,所以征税以禁止留胡须。一开始,人们对此接受不了,彼得大帝便于 1705 年下了一道法令:同意人们蓄留胡须,但要缴税,纳税多少与胡须的长短和留胡须人的社会地位成正比,且视留胡须者的社会地位累进征收,并对缴税后的留胡须者发给证照,规定其挂于居住地的门前易见之处,以利征税人员检查、监督。如果某人留胡须而拒绝缴税,那么随身携带剪刀的检查人员就将其胡须付之无情的一剪。

第三节 税务机构设置与税收收入划分

一、税务机构设置与职能

2018 年,根据我国经济和社会发展及推进国家治理体系和治理能力现代化的需要,我国对国税地税征管体制进行了改革。现行税务机构设置是中央政府设立国家税务总局(正部级),原有的省及省以下国税地税两个系统通过合并整合,统一设置为省、市、县三级税务局,实行以国家税务总局为主与省(自治区、直辖市)人民政府双重领导管理体制。此外,另由海关总署及其下属机构负责关税征收管理和受托征收进口增值税、消费税等税收。

2018 年 6 月 15 日,36 个省级税务机关统一顺利挂牌;7 月 5 日,535 个市级(包括地级市、开发区、直辖市和计划单列市所辖区)新税务机构统一顺利挂牌;7 月 20 日,所有县级和乡镇新税务机构统一顺利挂牌。

【知识问答 1.5】

国家税务总局的主要职能有哪些?

答:(1)具体起草税收法律法规草案及实施细则并提出税收政策建议,与财政部共同上报和下发,制定贯彻落实的措施。负责对税收法律法规执行过程中的征管和一般性税政问题进行解释,事后向财政部备案。

(2)承担组织实施税收及社会保险费、有关非税收入的征收管理责任,力争税款应收尽收。

(3)参与研究宏观经济政策、中央与地方的税权划分并提出完善分税制的建议,研究税负总水平并提出运用税收手段进行宏观调控的建议。

(4)负责组织实施税收征收管理体制改革,起草税收征收管理法律法规草案并制定实施细则,制定和监督执行税收业务、征收管理的规章制度,监督检查税收法律法规、政策的贯彻执行。

(5)负责规划和组织实施纳税服务体系建设,制定纳税服务管理制度,规范纳税服务行为,制定和监督执行纳税人权益保障制度,保护纳税人合法权益,履行提供便捷、优质、高效纳税服务的义务,组织实施税收宣传,拟定税务师管理政策并监督实施。

(6)组织实施对纳税人进行分类管理和专业化服务,组织实施对大型企业的纳税服务和税源管理。

(7)负责编报税收收入中长期规划和年度计划,开展税源调查,加强税收收入的分析预测,组织办理税收减免等具体事项。

(8)负责制定税收管理信息化制度,拟定税收管理信息化建设中长期规划,组织实施金税工程建设。

(9)开展税收领域的国际交流与合作,参加国家(地区)间税收关系谈判,草签和执行有关的协议、协定。

(10)办理进出口商品的税收及出口退税业务。

(11)以国家税务总局为主,与省区市党委和政府对全国税务系统实行双重领导。

(12)承办党中央、国务院交办的其他事项。

二、税收收入划分

根据国务院关于实行分税制财政管理体制的规定,我国的税收收入分为中央政府固定收入、地方政府固定收入和中央政府与地方政府共享收入。

(1)中央政府固定收入包括消费税(含进口环节海关代征的部分)、车辆购置税、关税、海关代征的进口环节增值税等。

(2)地方政府固定收入包括城镇土地使用税、耕地占用税、土地增值税、房产税、车船税、契税、城市维护建设税。

(3)中央政府与地方政府共享收入主要包括:

①增值税。中央政府分享50%,地方政府分享50%。进口环节由海关代征的增值税和铁路建设基金增值税为中央收入。

②企业所得税。中国国家铁路集团、各银行总行及海洋石油企业缴纳的部分归中央政府,其余部分中央与地方政府按60%与40%的比例分享。

③个人所得税。除储蓄存款利息所得的个人所得税外,其余部分的分享比例与企业所得税相同。

④资源税。海洋石油企业缴纳的部分归中央政府,其余部分归地方政府。

⑤城市维护建设税。中国国家铁路集团、各银行总行、各保险总公司集中缴纳的部分归中央政府,其余部分归地方政府。

⑥印花税。证券交易印花税收入归中央政府,其他印花税收入归地方政府。

上述税收收入的划分将进行调整。同时,根据《国税地税征管体制改革方案》,明确从2019 年 1 月 1 日起,将基本养老保险费、基本医疗保险费、失业保险费、工伤保险费、生育保险费等各项社会保险费交由税务部门统一征收。按照便民、高效的原则,合理确定非税收入征管职责划转到税务部门的范围,对依法保留、适宜划转的非税收入项目成熟一批划转一批,逐步推进。要求整合纳税服务和税收征管等方面的业务,优化完善税收和缴费管理信息系统,更好地便利纳税人和缴费人。

【知识卡片 1.17】

"十四五"规划关于税收制度改革方面的内容

《中共中央关于制定国民经济和社会发展第十四个五年规划和二〇三五年远景目标的建议》明确指出,完善现代税收制度,健全地方税、直接税体系,优化税制结构,适当提高直接税比重,深化税收征管体制改革。

【本章小结】

本章阐述了税法的基础知识,包括税法的概念、税收法律关系、税法的构成要素、税法的分类、税法的作用、税法的制定与实施、税法体系、税务机构的设置与税收收入的划分,是税法课程学习必不可少的部分。

知识运用与实训

一、名词解释

税法　纳税义务人　征税对象　税率

二、简答题

1.简要说明税收法律关系的构成。

2.简要说明税法的构成要素。

3.简要说明税法的分类。

三、单项选择题

1.下列各项中,属于税收法律关系客体的是(　　　)。

A. 纳税人　　　　B. 税率　　　　　C. 课税对象　　　　D. 纳税义务

2. 在税收法律关系中,权利主体双方(　　)。

A. 法律地位平等,权利义务不对等　　　　B. 法律地位平等,权利义务对等

C. 法律地位不平等,权利义务不对等　　　D. 法律地位不平等,权利义务对等

3. 从税法构成来说,下列不属于税法构成要素的是(　　)。

A. 纳税义务人　　B. 征税对象　　　　C. 纳税环节　　　　D. 征收管理

4. 一种税区别于另一种税的主要标志是(　　)。

A. 征税对象　　　B. 税源　　　　　C. 税目　　　　　　D. 税率

5. 我国企业所得税法中关于符合条件的小型微利企业,应减按20%的税率征收企业所得税,属于(　　)。

A. 税基式减免　　B. 税率式减免　　C. 税额式减免　　　D. 特定减免

6. 在我国,享有制定税收法律的权力机关是(　　)。

A. 财政部　　　　　　　　　　　　B. 国家税务总局

C. 国务院　　　　　　　　　　　　D. 全国人大及其常委会

7. 根据税法的职能与作用,税法可分为(　　)。

A. 税收基本法和税收普通法　　　　B. 税收实体法和税收程序法

C. 流转税法和所得税法　　　　　　D. 中央税法与地方税法

8. 根据税收负担能否转嫁,税法可分为(　　)。

A. 税收基本法和税收普通法　　　　B. 价内税(类)法和价外税(类)法

C. 间接税(类)法和直接税(类)法　　D. 流转税法和所得税法

9. 下列税种不属于流转税的是(　　)。

A. 增值税　　　　B. 消费税　　　　C. 关税　　　　　　D. 房产税

10. 目前我国税收立法的主要形式是(　　)。

A. 税收法律　　　B. 税收法规　　　C. 税收规章　　　　D. 宪法

四、多项选择题

1. 下列属于征税机关的是(　　)。

A. 税务机关　　　B. 财政机关　　　C. 行政机关　　　　D. 海关

2. 税收法律关系中,纳税主体应承担的义务是(　　)。

A. 办理纳税申报　B. 申请减税免税　C. 依法缴纳税款　　D. 接受税务检查

3. 税法构成要素中,最基本的要素是(　　)。

A. 纳税义务人　　B. 征税对象　　　C. 税目　　　　　　D. 税率

4. 我国现行的税率主要是(　　)。

A. 比例税率　　　B. 定额税率　　　C. 超额累进税率　　D. 超率累进税率

5. 减税免税是国家对(　　)给予鼓励和照顾的一种特殊规定。

A. 纳税环节　　　B. 征税对象　　　C. 税率　　　　　　D. 纳税人

6. 按照税收收入归属和征收管辖权限的不同,税法可分为(　　)。

A. 中央税法　　　　　　　　　　B. 中央与地方共享税法

C. 国内税法　　　　　　　　　　D. 国际税法

7. 下列属于税法重要作用的是(　　　)。

A. 国家组织财政收入的法律保障　　B. 国家宏观调控经济的法律手段

C. 维护经济秩序　　　　　　　　D. 保护纳税人的合法权益

8. 下列各项中,有权制定税收规章的税务主管机关是(　　　)。

A. 国家税务总局　B. 财政部　　C. 国务院办公厅　D. 海关总署

9. 我国税收立法程序主要包括(　　　)。

A. 议案的提出　　B. 议案的审议　　C. 议案的通过　　D. 议案的公布

10. 在税收执法过程中,对税法适用性或法律判断效力的判断,正确的是(　　　)。

A. 层次高的法律优于层次低的法律

B. 同一层次的法律中,特别法优于普通法

C. 国际法优于国内法

D. 实体法从新,程序法从旧

五、实践训练

(一)概况

"12366 纳税服务热线"是国家税务总局为适应加强和改进纳税服务工作的需要,于 2001 年向国家信息产业部申请核批的全国税务机关特服电话。它具有统一呼叫中心代号,人工与自动语音相结合,全天候、多功能、优质化地提供语音服务。"12366 纳税服务热线"的主要服务功能包括:纳税咨询服务,主要为纳税人提供税收法律法规和政策、征管规定、涉税信息等咨询查询服务;办税指南服务,主要为纳税人办理税务登记、发票购领、申报纳税等涉税事项的程序、手续提供咨询服务;涉税举报服务,主要为纳税人举报税收违法行为等提供服务;投诉监督服务,主要为纳税人监督税务机关行风、服务质量及税务人员等提供服务。

(二)业务模拟

致电"12366 纳税服务热线",了解目前我国开征的具体税种。

(三)实训要求

以 3 ~ 4 人为团队,致电"12366 纳税服务热线",并对致电的人员、时间、地点、经过、结果进行记录。

知识运用与实训标准答案

中 编

税收实体法

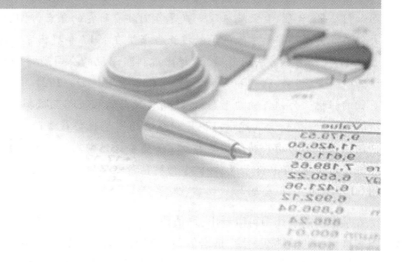

第二章　增值税法

【知识点拨】

增值税从创立至今只有60年多年的历史,但其推广速度之快、运用范围之广是其他任何税种都无法比拟的,截至2021年,世界上已有190多个国家和地区开征了增值税。我国从1979年开始试点,到1994年全面推行,目前已经成为我国第一大税种,是我国财政收入的重要组成部分。本章的重点是增值税的税制要素、应纳税额的计算、专用发票的使用管理,难点是增值税的征税范围、纳税义务人的确定与一般纳税人应纳税额的计算。

【知识引读】

增值税"诞生"记

增值税属于商品服务税,主要是对流通的商品、服务进行征税。对商品征税由来已久,很多国家开征了名目不同但性质类似的商品税,比如销售税、产品税、交易税、消费税等,然而如何公平、合理、有效地征税一直是各国政府研究的焦点,对此,增值税的提出被认为是一大创举。美国耶鲁大学经济学教授亚当斯早在1917年提出了对增值额征税的概念,指出对营业毛利(销售额减去进货额)课税比对利润课税的公司所得额好得多,这一营业毛利相当于工资薪金、租金、利息和利润之和,即相当于增值额。1921年,亚当斯进一步提出,将企业负担的租税改为销售额的形态,准许销售税与购入税相互抵扣。1919年,德国的西门子发表《精巧的销售税》一文,建议以税基相减法的增值税替代多阶段的交易税。直到1954年,时任法国税务总局局长助理的莫里斯·洛雷在总结前人思想的基础上积极推动法国增值税制的制定与实施,并取得了成功,被誉为增值税之父。自此之后,增值税影响日益广泛,在短短的60多年间,风靡全球。

从上面的引读中可以看出,增值税"诞生"时间并不太长,但因其独特的魅力而为大多数国家推行开征。那么,什么是增值税?增值税有什么特点?它的征收范围有哪些?增值税的纳税人是怎么规定的?增值税的应纳税额又是如何计算的?本章内容将对这些问题进行阐述。

第一节　增值税概述

一、增值税的含义

增值税是对销售商品或者服务过程中实现的增值额所征收的一种税。在我国,增值税是对在我国境内销售货物、服务、无形资产、不动产和金融商品以及进口货物的单位和个人，以其货物、服务、无形资产、不动产、金融商品销售的增值额和进口货物金额为征税对象而征收的一种流转税。因为增值税是对应税对象在流通中各环节的新增价值征税，所以叫作"增值税"。

什么是"增值额"？增值额是商品在生产和流通中各环节的新增价值或商品附加值，即销售额减去外购货物及劳务支出金额的部分，也就是纳税人在一定时期内，所取得的商品销售（或劳务）收入额大于购进商品（或取得劳务）所支付金额的差额。

例如，某企业本期销售产品取得销售额为 100 万元，本期外购材料与服务的支出为 60 万元，那么其增值额是 40 万元（100−60）。增值税就是对本环节增值的 40 万元进行课税。假设所适用增值税税率为 13%，那么其应纳税额为 5.2 万元（40×13%）。

然而，在实际中由于新增价值或商品附加值在流通过程中是一个难以准确计算的数据，对于税务部门来说也难以监督核查纳税人真实发生的增值额，因此，在增值税的实际操作上采用间接计算办法，即：从事货物销售以及提供应税服务的纳税人，要根据货物或应税服务销售额，按照规定的税率计算税款，然后从中扣除上一环节（即购进环节）承担的增值税税款，其余额即为纳税人应缴纳的增值税税款，这就是所谓的"税款抵扣制"。

承前例，该企业购进材料与服务应承担的税额为 7.8 万元（60×13%），其销售产品应收取的销项税额为 13 万元（100×13%），本期应纳税额为 5.2 万元（13−7.8）。

根据增值税的原理和实施情况，可以归纳出我国增值税具有以下几个特点：

（1）不重复征税。这主要体现在增值税只是对生产过程中纳税人创造的增值额进行征税，也就是只对货物或服务销售额中没有征过税的那部分增值额征税，对销售额中属于转移过来的、以前环节已征过税的那部分销售额则不再征税。

（2）税负转嫁。由于采用税款抵扣制，商品流通中各环节的经营者作为纳税人购进货物时随同购进货物的价款向销售方支付进项税额，销售时随同销售产品的价款向购买方收取销项税额，再将销项税额扣除进项税额的差额作为应纳税额上缴给政府，这样，在流转过程中纳税人本身并不承担增值税税款。税款抵扣环节环环相连，随着各环节交易活动的进行，增值税税负具有逐环节向前推移的特点，作为纳税人的生产经营者并不是增值税的真正负担者，只有最终消费者才是全部税款的负担者。

（3）凭票管理，凭票抵扣。为了保证税款抵扣制度的实施，税务部门很大程度上通过增值税发票对纳税人的交易进行管理。根据规定，发生交易行为时销售方应该开具增值税发票给购买方，发票上注明货物的价款、税款及价税合计数，销售方凭发票上价税合计的金额收取货款，而购买方凭发票上注明的税款在计算当期应纳税额时进行抵扣。

（4）价外计税，价税分离。在商品交易过程中销售方向购买方收取的款项应该包括货物本身的价款和转移出去的税额，所以有"含税销售额"和"不含税销售额"之称。含税不含税，主要是指含不含向购买方收取的增值税税额。增值税以不含税销售额为计税依据，即计税价格不包含其本身的税额，税收负担明确，这一点与以含税价格为计税依据的其他流转税税种是完全不同的。一般开具的增值税专用发票都会分别标明货物的价款和增值税税款，但在商品零售环节，价款和税款未分开标明，这主要是考虑群众的消费心理，并未改变增值税价外税性质。

（5）税基广阔，具有征收的普遍性和连续性。无论是从横向看还是从纵向看，都有着广阔的税基。从生产经营的横向关系看，无论工业、商业或者规定的应税服务，只要有增值收入就要纳税；从生产经营的纵向关系看，每一货物无论经过多少生产经营环节，都要按各道环节上发生的增值额逐次征税。从这一角度来说，增值税可以为国家取得稳定的、及时的财政收入。

【知识卡片2.1】

我国增值税的转型进程

所谓增值税转型，就是将我国原来实行的生产型增值税进行改革，转为消费型增值税。在生产型增值税税制下，企业所购买的固定资产所包含的增值税税金，在计算缴纳增值税的时候，不允许抵扣，而如果实行消费型增值税，则意味着这部分税金可以作为进项税额抵扣。我国自2004年开始在东北地区"三省一市"的8个行业进行增值税转型改革试点，继而于2007年7月在中部地区6省份的26个城市的8个行业中进行扩大增值税抵扣范围的第二批试点。2008年7月、8月，内蒙古东部5个市（盟）和汶川地震受灾严重地区先后被纳入增值税转型改革试点范围。自2009年1月1日起，全国范围内实施增值税转型改革，不分行业和地区全面实行消费型增值税。

【知识卡片2.2】

增值税的类型

区分增值税类型的标志是扣除项目中对外购固定资产的处理方式不同，具体分类见表2.1。我国从2009年1月1日起全面实行消费型增值税。我国从1979年开始试行增值税，分别于1984年、1993年、2009年和2012年进行了4次重要改革。

表2.1 增值税的分类

增值税的类型	特 点	法定增值额
1.生产型增值税	不允许扣除购入固定资产价值中所含的增值税款，也不考虑生产经营过程中固定资产磨损的那部分转移价值（即折旧）	相当于国民生产总值（工资+租金+利息+利润+折旧）
2.收入型增值税	购入固定资产价值中所含的增值税款，可以按照磨损程度（折旧费）相应地给予扣除	相当于国民收入
3.消费型增值税	允许将购置物质资料的价值和用于生产、经营的固定资产价值中所含的增值税款，在购置当期全部一次扣除	课税对象不包括生产资料部分，仅限于当期生产销售的所有消费品

二、增值税的征税范围

（一）征税范围的一般规定

在中华人民共和国境内（简称"境内"）发生增值税应税交易（简称"应税交易"），以及

进口货物,应当缴纳增值税,应税交易具体是指有偿销售货物、服务、无形资产、不动产和金融商品。在境内发生应税交易是指:

①销售货物的,货物的起运地或者所在地在境内。

②销售服务、无形资产(自然资源使用权除外)的,销售方为境内单位和个人,或者服务、无形资产在境内消费。

③销售不动产、转让自然资源使用权的,不动产、自然资源所在地在境内。

④销售金融商品的,销售方为境内单位和个人,或者金融商品在境内发行。

进口货物,是指货物的起运地在境外,目的地在境内。

【知识卡片2.3】

历时近5年的"营业税改征增值税"历程

为了进一步完善增值税制,消除重复征税,促进经济结构优化,经国务院常务会议决定,自2012年1月1日起,在上海开展交通运输业和部分现代服务业营业税改征增值税(简称"营改增")试点。自2012年8月1日起至年底,将试点范围由上海市分批扩大至北京、天津、江苏、浙江、安徽、福建、湖北、广东、宁波、厦门和深圳11个省(直辖市、计划单列市),自2013年8月1日起,交通运输业和部分现代服务业试点范围扩大至全国。自2014年1月1日起,将铁路运输和邮政业纳入试点范围。自2014年6月1日起,将电信业纳入试点范围。经国务院批准,自2016年5月1日起,在全国范围内全面推开"营改增"试点,建筑业、房地产业、金融业、生活服务业等全部营业税纳税人,纳入试点范围,由缴纳营业税改征增值税,至此营业税退出了中国历史舞台,而增值税征税范围包括了销售货物、服务、无形资产、不动产、金融商品(单列)。

增值税、"营改增"、消费税关系如图2.1所示。

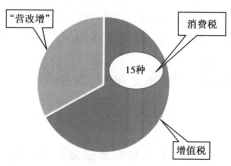

图2.1 增值税、"营改增"、消费税关系

1. 销售货物

货物,是指有形动产,包括电力、热力、气体在内。

2. 销售服务

销售服务,是指提供加工修理修配服务、交通运输服务、邮政服务、电信服务、建筑服务、金融服务、现代服务、生活服务。

(1)加工修理修配服务。加工,是指受托加工货物,即由委托方提供原料及主要材料,受托方按照委托方的要求制造货物并收取加工费的业务;修理修配,是指受托方对损伤和丧失功能的货物进行修复,使其恢复原状和功能的业务。

(2)交通运输服务。交通运输服务,是指使用运输工具将货物或旅客送达目的地,使其空间位置得到转移的业务活动。包括陆路运输服务、水路运输服务、航空运输服务、管道运输服务。

【知识卡片2.4】

民国时期的运输税

民国时期的运输税是对水上运输工具所载运的货物运输费及乘客票价征收的一种税。1913年11月,北洋政府为解决中央财政困难,颁布法令,将该税列入国家税收。次年1月,财政部公布修正后的通行税税则,规定税率分三级:火车的头等票、轮船的官舱为15%;火车的二等票、轮船的上房舱为10%;其余为5%。因外交部和交通部托词不办,又兼政局动荡,通行税实际上并未开征。

①陆路运输服务,是指通过陆路(地上或者地下)运送货物或者旅客的运输业务活动,包括铁路运输服务和其他陆路运输服务。

出租车公司向使用本公司自有出租车的出租车司机收取的管理费用,按照陆路运输服务缴纳增值税。

②水路运输服务,是指通过江、河、湖、川等天然、人工水道或者海洋航道运送货物或者旅客的运输业务活动。

水路运输的程租、期租业务,属于水路运输服务。

③航空运输服务,是指通过空中航线运送货物或者旅客的运输业务活动。航空运输的湿租业务,属于航空运输服务。

航天运输服务,按照航空运输服务缴纳增值税。航天运输服务,是指利用火箭等载体将卫星、空间探测器等空间飞行器发射到空间轨道的业务活动。

④管道运输服务,是指通过管道设施输送气体、液体、固体物质的运输业务活动。

无运输工具承运业务,是指经营者以承运人身份与托运人签订运输服务合同,收取运费并承担承运人责任,然后委托实际承运人完成运输服务的经营活动。无运输工具承运业务按照交通运输服务缴纳增值税。

【知识卡片2.5】

表2.2 "营改增"中程租、期租、光租、湿租、干租等业务的含义

序号	业务	所属企业	所属税目	含义
1	程租业务	水路运输企业	交通运输服务	是指运输企业为租船人完成某一特定航次的运输任务并收取租赁费的业务
2	期租业务	水路运输企业	交通运输服务	是指运输企业将配备有操作人员的船舶承租给他人使用一定期限,承租期内听候承租方调遣,不论是否经营,均按天向承租方收取租赁费,发生的固定费用均由船东负担的业务

续表

序 号	业 务	所属企业	所属税目	含 义
3	光租业务	水路运输企业	现代服务——租赁服务	是指运输企业将船舶在约定的时间内出租给他人使用,不配备操作人员,不承担运输过程中发生的各项费用,只收取固定租赁费的业务活动
4	湿租业务	航空运输企业	交通运输服务	是指航空运输企业将配备有机组人员的飞机承租给他人使用一定期限,承租期内听候承租方调遣,不论是否经营,均按一定标准向承租方收取租赁费,发生的固定费用均由承租方承担的业务
5	干租业务	航空运输企业	现代服务——租赁服务	是指航空运输企业将飞机在约定的时间内出租给他人使用,不配备机组人员,不承担运输过程中发生的各项费用,只收取固定租赁费的业务活动

(3)邮政服务。邮政服务,是指中国邮政集团公司及其所属邮政企业提供邮件寄递、邮政汇兑和机要通信等邮政基本服务的业务活动。邮政服务包括邮政普遍服务、邮政特殊服务和其他邮政服务。

①邮政普遍服务,是指函件、包裹等邮件寄递,以及邮票发行、报刊发行和邮政汇兑等业务活动。

②邮政特殊服务,是指义务兵平常信函、机要通信、盲人读物和革命烈士遗物的寄递等业务活动。

③其他邮政服务,是指邮册等邮品销售、邮政代理等业务活动。

(4)电信服务。电信服务,是指利用有线、无线的电磁系统或者光电系统等各种通信网络资源,提供语音通话服务,传送、发射、接收或者应用图像、短信等电子数据和信息的业务活动。电信服务包括基础电信服务和增值电信服务。

①基础电信服务,是指利用固网、移动网、卫星、互联网,提供语音通话服务的业务活动,以及出租或者出售带宽、波长等网络元素的业务活动。

②增值电信服务,是指利用固网、移动网、卫星、互联网、有线电视网络,提供短信和彩信服务、电子数据和信息的传输及应用服务、互联网接入服务等业务活动。

卫星电视信号落地转接服务,按照增值电信服务缴纳增值税。

(5)建筑服务。建筑服务,是指各类建筑物、构筑物及其附属设施的建造、修缮、装饰,线路、管道、设备、设施等的安装以及其他工程作业的业务活动。建筑服务包括工程服务、安装服务、修缮服务、装饰服务和其他建筑服务。

①工程服务,是指新建、改建各种建筑物、构筑物的工程作业,包括与建筑物相连的各种设备或者支柱、操作平台的安装或者装设工程作业,以及各种窑炉和金属结构工程作业。

②安装服务,是指生产设备、动力设备、起重设备、运输设备、传动设备、医疗实验设备及

其他各种设备、设施的装配、安置工程作业,包括与被安装设备相连的工作台、梯子、栏杆的装设工程作业,以及被安装设备的绝缘、防腐、保温、油漆等工程作业。

固定电话、有线电视、宽带、水、电、燃气、暖气等经营者向用户收取的安装费、初装费、开户费、扩容费及类似收费,按照安装服务缴纳增值税。

③修缮服务,是指对建筑物、构筑物进行修补、加固、养护、改善,使之恢复原来的使用价值或者延长其使用期限的工程作业。

④装饰服务,是指对建筑物、构筑物进行修饰装修,使之美观或者具有特定用途的工程作业。

⑤其他建筑服务,是指上列工程作业之外的各种工程作业服务,如钻井(打井)、拆除建筑物或者构筑物、平整土地、园林绿化、疏浚(不包括航道疏浚)、建筑物平移、搭脚手架、爆破、矿山穿孔、表面附着物(包括岩层、土层、沙层等)剥离和清理等工程作业。

(6)金融服务。金融服务,是指经营金融保险的业务活动。金融服务包括贷款服务、直接收费金融服务、保险服务。

①贷款服务,是指将资金贷给他人使用而取得利息收入的业务活动。各种占用、拆借资金取得的收入,包括金融商品持有期间(含到期)利息(保本收益、报酬、资金占用费、补偿金等)收入、信用卡透支利息收入、买入返售金融商品利息收入、融资融券收取的利息收入,以及融资性售后回租、押汇、罚息、票据贴现、转贷等业务取得的利息及利息性质的收入,按照贷款服务缴纳增值税。

融资性售后回租,是指承租方以融资为目的,将资产出售给从事融资性售后回租业务的企业后,从事融资性售后回租业务的企业将该资产出租给承租方的业务活动。

以货币资金投资收取的固定利润或者保底利润,按照贷款服务缴纳增值税。

②直接收费金融服务,是指为货币资金融通及其他金融业务提供相关服务并且收取费用的业务活动。直接收费金融服务包括提供货币兑换、账户管理、电子银行、信用卡、信用证、财务担保、资产管理、信托管理、基金管理、金融交易场所(平台)管理、资金结算、资金清算、金融支付等服务。

③保险服务,是指投保人根据合同约定,向保险人支付保险费,保险人对于合同约定的可能发生的事故因其发生所造成的财产损失承担赔偿保险金责任,或者当被保险人死亡、伤残、疾病或者达到合同约定的年龄、期限等条件时承担给付保险金责任的商业保险行为。保险服务包括人身保险服务和财产保险服务。

【知识问答2.1】

邮政储蓄、快递业务分别按什么范围征收增值税?

答:根据规定,邮政储蓄业务应按"金融服务——贷款服务"税目征收增值税;快递业务应按"现代服务——物流辅助服务"税目征收增值税。

(7)现代服务。现代服务,是指围绕制造业、文化产业、现代物流产业等提供技术性、知识性服务的业务活动。现代服务包括研发和技术服务、信息技术服务、文化创意服务、物流辅助服务、租赁服务、鉴证咨询服务、广播影视服务、商务辅助服务和其他现代服务。

①研发和技术服务,包括研发服务、合同能源管理服务、工程勘察勘探服务、专业技术服务。

②信息技术服务,是指利用计算机、通信网络等技术对信息进行生产、收集、处理、加工、存储、运输、检索和利用,并提供信息服务的业务活动。信息技术服务包括软件服务、电路设计及测试服务、信息系统服务、业务流程管理服务和信息系统增值服务。

③文化创意服务,包括设计服务、知识产权服务、广告服务和会议展览服务。

④物流辅助服务,包括航空服务、港口码头服务、货运客运场站服务、打捞救助服务、装卸搬运服务、仓储服务和收派服务。

⑤租赁服务,包括融资租赁服务和经营租赁服务。

融资性售后回租不按照本税目缴纳增值税。

将建筑物、构筑物等不动产或者飞机、车辆等有形动产的广告位出租给其他单位或者个人用于发布广告,按照经营租赁服务缴纳增值税。

车辆停放服务、道路通行服务(包括过路费、过桥费、过闸费等)等按照不动产经营租赁服务缴纳增值税。

⑥鉴证咨询服务,包括认证服务、鉴证服务和咨询服务。

⑦广播影视服务,包括广播影视节目(作品)的制作服务、发行服务和播映(含放映,下同)服务。

⑧商务辅助服务,包括企业管理服务、经纪代理服务、人力资源服务、安全保护服务。

⑨其他现代服务,是指除研发和技术服务、信息技术服务、文化创意服务、物流辅助服务、租赁服务、鉴证咨询服务、广播影视服务和商务辅助服务以外的现代服务。

(8)生活服务。生活服务,是指为满足城乡居民日常生活需求提供的各类服务活动。生活服务包括文化体育服务、教育医疗服务、旅游娱乐服务、餐饮住宿服务、居民日常服务和其他生活服务。

①文化体育服务,包括文化服务和体育服务。

②教育医疗服务,包括教育服务和医疗服务。

③旅游娱乐服务,包括旅游服务和娱乐服务。

④餐饮住宿服务,包括餐饮服务和住宿服务。

⑤居民日常服务,是指主要为满足居民个人及其家庭日常生活需求提供的服务,包括市容市政管理、家政、婚庆、养老、殡葬、照料和护理、救助救济、美容美发、按摩、桑拿、氧吧、足疗、沐浴、洗染、摄影扩印等服务。

⑥其他生活服务,是指除文化体育服务、教育医疗服务、旅游娱乐服务、餐饮住宿服务和居民日常服务之外的生活服务。

3.销售无形资产

销售无形资产,是指转让无形资产所有权或者使用权的业务活动。无形资产,是指不具实物形态,但能带来经济利益的资产,包括技术、商标、著作权、商誉、自然资源使用权和其他权益性无形资产。

技术,包括专利技术和非专利技术。

自然资源使用权,包括土地使用权、海域使用权、探矿权、采矿权、取水权和其他自然资源使用权。

其他权益性无形资产,包括基础设施资产经营权、公共事业特许权、配额、经营权(包括特许经营权、连锁经营权、其他经营权)、经销权、分销权、代理权、会员权、席位权、网络游戏虚拟道具、域名、名称权、肖像权、冠名权、转会费等。

【知识卡片2.6】

奏国歌须付税

奥地利出版商西斯洛取得了女诗人普利拉所有作品的版权,而现用国歌是她谱写的,当年国家没有买下版权,因此西斯洛表示:国歌如在官方正式场合演奏,可免除版税,否则一律收费。

4. 销售不动产

销售不动产,是指转让不动产所有权的业务活动。不动产,是指不能移动或者移动后会引起性质、形状改变的财产,包括建筑物、构筑物等。

建筑物,包括住宅、商业营业用房、办公楼等可供居住、工作或者进行其他活动的建造物。

构筑物,包括道路、桥梁、隧道、水坝等建造物。

转让建筑物有限产权或者永久使用权的,转让在建的建筑物或者构筑物所有权的,以及在转让建筑物或者构筑物时一并转让其所占土地的使用权的,按照销售不动产缴纳增值税。

【案情设定2.1】

合作建房未销售也要缴税?

李先生的公司提供土地使用权与A公司成立合营企业,合作建房。合同约定,李先生的公司提供土地5 000 m²(土地使用权转移到合营企业),A公司出资500万元,房屋建成后,各按50%的比例分配房屋。一年后,50套房子建成,李先生按50%的比例取得了其中的25套,但尚未销售。在税务部门工作的朋友提醒李先生,要及时到税务部门申报缴纳增值税,不然被税务部门查出,将被列为涉嫌偷逃漏税个案。李先生百思不得其解,房子还没卖出,为何就要缴税?

针对李先生的疑问,税务机关明确表示,根据政策的规定,李先生这种情况属于合作建房的其中一种方式。在这个过程中李先生实际上销售了无形资产,属于增值税的应税行为,因此李先生需要按照"销售无形资产——转让土地使用权"的税目,就取得的25套房屋的价值按5%的税率缴纳增值税。此外,如果李先生将这25套房屋进行销售,还必须再就取得的销售额按"销售不动产"的税目,按5%的税率缴纳增值税。

5. 销售金融商品

销售金融商品是指转让外汇、有价证券、非货物期货和其他金融商品所有权的业务活动。

其他金融商品转让包括基金、信托、理财产品等各类资产管理产品和各种金融衍生品的转让。

6. 进口货物

进口货物,是指进入中国关境的货物。对于进口货物,除依法征收关税外,还应在进口环节征收增值税。

【知识卡片2.7】

世界各国增值税的征收范围

世界上实行增值税的国家由于经济发展特点和财政政策不同,增值税的征税范围也不同。归纳起来有以下几种情况:

一是征税范围仅限于工业制造环节。实行这种办法时,由于征税范围小,从整个再生产过程看并不能彻底解决重复征税问题,限制了增值税优越性的发挥。

二是在工业制造和货物批发两环节实行增值税。将征税范围扩展到货物批发,可以在较大范围内消除因货物流转环节不同而引起的税负不公问题,促进货物的合理流通。特别是对由批发商直接出口的货物,实行增值税后可以方便、准确地计算出口退税。

三是在工业制造、货物批发和货物零售三环节实行增值税。这种大范围内实施的增值税,能够较充分地发挥增值税的优越性,更好地平衡进口货物和本国货物的税负。目前,大部分发展中国家都是在这一范围内实施增值税。

四是将征税范围扩展到服务业。即在制造、批发和零售三环节实施增值税的基础上,对服务业也实施增值税。此外,一些国家对农业、采掘业等初级产品的生产行业也实施了增值税。原西欧经济共同体国家就是在这一范围内实施增值税的。这种类型的增值税彻底排除了重复征税,是一种最完善的增值税。

7.非经营活动的界定

销售服务、无形资产或者不动产,是指有偿提供服务、有偿转让无形资产或者不动产,但属于下列非经营活动的情形除外:

(1)行政单位收取的同时满足以下条件的政府性基金或者行政事业性收费。

①由国务院或者财政部批准设立的政府性基金,由国务院或者省级人民政府及其财政、价格主管部门批准设立的行政事业性收费。

②收取时开具省级以上(含省级)财政部门监(印)制的财政票据。

③所收款项全额上缴财政。

(2)单位或者个体工商户聘用的员工为本单位或者雇主提供取得工资的服务。

(3)单位或者个体工商户为聘用的员工提供服务。

(4)财政部和国家税务总局规定的其他情形。

8.境内销售服务、无形资产或者不动产的界定

(1)服务(租赁不动产除外)或者无形资产(自然资源使用权除外)的销售方或者购买方在境内。

(2)所销售或者租赁的不动产在境内。

(3)所销售自然资源使用权的自然资源在境内。

(4)财政部和国家税务总局规定的其他情形。

下列情形不属于在境内销售服务或者无形资产:

(1)境外单位或者个人向境内单位或者个人销售完全在境外发生的服务。

(2)境外单位或者个人向境内单位或者个人销售完全在境外使用的无形资产。

（3）境外单位或者个人向境内单位或者个人出租完全在境外使用的有形动产。

（4）财政部和国家税务总局规定的其他情形。

【知识卡片2.8】

卧室定税收

在美国,由于各州税法不尽相同,因此,常闹出一些笑话。例如,有一户人家的房子正处在两州交界线上,主人应该向谁纳税呢？这也难倒了联邦政府。经过反复权衡,联邦当局做出一项"英明"决策:卧室处于哪个州,就向哪个州缴税。在他们看来,住宅的其他部分都是次要的,只有卧室最为重要。

（二）征税范围的特殊规定

1. 视同销售货物行为

单位和个体经营者的下列行为,虽然没有取得销售收入,也视同销售应税货物,征收增值税:

（1）将货物交付其他单位或者个人代销。

（2）销售代销货物。

（3）设有两个以上机构并实行统一核算的纳税人,将货物从一个机构移送其他机构用于销售,但相关机构设在同一县(市)的除外。

（4）将自产或者委托加工的货物用于非增值税应税项目。

（5）将自产、委托加工的货物用于集体福利或者个人消费。

（6）将自产、委托加工或者购进的货物作为投资,提供给其他单位或者个体工商户。

（7）将自产、委托加工或者购进的货物分配给股东或者投资者。

（8）将自产、委托加工或者购进的货物无偿赠送其他单位或者个人,但用于公益事业除外。

上述第(5)项所称"集体福利或者个人消费"是指企业内部设置的供职工使用的食堂、浴室、理发室、宿舍、幼儿园等福利设施及设备、物品等,或者以福利、奖励、津贴等形式发放给职工个人的物品。

以上视同销售货物行为,可以归纳为下列3种情形:

①转移货物但未发生所有权转移。

②虽然货物所有权发生了变动,但货物的转移不一定采取直接销售的方式。

③货物所有权没有发生变动,货物的转移也未采取销售的形式,而是用于类似销售的其他用途。

2. 视同销售服务、无形资产、不动产、金融商品

（1）单位或者个体工商户向其他单位或者个人无偿提供服务,但用于公益事业除外。

（2）单位或者个人向其他单位或者个人无偿转让无形资产、不动产或者金融商品,但用于公益事业除外。

（3）财政部和国家税务总局规定的其他情形。

3. 混合销售行为

混合销售行为,是指一项既涉及货物又涉及服务的销售行为。混合销售行为的特点是:

销售货物与销售服务是在同一项交易过程中发生的,由同一纳税人实现,价款是同时从一个购买方取得的。例如,某电器商场销售50台空调给某公司,并且负责安装,除收取空调价款外,还收取了安装费,其中销售空调是属于销售货物,提供安装属于销售服务,但都发生在同一项销售行为中,所以是混合销售行为。

混合销售行为从理论上讲应当分别按照销售货物以及销售服务缴纳增值税,但这将给征纳双方在管理上带来很多困难。为便于征管,根据规定:从事货物的生产、批发或者零售的单位和个体工商户的混合销售行为,按照销售货物缴纳增值税;其他单位和个人的混合销售行为,按照销售服务缴纳增值税。

上述从事货物的生产、批发或者零售的单位和个体工商户,包括以从事货物的生产、批发或者零售为主,并兼营销售服务的单位和个体工商户在内。

纳税人销售活动板房、机器设备、钢结构件等自产货物的同时提供建筑、安装服务,不属于混合销售,应分别核算货物和建筑服务的销售额,分别适用不同的税率或者征收率。

【案情设定 2.2】

酒店应如何缴税?

小陈是会计电算化专业的应届毕业生,毕业后到了本市一家新开业的酒店从事会计工作。2022年1月,该酒店提供客房取得收入63万元,其中包括顾客在客房住宿过程中消费货物收入3.7万元。这时,让小陈困惑的是该酒店应如何申报纳税?是客房收入按提供住宿服务税目缴纳增值税,而货物收入按销售货物缴纳增值税,还是合并一起缴纳增值税?于是,小陈拨通了大学税务老师的电话。税务老师告诉他,这是混合销售行为,该酒店的主营业务是提供住宿服务,所以应合并统一按餐饮住宿服务的税率缴纳增值税。

4. 兼营行为

兼营,是指纳税人的经营中既包括销售货物,又包括销售服务、无形资产和不动产的行为。

这里讲的销售货物与销售服务、无形资产和不动产主要是指纳税人的经营范围,并且兼营行为不同时发生在同一购买者身上,即不发生在同一项销售行为中。例如,某超市有商品零售业务,也设有餐饮部提供饮食服务,其中商品零售业务是销售货物行为,餐饮服务是销售服务行为,但两者没有直接的联系,不在同一项销售行为中,是超市的经营范围有这两项,所以是兼营行为。

根据规定,纳税人兼营销售货物、服务、无形资产或者不动产,适用不同税率或者征收率的,应当分别核算不同税率或者征收率的销售额;未分别核算的,适用从高税率或者征收率。

【知识问答 2.2】

混合销售行为与兼营行为有什么异同点?

答:混合销售与兼营,两者有相同的方面,又有明显的区别。其相同点是:两种行为的经营范围都有销售货物和销售服务这两类经营项目。其区别是:混合销售强调的是在同一项销售行为中存在着两类经营项目的混合,销售货款及服务价款是同时从一个购买方取得的;

兼营强调的是在同一纳税人的经营活动中存在着两类经营项目,但这两类经营项目不是在同一项销售行为中发生的,销售货款及服务价款不是同时发生在同一购买者身上。

(三)不征收增值税项目

(1)根据国家指令无偿提供的铁路运输服务、航空运输服务,属于用于公益事业的服务。

(2)存款利息。

(3)被保险人获得的保险赔付。

(4)房地产主管部门或者其他指定机构、公积金管理中心、开发企业以及物业管理单位代收的住宅专项维修资金。

(5)在资产重组过程中,通过合并、分立、出售、置换等方式,将全部或者部分实物资产以及与其相关联的债权、负债和劳动力一并转让给其他单位和个人,其中涉及的不动产、土地使用权转让行为。

(6)纳税人在资产重组过程中,通过合并、分立、出售、置换等方式,将全部或者部分实物资产以及与其相关联的债权、负债和劳动力一并转让给其他单位和个人,不属于增值税的征税范围,其中涉及的货物转让,不征收增值税。

三、增值税纳税人和扣缴义务人

(一)纳税人

根据规定,在中华人民共和国境内销售货物,销售服务、无形资产、不动产、金融商品以及进口货物的单位和个人,为增值税的纳税人。单位,是指企业、行政单位、事业单位、军事单位、社会团体及其他单位。个人,是指个体工商户和其他个人。

单位以承包、承租、挂靠方式经营的,承包人、承租人、挂靠人(统称"承包人")以发包人、出租人、被挂靠人(统称"发包人")名义对外经营并由发包人承担相关法律责任的,以该发包人为纳税人;否则,以承包人为纳税人。

资管产品运营过程中发生的增值税应税行为,以资管产品管理人为增值税纳税人。

(二)纳税人的分类

根据纳税人的经营规模以及会计核算健全程度的不同,增值税的纳税人可分为小规模纳税人和一般纳税人。

1. 小规模纳税人

增值税小规模纳税人标准为年征增值税销售额500万元及以下。年应税销售额,是指纳税人在连续不超过12个月或4个季度的经营期内累计应征增值税销售额,包括纳税申报销售额、稽查查补销售额、纳税评估调整销售额。

小规模纳税人会计核算健全,能够提供准确税务资料的,可以向税务机关申请登记为一般纳税人,不再作为小规模纳税人。会计核算健全,是指能够按照国家统一的会计制度规定设置账簿,根据合法、有效凭证核算。

小规模纳税人实行简易征税方法,并且一般不使用增值税专用发票,但基于增值税征收管理中一般纳税人与小规模纳税人之间客观存在的经济往来的实情,小规模纳税人可以到税务机关代开增值税专用发票。

为持续推进放管服(即简政放权、放管结合、优化服务的简称)改革,全面推行小规模纳税人自行开具增值税专用发票,小规模纳税人(其他个人除外)发生增值税应税行为,需要开具增值税专用发票的,可以自愿使用增值税发票管理系统自行开具。

【知识卡片2.9】

国家进一步实施小微企业"六税两费"减免的政策

为贯彻落实党中央、国务院决策部署,进一步支持小微企业发展,按照《财政部　税务总局关于进一步实施小微企业"六税两费"减免政策的公告》的要求,自 2022 年 1 月 1 日至 2024 年 12 月 31 日,对小型微利企业减免资源税、城市维护建设税、城镇土地使用税、印花税(不含证券交易印花税)、耕地占用税和教育费附加、地方教育附加。小型微利企业已依法享受资源税、城市维护建设税、房产税、城镇土地使用税、印花税、耕地占用税和教育费附加、地方教育附加其他优惠政策的,可叠加享受本优惠政策。

2. 一般纳税人

一般纳税人,是指年应税销售额超过财政部、国家税务总局规定的小规模纳税人标准的企业和企业性单位。

一般纳税人实行登记制,除另有规定外,应当到税务机关办理登记手续。

下列纳税人不办理一般纳税人登记:

(1)按照政策规定,选择按照小规模纳税人纳税的。

(2)年应税销售额超过规定标准的其他个人。

纳税人自一般纳税人生效之日起,按照增值税一般计税方法计算应纳税额,并可以按照规定领用增值税专用发票,财政部、国家税务总局另有规定的除外。

纳税人登记为一般纳税人后,不得转为小规模纳税人,国家税务总局另有规定的除外。

【知识卡片2.10】

《中华人民共和国增值税法(征求意见稿)》公布

我国已经基本建立了现代增值税制度,为增值税立法夯实了制度基础。目前增值税相关改革措施已全部推出,立法条件成熟。为以法律形式巩固改革成果,按照保持现行税制框架总体不变以及保持现行税收负担水平总体不变的原则,国家税务总局整合了《增值税暂行条例》和财税[2016]36 号文等,并适当调整完善相关内容,形成了《中华人民共和国增值税法(征求意见稿)》。截至目前,我国已经完成了 18 个税种中 11 个税种的立法。"十四五"期间,增值税、消费税、关税等 7 个税种都要由相关规定择机上升为法律。在增值税立法方面,除简化税率外,要强调增值税中性原则,研究税率进一步下降的空间,以及是否还要继续采用一般纳税人和小规模纳税人的划分形式,是否继续使用增值税专用发票等。

3. 扣缴义务人

中华人民共和国境外的单位或者个人在境内发生应税交易,在境内未设有经营机构的,以其境内代理人为扣缴义务人;在境内没有代理人的,以购买方为扣缴义务人。

四、增值税税率和征收率

（一）增值税税率

1. 13%税率

适用纳税人销售除9%、零税率外的货物,销售加工修理修配、有形动产租赁服务,进口货物。

2. 9%税率

适用纳税人销售除零税率外的交通运输、邮政、基础电信、建筑、不动产租赁服务,销售不动产,转让土地使用权,以及销售或者进口下列货物:

(1)农产品、食用植物油、食用盐。

(2)自来水、暖气、冷气、热水、煤气、石油液化气、天然气、二甲醚、沼气、居民用煤炭制品。

(3)图书、报纸、杂志、音像制品、电子出版物。

(4)饲料、化肥、农药、农机、农膜。

3. 6%税率

适用纳税人销售除9%、零税率外的服务、无形资产、金融商品。

4. 零税率

适用纳税人出口货物,国务院另有规定的除外;适用境内单位和个人跨境销售国务院规定范围内的服务、无形资产。包括:

(1)国际运输服务。

(2)航天运输服务。

(3)向境外单位提供的完全在境外消费的下列服务:①研发服务;②合同能源管理服务;③设计服务;④广播影视节目(作品)的制作和发行服务;⑤软件服务;⑥电路设计及测试服务;⑦信息系统服务;⑧业务流程管理服务;⑨离岸服务外包业务;⑩转让技术。

（二）增值税征收率

小规模纳税人以及一般纳税人选择简易方法计税的,征收率为3%。一般纳税人选择简易办法计算缴纳增值税后,36个月内不得变更。

【知识卡片2.11】

征收率的特殊规定:5%

根据目前规定,适用5%征收率主要是与不动产和人有关的情形,具体如下:

(1)小规模纳税人转让或者出租其取得的不动产(不含个人出租住房)。

(2)一般纳税人转让或者出租其2016年4月30日前取得的不动产(选择简易计税方法)。

(3)房地产开发企业(一般纳税人)销售自行开发的房地产老项目(选择简易计税方法)。

(4)房地产开发企业(小规模纳税人)销售自行开发的房地产老项目。

(5)纳税人提供劳务派遣服务(选择差额纳税)。

【知识问答2.3】

一般纳税人有哪些情形可以采用简易方法计算缴纳增值税?

答:(1)一般纳税人销售自产的下列货物,可以选择按照简易方法依照3%征收率计算缴纳增值税。

①县级及县级以下小型水力发电单位生产的电力。

②建筑用和生产建筑材料所用的砂、土、石料。

③以自己采掘的砂、土、石料或其他矿物连续生产的砖、瓦、石灰(不含黏土实心砖、瓦)。

④用微生物、微生物代谢产物、动物毒素、人或动物的血液或组织制成的生物制品。

⑤自来水。

⑥商品混凝土(仅限于以水泥为原料生产的水泥混凝土)。

(2)一般纳税人销售货物属于下列情形之一的,暂按简易办法依照3%征收率计算缴纳增值税:

①寄售商店代销寄售物品(包括居民个人寄售的物品在内)。

②典当业销售死当物品。

(3)建筑企业一般纳税人提供建筑服务属于老项目的,可以选择简易方法依照3%的征收率征收增值税。

(4)一般纳税人发生下列服务行为可以选择适用简易方法依照3%的征收率征收增值税:

①公共交通运输服务,包括轮客渡、公交客运、地铁、城市轻轨、出租车、长途客运、班车。

②电影放映服务、仓储服务、装卸搬运服务、收派服务和文化体育服务。

一般纳税人适用简易方法的情形包括以上但不限于以上,具体以国务院规定为准。

【知识卡片2.12】

新冠肺炎疫情期间降低小规模纳税人的征收率

自2020年3月1日至2021年12月31日,除湖北省外的其他省、自治区、直辖市的增值税小规模纳税人,适用3%征收率的应税销售收入,减按1%征收率征收增值税。自2020年3月1日至2021年3月31日,对湖北省增值税小规模纳税人,适用3%征收率的应税销售收入,免征增值税;自2021年4月1日至2021年12月31日,湖北省增值税小规模纳税人适用3%征收率的应税销售收入,减按1%征收率征收增值税。

五、增值税税收优惠

(一)免税项目

(1)农业生产者销售的自产农产品。

(2)避孕药品和用具。

(3)古旧图书。

(4)直接用于科学研究、科学试验和教学的进口仪器、设备。

(5)外国政府、国际组织无偿援助的进口物资和设备。

(6)由残疾人的组织直接进口供残疾人专用的物品。

（7）自然人销售的自己使用过的物品。

（8）托儿所、幼儿园、养老院、残疾人福利机构提供的育养服务、婚姻介绍、殡葬服务。

（9）残疾人员个人提供的服务。

（10）医院、诊所和其他医疗机构提供的医疗服务。

（11）学校和其他教育机构提供的教育服务,学生勤工俭学提供的服务。

（12）农业机耕、排灌、病虫害防治、植物保护、农牧保险以及相关技术培训业务,家禽、牲畜、水生动物。

（13）纪念馆、博物馆、文化馆、文物保护单位管理机构、美术馆、展览馆、书画院、图书馆举办文化活动的门票收入,宗教场所举办文化、宗教活动的门票收入。

（14）境内保险机构为出口货物提供的保险产品。

（二）起征点

增值税起征点为季销售额 30 万元。

销售额未达到增值税起征点的单位和个人,不是增值税的纳税人;销售额未达到增值税起征点的单位和个人,可以自愿选择依照本法规定缴纳增值税。

（三）即征即退

一般纳税人提供管道运输服务,对其增值税实际税负超过 3% 的部分实行增值税即征即退政策。

增值税实际税负,是指纳税人当期提供应税服务实际缴纳的增值税额占纳税人当期提供应税服务取得的全部价款和价外费用的比例。

（四）扣减增值税规定

（1）退役士兵创业就业。

（2）重点群体创业就业。

【知识卡片 2.13】

促进大学生创业税收优惠政策形同虚设

在促进重点人群创业的税收优惠政策中,有一项是专门针对大学生创业的税收优惠政策,即对附有自主创业证(毕业年度内自主创业税收政策)人员从事个体经营的,在 3 年内按每户每年 12 000 元为限额依次扣减其当年实际应缴纳的增值税、城市维护建设税、教育费附加、地方教育附加和个人所得税,限额标准最高可上浮 20%。但此项政策自实施以来一直与小微企业起征点优惠政策效用抵消。每年 12 000 元再最高上浮 20% 即是 14 400 元,假设不考虑其他税费,只考虑增值税并按小规模纳税人 3% 征收率推算,每年的销售额 = 14 400 × (1 + 3%) ÷ 3% = 494 400(元)。这意味着什么? 惠州市内有一家大学生创办的投资服务公司,雇员 5 人。根据广东省统计信息网公布的数据,2020 年广东省城镇私营单位就业人员年平均工资 67 302 元,即每月 5 608.5 元,公司一个月就人员工资支出近 3 万元,按惠州市 2020 年最低缴费基数计算的五险一金支出近 0.6 万元,再加上房租、水电、办公费用等成本,如果月销售额低于 5 万元,则企业基本运营可能存在问题。换句话说,在纳税正常的情况下，一般正常经营的大学生创业企业是无法享受这一政策的。同时，目前小微企业月销售额低于15万元，即年销售额低于180万元免征增值税，但是两项政策不能同时享受，而小微企业的税收优惠力度明显高于大学生创业税收优惠，导致现有的政策流于形式。

（五）其他减免税规定

（1）根据国民经济和社会发展的需要，或者出于突发事件等原因对纳税人经营活动产生重大影响的，国务院可以制定增值税专项优惠政策，报全国人民代表大会常务委员会备案。

（2）纳税人兼营增值税减税、免税项目的，应当单独核算增值税减税、免税项目的销售额；未单独核算的项目，不得减税、免税。

（3）纳税人发生应税交易适用减税、免税规定的，可以选择放弃减税、免税，依照规定缴纳增值税。纳税人同时适用两个以上减税、免税项目的，可以分不同减税、免税项目选择放弃。放弃的减税、免税项目36个月内不得再减税、免税。

【知识卡片 2.14】

小微企业免税规定

自2021年4月1日至2022年12月31日，增值税小规模纳税人发生增值税应税销售行为，合计月销售额未超过15万元的，免征增值税。其中，以一个季度为纳税期限的增值税小规模纳税人，季度销售额未超过45万元的，免征增值税。其他个人采取一次性收取租金形式出租不动产，取得的租金收入，可在租金对应的租赁期内平均分摊，分摊后的月租金不超过15万元的，可享受小微企业免征增值税的优惠政策。

第二节　增值税应纳税额的计算

增值税应纳税额的计算对于一般纳税人和小规模纳税人而言有不同的方法；另外进口环节增值税的计算跟国内应税环节增值税的计算也有所不同，所以这一节将分为四个部分进行阐述：一般纳税人应纳税额的计算；小规模纳税人应纳税额的计算；进口货物应纳税额的计算。

一、一般纳税人应纳税额的计算（一般计税法）

一般纳税人销售货物、服务、无形资产、不动产和金融商品（简称"应税交易"），应纳税额为当期销项税额抵扣当期进项税额后的余额。应纳税额计算公式：

$$当期应纳税额 = 当期销项税额 - 当期进项税额$$

根据公式可知，当期应缴纳的增值税取决于当期的销项税额和进项税额。由于增值税实行购进扣税法，有时企业当期购进的货物很多，在计算应纳税额时会出现当期销项税额小于当期进项税额不足抵扣的情况。根据税法的规定，当期销项税额小于当期进项税额不足抵扣时，其不足部分可以结转下期继续抵扣。

（一）销项税额的确定

销项税额是指纳税人销售货物、服务、无形资产、不动产和金融商品，按照销售额和规定的税率计算并向购买方收取的增值税税额。销项税额的计算公式为：

$$销项税额 = 销售额 \times 适用税率$$

需要说明的是，销项税额是由购买方支付的税额；对于属于一般纳税人的销售方来讲，在没有抵扣其进项税额前，销售方收取的销项税额还不是其应纳增值税税额。

上述公式中的使用税率为税法给定的增值税税率，所以计算销项税额的关键是销售额的确定。

1. 销售额的一般规定

（1）销售额是指纳税人发生应税交易取得的与之相关的对价，包括全部货币（价款和价外费用）或者非货币形式的经济利益。所谓价外费用，是销售方除货物、应税劳务价款以外所收取的款项，常常以各种名义的费用形式出现。

（2）因为增值税是"价外税"，计税时的销售额必须是不包括收取的销项税额的销售额，即用来计算增值税的销售额是不含税销售额。在实际工作中，常常会出现一般纳税人将销售货物或者应税劳务采用销售额和销项税额合并定价收取的方法，这样，就会形成含税销售额。计算税额时，还需将含税销售额换算成不含税销售额来计算：

$$不含税销售额 = 含税销售额 \div (1 + 适用税率)$$

【知识问答2.4】

什么是价外费用？

价外费用实属价外收入，包括价外向购买方收取的手续费、补贴、基金、集资费、返还利润、奖励费、违约金、滞纳金、延期付款利息、赔偿金、代收款项、代垫款项、包装费、包装物租金、储备费、优质费、运输装卸费以及其他各种性质的价外收费。

下列项目不包括在内：①受托加工应征消费税的货物，而由受托方向委托方代收代缴的消费税。这是因为代收代缴消费税只是受托方履行法定义务的一种行为，并不形成自己的收益。②同时符合以下两个条件的代垫运费：即承运部门的运费发票开具给购货方，并且由纳税人将该项发票转交给购货方的。在这种情况下，纳税人仅仅是为购货人代办运输业务，而未从中收取额外费用。③同时符合以下条件代为收取的政府性基金或者行政事业性收费：由国务院或者财政部批准设立的政府性基金，由国务院或者省级人民政府及其财政、价格主管部门批准设立的行政事业性收费；收取时开具省级以上财政部门印制的财政票据；所收款项全额上缴财政。④销售货物的同时代办保险等而向购买方收取的保险费，以及向购买方收取的代购买方缴纳的车辆购置税、车辆牌照费。

凡随同发生应税交易向购买方收取的价外费用，无论其会计制度如何核算，均应并入销售额计算应纳税额。税法规定各种性质的价外收费都要并入销售额计算征税，目的是防止以各种名目的收费减少销售额逃避纳税的现象。但是应当注意，根据规定：对增值税一般纳税人（包括纳税人自己或代其他部门）向购买方收取的价外费用和逾期包装物押金，应视为含税收入，在征税时换算成不含税收入再并入销售额。

2.混合销售和兼营的销售额

根据相关规定,混合销售的销售额为货物的销售额与服务销售额的合计。纳税人兼营不同税率的货物、服务、无形资产、不动产和金融商品,应当分别核算不同税率或者征收率的销售额;未分别核算销售额的,从高适用税率。

3.视同应税交易行为销售额的确定

视同应税交易行为一般不以资金的形式反映出来,因而会出现无销售额的情况。在此情况下,主管税务机关有权按照下列顺序核定其销售额:

(1)按照纳税人最近时期同类货物、服务、无形资产、不动产和金融商品的平均销售价格确定。

(2)按照其他纳税人最近时期同类货物、服务、无形资产、不动产和金融商品的平均销售价格确定。

(3)按照组成计税价格确定。组成计税价格的公式为:

$$组成计税价格 = 成本 \times (1 + 成本利润率)$$

征收增值税的货物,同时又征收消费税的,其组成计税价格中应加计消费税税额。其组成计税价格公式为:

$$组成计税价格 = 成本 \times (1 + 成本利润率) + 消费税税额$$

或

$$组成计税价格 = 成本 \times (1 + 成本利润率) \div (1 - 消费税税率)$$

公式中的成本,销售自产货物的为实际生产成本;销售外购货物的为实际采购成本。公式中的成本利润率,不征消费税的货物成本利润率确定为10%,但属于应从价计税征收消费税的货物,为《消费税若干具体问题的规定》中规定的成本利润率(详见本书第三章消费税章节"应税消费品全国平均成本利润表")。

【案例2.1】

某工厂将最新研发的一种新型建筑材料用于员工宿舍的建设,该材料因为是新产品暂无售价,也无同类货物的市场价格,已知领用该材料的数量是5 t,单价为28 000 元/t。请计算其销项税额。

解析:上述行为属于视同销售行为,其销项税额 $= 5 \times 28\,000 \times (1 + 10\%) \times 13\% = 20\,020(元)$

4.包装物押金

纳税人销售货物时另收取包装物押金,目的是促使购货方及早退回包装物以便周转使用。根据税法的规定,纳税人为销售货物而出租出借包装物收取的押金,单独记账核算的,未逾期的,不并入销售额征税,但对因逾期未收回包装物不再退还的押金,应按所包装货物的适用税率计算销项税额。这里要注意两点:第一,"逾期"是指按合同约定实际逾期,或以1年为期限,对收取1年以上的押金,无论是否退还均并入销售额征税。对于个别包装物周转使用期限较长的,报经税务机关确定后,可适当放宽逾期期限。第二,包装物押金一般视为含税收入,在征税时需要先将该押金换算为不含税价再并入销售额征税。

对销售除啤酒、黄酒外的其他酒类产品而收取的包装物押金,无论是否返还以及会计上如何核算,均应并入当期销售额征税。对销售啤酒、黄酒所收取的押金,按上述一般押金的规定处理。

【知识问答 2.5】

包装物租金和包装物押金在税法上的处理是一样的吗?

答:包装物租金和包装物押金不应混同,包装物租金在销货时作为价外费用并入销售额计算销项税额,而包装物押金则规定了对除啤酒、黄酒外的其他酒类产品收取的包装物押金和其他产品属于逾期的包装物押金须并入销售额计算征税。

5.特殊销售方式的销售额

除一般的销售方式外,企业还会通过其他一些特殊方式来进行销售,以达到促销、广告宣传或其他目的。不同销售方式下,销售者取得的销售额会有所不同。对不同销售方式如何确定其计征增值税的销售额,既是纳税人关心的问题,也是税法必须分别予以明确规定的事情。税法对以下几种销售方式分别做了规定:

(1)以折扣方式销售货物或应税劳务的销售额。

折扣销售,又称商业折扣,是指销货方为了鼓励购货方多购买货物而给予买方的一种价格优惠,实质是一种促销方式。目前税法规定,这种因为促销而发生的价格折扣,其折扣额可以在销售额中扣减,以折扣后的余额计算增值税。旧的规定强调折扣额和销售额是否在同一张发票上分别注明,而基于目前增值税防伪税控开票系统开票的实际情况,已不用再强调这一点了。

还需注意,折扣销售可以从销售额中扣减折扣额的,只能是价格折扣。如果给予的是实物折扣,应该按视同销售行为中的"无偿赠送"进行处理,实物款额不能从原销售额中减除。

销售折扣,又称现金折扣,是指销货方在采用赊销方式销售货物或提供劳务时,为了鼓励购货方尽早偿还货款,按协议许诺给予购货方的一种债务扣除。如:10 天内付款,货款折扣 2%;20 天内付款,货款折扣 1%;30 天内全价付款。销售折扣是发生在销售货物之后的,从其性质看属于企业本身的一种融资行为,故折扣额不能从销售额中扣除。

销售折让是指货物售出后购货方发现品种、质量有问题,但没有提出退货,而销货方因此给予买方一定的价格折让。销售折让实质是原销售额的减少。按税法规定,因为产品质量等问题发生销售折让的,销货方取得税务机关出具的"企业进货退出及索取折让证明单",方可开具红字专用发票,据以扣减折让当期的增值税销项税额。

【案例 2.2】

惠州新华书店批发图书一批,每册标价 20 元,共计 1 000 册,由于购买方购买数量多,按 7 折优惠价格成交。购买方因为 10 日内付款,根据合同约定有 2% 折扣。请确定其计税销售额。

解析:计税销售额 = 20 × 70% × 1 000 ÷ (1 + 9%) = 12 844.04(元)

【案例 2.3】

人人乐商场(一般纳税人)在 5 周年店庆期间对康佳电视机进行"买一赠一"活动,买一台电视机送一台空气炸锅。共销售电视机 100 台,零售金额(含增值税)565 000 元;赠送空气炸锅 100 台,每台市价(含增值税)339 元。两种商品适用的增值税税率均为 13%。请计算其销项税额。

解析:销项税额 = 565 000 ÷ (1 + 13%) × 13% + 339 × 100 ÷ (1 + 13%) × 13% = 68 900(元)

【案情设定 2.3】

哪一套促销方案好?

某品牌洗发水生产商想针对最近研发生产的一种洗发水做促销活动,这种洗发水目前的市场销售价格是 16 元一瓶,每瓶的容量是 400 mL。市场部推出两套促销方案,一套方案是加量 20% 不加价,即在价格不变的前提下每瓶洗发水的容量由 400 mL 加到 480 mL,相当于 480 mL 的洗发水卖 400 mL 的价钱;另外一套方案是买一送一,即购买 16 元 400 mL 的洗发水一瓶,赠送 80 mL 小瓶的同类洗发水。大家觉得这两套方案都差不多,但是该厂的财务总监提出了不同的看法。选择第一套方案进行促销,每瓶洗发水根据取得的销售额 16 元计算增值税;选择第二套方案进行促销,除了要按每瓶销售额 16 元计税外,根据税法规定,买一送一的 80 mL 小瓶洗发水要视同销售确定销售额进行征税,这样第二套促销方案会比第一套方案多缴税。

(2)采取以旧换新方式销售货物的销售额。

以旧换新是指纳税人在销售自己的货物时,有偿收回旧货物的行为。根据税法的规定,采取以旧换新方式销售货物的,应按新货物的同期销售价格确定销售额,不得扣减旧货物的收购价格。之所以这样规定,既是因为销售货物与收购货物是两个不同的业务活动,销售额与收购额不能相互抵减,也是为了严格计算征收增值税,防止出现销售额不实、减少纳税的现象。考虑到金银首饰以旧换新业务的特殊情况,对金银首饰以旧换新业务,可以按销售方实际收取的不含增值税的全部价款征收增值税。

【案例 2.4】

苏宁电器采取以旧换新方式销售家用电脑 20 台,每台零售价 5 500 元,旧电脑折价 500 元,顾客只需支付 5 000 元,请确定其计税销售额。

解析:应税销售额 = 20 × 5 500 ÷ (1 + 13%) = 97 345.13(元)

(3)采取还本销售方式销售货物的销售额。

还本销售是指纳税人在销售货物后,到一定期限由销售方一次或分次退还给购货方全部或部分价款。这种方式实际上是一种筹资,是以货物换取资金的使用价值,到期还本不付息的方法。税法规定,采取还本销售方式销售货物,其销售额就是货物的销售价格,不得从销售额中减除还本支出。

(4)采取以物易物方式销售货物的销售额。

以物易物是一种较为特殊的购销活动,是指购销双方不是以货币结算,而是以同等价款的货物相互结算,实现货物购销的一种方式。税法规定,以物易物双方都应做购销处理,以各自发出的货物核算销售额并计算销项税额,以各自收到的货物按规定核算购货额并计算进项税额。应注意,在以物易物活动中,应分别开具合法的票据,如收到的货物不能取得相应的增值税专用发票或其他合法票据的,不能抵扣进项税额。

(5)直销方式销售货物的销售额。

直销企业先将货物销售给直销员,直销员再将货物销售给消费者的,直销企业的销售额为其向直销员收取的全部价款和价外费用。直销员将货物销售给消费者时,应按照现行规定缴纳增值税。直销企业通过直销员向消费者销售货物,直接向消费者收取货款,直销企业的销售额为其向消费者收取的全部价款和价外费用。

6.纳税人经营旧货或销售自己使用过的固定资产、物品的征税规定

所谓旧货,是指进入二次流通的具有部分使用价值的货物(含旧汽车、旧摩托车和旧游艇),但不包括自己使用过的物品;使用过的固定资产是指自己使用过的账上作为固定资产管理并计提折旧的固定资产;使用过的物品是指价值较小,不作为固定资产管理并核算的包装物等其他低值易耗品。纳税人经营旧货或销售自己使用过的固定资产、物品的征税规定见表2.3。

表2.3　纳税人经营旧货或销售自己使用过的固定资产、物品征税规定一览表

纳税人	销售情形	税务处理	计税公式
一般纳税人	销售旧货	按简易计税方法:依3%征收率减按2%征收增值税	增值税 = 售价 ÷ (1 + 3%) × 2%
	销售其按照规定不得抵扣且未抵扣进项税额的固定资产		
	销售自己使用过的其他固定资产(即除上述情形以外的使用过的固定资产)	按正常销售货物适用税率征收增值税	增值税 = 售价 ÷ (1 + 13%) × 13%
	销售自己使用过的除固定资产以外的物品		
小规模纳税人(除其他个人外)	销售旧货	减按2%征收率征收增值税	增值税 = 售价 ÷ (1 + 3%) × 2%
	销售自己使用过的固定资产		
	销售自己使用过的除固定资产以外的物品	减按3%征收率征收增值税	增值税 = 售价 ÷ (1 + 3%) × 3%

【案例2.5】

某小微企业(一般纳税人)由于经营困难,拟将两台闲置放在生产车间的已使用过的机器设备出售,以盘活流动资金,等待时机东山再起。其中A设备为2008年购进,原值117万元(含进项税额);B设备为2021年3月购进,原值200万元,购进时抵扣进项税额26万元。这两台设备不含税售价分别为80万元和210万元,请计算该企业销售发生的增值税额。

解析:该企业A设备应缴纳的增值税额 = 80 × 2% = 1.6(万元)

该企业B设备应缴纳的增值税额 = 210 × 13% = 27.3(万元)

7.有关行业销售额的规定

(1)贷款服务,以提供贷款服务取得的全部利息及利息性质的收入为销售额。

(2)直接收费金融服务,以提供直接收费金融服务收取的手续费、佣金、酬金、管理费、服

务费、经手费、开户费、过户费、结算费、转托管费等各类费用为销售额。

（3）金融商品转让，按照卖出价扣除买入价后的余额为销售额。

转让金融商品出现的正负差，按盈亏相抵后的余额为销售额。若相抵后出现负差，可结转下一纳税期与下期转让金融商品销售额相抵，但年末时仍出现负差的，不得转入下一个会计年度。

金融商品的买入价，可以选择按照加权平均法或者移动加权平均法进行核算，选择后36个月内不得变更。

金融商品转让，不得开具增值税专用发票。

（4）经纪代理服务，以取得的全部价款和价外费用，扣除向委托方收取并代为支付的政府性基金或者行政事业性收费后的余额为销售额。向委托方收取的政府性基金或者行政事业性收费，不得开具增值税专用发票。

（5）航空运输企业的销售额，不包括代收的机场建设费和代售其他航空运输企业客票而代收转付的价款。

（6）试点纳税人中的一般纳税人（简称"一般纳税人"）提供客运场站服务，以其取得的全部价款和价外费用，扣除支付给承运方运费后的余额为销售额。

（7）试点纳税人提供旅游服务，可以选择以取得的全部价款和价外费用，扣除向旅游服务购买方收取并支付给其他单位或者个人的住宿费、餐饮费、交通费、签证费、门票费和支付给其他接团旅游企业的旅游费用后的余额为销售额。

选择上述办法计算销售额的试点纳税人，向旅游服务购买方收取并支付的上述费用，不得开具增值税专用发票，可以开具普通发票。

（8）试点纳税人提供建筑服务适用简易计税方法的，以取得的全部价款和价外费用扣除支付的分包款后的余额为销售额。

（9）房地产开发企业中的一般纳税人销售其开发的房地产项目（选择简易计税方法的房地产老项目除外），以取得的全部价款和价外费用，扣除受让土地时向政府部门支付的土地价款后的余额为销售额。

房地产老项目，是指建筑工程施工许可证注明的合同开工日期在 2016 年 4 月 30 日前的房地产项目。

8.销售额确定的其他规定

（1）销售额应以人民币计算。纳税人按人民币以外的货币结算销售额的，其销售额的人民币折合率可以选择销售额发生的当天或者当月 1 日的人民币汇率中间价。纳税人应在事先确定采用何种折合率，确定后 1 年内不得变更。

（2）销货退回或折让的规定。由于销货退回或折让不仅涉及销货价款或折让价款的退回，还涉及增值税的退回，因此，销货方和购货方应相应对当期的销项税额或进项税额进行调整。为此，税法规定，因销售货物退回或者折让而退还给购买方的增值税额，应从发生销售货物退回或者折让当期的销项税额中扣减；同理，因购进货物退出或者折让而收回的增值税额，应从发生购进货物退出或者折让当期的进项税额中扣减。

（二）进项税额的确定

进项税额是指纳税人购进货物、服务、无形资产、不动产和金融商品所支付或者负担的增值税额。对于任何一位一般纳税人而言，由于其在经营活动中，既会销售货物、服务、无形资产、不动产和金融商品，又会发生购进货物、服务、无形资产、不动产和金融商品，因此，每一位一般纳税人都会有收取的销项税额和支付的进项税额。增值税的核心就是用纳税人收取的销项税额抵扣其支付的进项税额，其余额为纳税人实际应缴纳的增值税税额。这样，进项税额作为可抵扣的部分，对于纳税人实际纳税多少就产生了举足轻重的作用。

对于进项税额，需了解以下几方面内容：

第一，进项税额是与销项税额相对应的另一个概念。在开具增值税专用发票的情况下，它们之间的对应关系是，销售方收取的销项税额，就是购买方支付的进项税额。

第二，除购进免税农产品和某些特殊抵扣项目以外，进项税额通常是在增值税专用发票上计算并注明的，在实际情况中，购货方一般根据取得的增值税专用发票等扣税凭证确定进项税额。

第三，并不是纳税人支付的所有进项税额都可以从销项税额中抵扣，税法对不能抵扣进项税额的项目做了严格的规定，纳税人不得随意进行抵扣。

1. 准予从销项税额中抵扣的进项税额

（1）从销售方取得的增值税专用发票（含税控机动车销售统一发票，下同）上注明的增值税税额。

（2）从海关取得的海关进口增值税专用缴款书上注明的增值税税额。

（3）购进农产品，取得一般纳税人开具的增值税专用发票或者海关进口增值税专用缴款书，以增值税专用发票或者海关进口增值税专用缴款书上注明的增值税额为进项税额；按照简易计税方法，以3%征收率计算缴纳的小规模纳税人取得增值税专用发票的，以增值税专用发票上注明的金额和9%的扣除率计算进项税额；取得（开具）农产品销售发票或收购发票的，以农产品收购发票或销售发票上注明的农产品买价和9%的扣除率计算进项税额；纳税人购进用于生产或者委托加工13%税率货物的农产品，按照10%的扣除率计算进项税额。计算公式为：

$$进项税额 = 买价 \times 扣除率$$

（4）纳税人购进国内旅客运输服务未取得增值税专用发票，暂按照以下规定确定进项税额：

①取得增值税电子普通发票的，为发票上注明的税额。

②取得注明旅客身份信息的航空运输电子客票行程单的，按照下列公式计算进项税额：

$$航空旅客运输进项税额 = (票价 + 燃油附加费) \div (1 + 9\%) \times 9\%$$

③取得注明旅客身份信息的铁路车票的，按照下列公式计算进项税额：

$$铁路旅客运输进项税额 = 票面金额 \div (1 + 9\%) \times 9\%$$

④取得注明旅客身份信息的公路、水路等其他客票的，按照下列公式计算进项税额：

$$公路、水路等其他旅客运输进项税额 = 票面金额 \div (1 + 3\%) \times 3\%$$

【知识卡片2.15】

收费公路通行费抵扣及征收政策

根据有关规定,一般纳税人支付的道路、桥、闸通行费,暂凭取得的通行费发票(不含财政票据,下同)上注明的收费金额按照下列公式计算可抵扣的进项税额:

高速公路通行费可抵扣进项税额 = 高速公路通行费发票上注明的金额 ÷ (1 + 3%) × 3%

一级公路、二级公路、桥、闸通行费可抵扣进项税额 = 一级公路、二级公路、桥、闸通行费发票上注明的金额 ÷ (1 + 5%) × 5%

通行费,是指有关单位依法或者依规设立并收取的过路、过桥和过闸费用。

(5)自境外单位或者个人购进服务、无形资产或者境内的不动产,从税务机关或者扣缴义务人取得的代扣代缴的完税凭证上注明的增值税额。

【案例2.6】

某企业是增值税一般纳税人,采购一批原材料支付材料款共计10万元,取得增值税专用发票。请计算该企业可抵扣的进项税额。

解析: 该企业可抵扣的进项税额 = 10 × 13% = 1.3(万元)

【案例2.7】

某餐饮企业为增值税的一般纳税人,从农业生产者手中收购免税农产品一批,在税务机关批准使用的专用收购凭证上注明价款60 000元。请计算其可抵扣的进项税额。

解析: 该企业可抵扣的进项税额 = 60 000 × 9% = 5 400(元)

【案例2.8】

某企业为增值税一般纳税人,2月发生员工出差飞机票和燃油费(注明身份信息)支出合计10万元。请计算其可抵扣的进项税额。

解析: 该企业可抵扣的进项税额 = 100 000 ÷ (1 + 9%) × 9% = 8 256.88(元)

【知识卡片2.16】

表2.4 我国外购固定资产进项税额抵扣进程

固定资产名称	时 间	抵扣情况
所有	2008年12月31日前	不允许抵扣
一般性如设施设备	2009年1月1日起	允许一次性抵扣
两车一艇(摩托车、小汽车、游艇)	2013年8月1日起	允许一次性抵扣
不动产	2016年5月1日起	分两年,第一年抵扣60%;第二年抵扣40%
不动产	2019年4月1日起	允许一次性抵扣

2. 不得从销项税额中抵扣的进项税额

(1)用于不产生销项税额的项目。

用于简易计税方法的计税项目,免征增值税项目,如集体福利或者个人消费的购进货物、加工修理修配服务、无形资产和不动产。

如果是既用于上述不允许抵扣项目又用于抵扣项目的,该进项税额准予全部抵扣。自2018年1月1日起,纳税人租入固定资产、不动产,既用于一般计税方法计税项目,又用于简易计税方法计税项目、免征增值税项目、集体福利或者个人消费的,其进项税额准予从销项税额中全额抵扣。

纳税人的交际应酬消费属于个人消费。

(2)因管理不善等因素造成的损失。

①非正常损失的购进货物以及相关的加工修理修配服务和交通运输服务。

②非正常损失的在产品、产成品所耗用的购进货物(不包括固定资产)、加工修理修配服务和交通运输服务。

③非正常损失的不动产(含在建工程),以及该不动产所耗用的购进货物、设计。

纳税人新建、改建、扩建、修缮、装饰不动产,均属于不动产在建工程。

非正常损失,是指因管理不善造成货物被盗、丢失、霉烂变质,以及因违反法律法规造成货物或者不动产被依法没收、销毁、拆除的情形。

(3)购进的贷款服务、餐饮服务、居民日常服务和娱乐服务。

【知识问答2.6】

为什么餐饮业不能开具专用发票?

答:一般情况下,餐饮业不能开具增值税专用发票,即使开具,受票方也不能抵扣。因为餐饮业针对个人消费的目的很明确。按照规定,用于个人消费的不允许抵扣税款,即使抵扣了,也需要进行进项税额转出。

(4)纳税人接受贷款服务向贷款方支付的与该笔贷款直接相关的投融资顾问费、手续费、咨询费等费用,其进项税额不得从销项税额中抵扣。

(5)国务院规定的其他情形。

3.扣减进项税额

(1)已抵扣的进项税额改变用途。

①已抵扣进项税额的购进货物(不含固定资产)、劳务、服务,发生税法规定的不得从销项税额中抵扣情形(简易计税方法计税项目、免征增值税项目除外)的,应当将进项税额从当期的进项税额中扣减;无法确定该进项税额的,按当期实际成本计算应扣减的进项税额。

②已抵扣进项税额的固定资产、无形资产或者不动产,发生税法规定的不得从销项税额中抵扣情形的,按照下列公式计算不得抵扣的进项税额:

不得抵扣的进项税额 = 固定资产、无形资产或者不动产净值 × 适用税率

(2)适用一般计税方法的纳税人,兼营简易计税方法计税项目、免征增值税项目而无法划分不得抵扣的进项税额,按照下列公式计算不得抵扣的进项税额:

不得抵扣的进项税额 = 当期无法划分的全部进项税额 × (当期简易计税方法计税项目销售额 + 免征增值税项目销售额) ÷ 当期全部销售额

(3)纳税人适用一般计税方法计税的,因销售折让、中止或者退还给购买方的增值税额,

应当从当期的销项税额中扣减;因销售折让、中止或者退回而收回的增值税额,应当从当期的进项税额中扣减。

4.转增进项税额

按照税法规定不得抵扣且未抵扣进项税额的固定资产、无形资产、不动产,发生用途改变,用于允许抵扣进项税额的应税项目,可在用途改变的"次月"按照下列公式,依据合法有效的增值税扣税凭证,计算可以抵扣的进项税额:

可以抵扣的进项税额 = 固定资产、无形资产、不动产净值 ÷ (1 + 适用税率) × 适用税率

【案例2.9】

某公司数月前购进甲材料一批,购进时入账的不含税价款是800 000元,已抵扣的进项税额是104 000元,由于仓库保管不善,使这批甲材料经雨淋后损失了30%。请计算该公司应该扣减的进项税额。

解析:该公司应扣减的进项税额 = 104 000 × 30% = 31 200(元)

(三)应纳税额的计算实例

【案例2.10】

某电视机厂是增值税一般纳税人,12月发生如下经济业务:

(1)销售电视机1 000台,开具增值税专用发票,取得不含税销售收入2 000 000元。

(2)当月购进材料若干批,取得增值税专用发票上注明价款合计600 000元,税金合计78 000元,款项均付,材料均已验收入库。

(3)上月销售的电视机中,有两台因质量问题在本月退回,企业退还购货方价款和税金共计4 520元,已开具红字增值税专用发票。

(4)办公室购买办公用品,取得普通发票一张,价税合计1 500元。

(5)将自产的最新型号电视机10台用于奖励本厂优秀职工,已知每台电视机工厂成本为2 400元,因尚未对外销售过,故无同类产品售价。

(6)仓库保管不善,导致仓库原材料被窃,经盘查,被窃材料账面价值为5 000元,该材料适用13%增值税税率。

(7)上月末留抵税额为113 000元(取得的增值税进项发票当月均已通过税务机关认证)。

要求:根据上述资料计算当月该电视机厂应纳增值税税额。

解析:(1)销售1 000台电视机的销项税额 = 2 000 000 × 13% = 260 000(元)

(2)购进材料的进项税额 = 78 000(元)

(3)因销售退回而扣减的销项税额 = 4 520 ÷ (1 + 13%) × 13% = 520(元)

(4)取得的增值税普通发票不得抵扣进项税额。

(5)自用新产品的销项税额 = 2 400 × (1 + 10%) × 13% × 10 = 3 432(元)

(6)非正常损失应扣减的进项税额 = 5 000 × 13% = 650(元)

(7)该电视机厂当月应缴纳的增值税税额 = (260 000 + 3 432 - 520) - (78 000 - 650) - 113 000 = 72 562(元)

【案例 2.11】

惠州市盛茂公司为增值税一般纳税人,专门从事认证服务。2022 年 1 月发生如下业务:

(1)16 日,取得某项认证服务收入 106 万元,开具增值税专用发票,价税合计为 106 万元。

(2)18 日,购进一台经营用设备,取得增值税专用发票注明金额 20 万元,增值税为 2.6 万元,支付运输费,取得增值税专用发票注明金额为 0.5 万元,增值税为 0.045 万元。

(3)20 日,支付广告服务费,取得增值税专用发票注明金额 5 万元,增值税为 0.3 万元。

(4)28 日,销售 2009 年 1 月 1 日以前购进的一台固定资产,售价 0.206 万元(不开具专用发票)。

已知:增值税税率为 6%,征收率为 3%。请计算该公司当月应纳增值税税额。

解析:根据规定,一般纳税人销售自己使用过的属于不得抵扣且未抵扣进项税额的固定资产,按照简易办法以 3% 征收率减按 2% 征收增值税。因此,该企业当月应纳税额由两部分组成:一部分是一般计税方法计算的应纳税额;另一部分是简易方法计算的应纳税额。

(1)当期销项税额 = 106 ÷ (1 + 6%) × 6% = 6(万元)

(2)当期进项税额 = 2.6 + 0.045 + 0.3 = 2.945(万元)

(3)一般计税方法下的应纳税额 = 6 − 2.945 = 3.055(万元)

(4)简易方法下的应纳税额 = 0.206 ÷ (1 + 3%) × 2% = 0.004(万元)

(5)应纳增值税税额 = 3.055 + 0.004 = 3.059(万元)

【案例 2.12】

某银行为增值税一般纳税人,2021 年第一季度发生的有关经济业务如下:

(1)购进 5 台自助存取款机,取得增值税专用发票注明的金额为 40 万元,增值税为 5.2 万元。

(2)租入一处底商作为营业部,租金总额为 105 万元,取得增值税专用发票注明的金额为 100 万元,增值税为 5 万元。

(3)办理公司业务,收取结算手续费(含税)31.8 万元,收取账户管理费(含税)26.5 万元。

(4)办理贷款业务,取得利息收入(含税)1.06 亿元。

(5)吸收存款 8 亿元。

已知:该银行取得增值税专用发票均符合抵扣规定,提供金融服务适用的增值税税率为 6%。请计算该银行第一季度应纳增值税税额。

解析:(1)购进自助存取款机的进项税额允许抵扣。(2)租入办公用房的进项税额允许抵扣。(3)办理公司业务,收取的手续费和账户管理费属于直接收费金融服务,应缴纳增值税。(4)办理贷款业务收取利息收入,属于贷款服务,应缴纳增值税。(5)吸收存款不属于增值税征税范围。

计算过程:

(1)进项税额 = 5.2 + 5 = 10.2(万元)

（2）销项税额 = 31.8 ÷ (1 + 6%) × 6% + 26.5 ÷ (1 + 6%) × 6% + 1.06 ÷ (1 + 6%) × 6% × 10 000 = 1.8 + 1.5 + 600 = 603.3（万元）

（3）应纳增值税税额 = 603.3 - 10.2 = 593.1（万元）

二、小规模纳税人应纳税额的计算

为了便于增值税的征收管理，我国采取了国际上比较通行的做法，即对小规模纳税人实行简易计税的办法，而不采取税款抵扣办法。

（一）应纳税额的计算公式

小规模纳税人销售货物、服务、无形资产、不动产和金融商品，按规定的征收率计算应纳税额，不得抵扣进项税额。应纳税额计算公式为：

$$应纳税额 = 销售额 × 征收率$$

公式中的销售额是指纳税人发生应税交易取得的与之相关的对价，包括全部货币（价款和价外费用）或者非货币形式的经济利益，但是不包括收取的增值税税额。

小规模纳税人不得抵扣进项税额，这是因为，小规模纳税人会计核算不健全，不能准确核算销项税额和进项税额，不实行按销项税额抵扣进项税额求得应纳税额的税款抵扣制度，而实行简易计税办法。

【知识卡片2.17】

关于增值税税控系统专用设备和技术维护费抵减增值税税额有关政策

根据有关政策的规定，增值税纳税人（含小规模纳税人）初次购买增值税税控系统专用设备（包括分开票机）支付的费用，可凭购买增值税税控系统专用设备取得的增值税专用发票，在增值税应纳税额中全额抵减（抵减额为价税合计额），不足抵减的可结转下期继续抵减。增值税纳税人非初次购买增值税税控系统专用设备支付的费用，由其自行负担，不得在增值税应纳税额中抵减。增值税纳税人（含小规模纳税人）缴纳的技术维护费，可凭技术维护服务单位开具的技术维护费发票，在增值税应纳税额中全额抵减，不足抵减的可结转下期继续抵减。

（二）含税销售额的换算

小规模纳税人在计算应纳税额时，取得的销售收入若为含税销售额，则必须将含税销售额换算为不含税的销售额后才能计算应纳税额。小规模纳税人不含税销售额的换算公式为：

$$不含税销售额 = 含税销售额 ÷ (1 + 征收率)$$

【案例2.13】

某商店为增值税小规模纳税人，8月取得零售收入总额12.36万元。请计算该商店8月应缴纳的增值税税额。

解析：（1）8月取得的不含税销售额 = 12.36 ÷ (1 + 3%) = 12（万元）

（2）8月应缴纳增值税税额 = 12 × 3% = 0.36（万元）

【案情设定 2.4 】

我该如何选择?

小刘是 2021 年会计专业的应届大学毕业生,基于在大学期间积累了较多的人脉资源,小刘在毕业的时候选择自主创业,创办了一家数据调查公司,主要客户来自政府。小刘在增值税纳税人选择时面临着困惑,是选择一般纳税人还是小规模纳税人? 于是拨通大学税务老师的电话。老师告诉他,首先,国家在两种纳税人税负测算设计上基本相同:一般纳税人一般情况下采用一般计税方法,调查公司适用 6% 的税率,对于购进的货物、服务等可以抵扣,前提是需要取得符合抵扣的专用发票等;小规模纳税人采用简易计税法,调查公司适用 3% 的征收率,但购进的货物、服务等不可以抵扣,两种方法各有自己的特点。其次,选择哪种纳税人,需要结合公司目前的实际因素,考量的因素包括上游供应商能否提供专用发票、下游客户是否需要提供专用发票、产品或服务项目的属性、财务管理水平等。经过老师的分析后,结合目前公司的实际情况:由于是数据调查公司,主要支出是人工,目前人工无法取得专用发票;同时所服务的客户——政府不需要开具专用发票,最后小刘选择了小规模纳税人。

三、进口货物应纳税额的计算

申报进入中华人民共和国海关境内的货物,均应缴纳增值税。

进口货物的收货人或办理报关手续的单位和个人,为进口货物增值税的纳税义务人。对于企事业单位和个人委托代理进口应征增值税的货物,鉴于代理进口货物的海关完税凭证,有的开具给委托方,有的开具给受托方的特殊性,对代理进口货物以海关开具的完税凭证上的纳税人为增值税纳税人。在实际工作中一般由进口代理者代缴进口环节增值税。纳税后,由代理者将已纳税款和进口货物价款费用等与委托方结算,由委托者承担已纳税款。

进口货物增值税税率有 9% , 13% 两种,与内销产品相同。

纳税人进口货物,按照组成计税价格和税法规定的税率计算应纳税额,不得抵扣任何税额。其计算公式是:

$$应纳税额 = 组成计税价格 \times 税率$$
$$组成计税价格 = 关税完税价格 + 关税 + 消费税$$
$$= (关税完税价格 + 关税) \div (1 - 消费税税率)$$

从计算公式中可知,进口货物增值税的组成计税价格中包括已纳关税税额,如果进口货物属于消费税应税消费品,其组成计税价格中还要包括进口环节已纳消费税税额。前述"不得抵扣任何税额",是指在计算进口环节的应纳增值税税额时,不得抵扣发生在我国境外的各种税金。对于"关税完税价格"的确定将在第四章进行讲述。

【案例 2.14 】

某外贸进出口公司进口高档化妆品一批,到岸价格为人民币 280 万元,已知关税税率为 50% ,消费税税率为 15% 。请计算该公司进口环节应缴纳的增值税。

解析:(1)进口环节应纳关税 = 280 × 50% = 140(万元)

（2）进口环节应纳增值税 = （280 + 140）÷（1 - 15%）× 13% = 64.24（万元）

【案例2.15】

某商场9月进口货物一批，该批货物关税完税价格为60万元。货物报关后，商场按规定缴纳了进口环节的增值税并取得了海关开具的完税凭证。假定该批进口货物在国内全部销售，取得不含税销售额100万元。

请计算该批货物进口环节、国内销售环节分别应缴纳的增值税税额（货物进口关税税率为15%，增值税税率为13%）。

解析：（1）应缴纳进口关税 = 60 × 15% = 9（万元）

（2）进口环节应纳增值税的组成计税价格 = 60 + 9 = 69（万元）

（3）进口环节应缴纳增值税税额 = 69 × 13% = 8.97（万元）

（4）国内销售环节的销项税额 = 100 × 13% = 13（万元）

（5）国内销售环节应缴纳增值税税额 = 13 - 8.97 = 4.03（万元）

第三节　增值税的征收管理

一、纳税义务发生时间

（1）纳税人发生应税交易行为，为收讫销售款项或者取得索取销售款项凭据的当天；先开具发票的，为开具发票的当天。按销售结算方式的不同，具体确定为：

①采取直接收款方式销售货物，不论货物是否发出，均为收到销售款或者取得索取销售款凭据的当天。

②采取托收承付和委托银行收款方式销售货物，为发出货物并办妥托收手续的当天。

③采取赊销和分期收款方式销售货物，为书面合同约定的收款日期的当天，无书面合同的或者书面合同没有约定收款日期的，为货物发出的当天。

④采取预收货款方式销售货物，为货物发出的当天，但生产销售生产工期超过12个月的大型机械设备、船舶、飞机等货物，为收到预收款或者书面合同约定的收款日期的当天。

⑤委托其他纳税人代销货物，为收到代销单位的代销清单或者收到全部或者部分货款的当天。未收到代销清单及货款的，为发出代销货物满180天的当天。

⑥纳税人提供租赁服务采取预收款方式的，其纳税义务发生时间为收到预收款的当天。

⑦纳税人销售金融商品的，为金融商品所有权转移的当天。

⑧纳税人发生前面所列视同销售货物行为第3项至第8项的，为货物移送的当天。

⑨纳税人发生视同销售服务、无形资产、不动产情形的，其纳税义务发生时间为服务、无形资产转让完成的当天或者不动产权属变更的当天。

（2）进口货物的纳税义务发生时间为报关进口的当天。

（3）增值税扣缴义务发生时间为纳税人增值税纳税义务发生的当天。

二、纳税期限

根据税法的规定,增值税的纳税期限分别为 10 日、15 日、1 个月、1 个季度或者半年。纳税人的具体纳税期限,由主管税务机关根据纳税人应纳税额的大小分别核定;不能按照固定期限纳税的,可以按次纳税。

纳税人以 1 个月、1 个季度或者半年为 1 个纳税期的,自期满之日起 15 日内申报纳税;以 10 日或者 15 日为 1 个纳税期的,自期满之日起 5 日内预缴税款,于次月 1 日起 15 日内申报纳税并结清上月应纳税款。

纳税人进口货物,应当自海关填发海关进口增值税专用缴款书之日起 15 日内缴纳税款。

【知识卡片 2.18】

推行简并征期申报方式

自 2014 年 10 月 1 日起推行简并征期申报方式,允许小规模纳税人从按月申报改为按季度申报增值税和文化事业建设费实行按季申报后,小规模纳税人每年的申报次数将由 12 次降低为 4 次。根据《中华人民共和国增值税法(征求意见稿)》的规定,将推行半年申报一次的征期申报方式,即一年 2 次,将进一步减轻小规模纳税人的申报负担。

三、纳税地点

(1)固定业户应当向其机构所在地的主管税务机关申报纳税。总机构和分支机构不在同一县(市)的,应当分别向各自所在地的主管税务机关申报纳税;经国务院财政、税务主管部门或者其授权的财政、税务机关批准,可以由总机构汇总向总机构所在地的主管税务机关申报纳税。

(2)固定业户到外县(市)销售货物或者应税服务,应当向其机构所在地的主管税务机关申请开具外出经营活动税收管理证明,并向其机构所在地的主管税务机关申报纳税;未开具证明的,应当向销售地或者服务发生地的主管税务机关申报纳税;未向销售地或者服务发生地的主管税务机关申报纳税的,由其机构所在地的主管税务机关补征税款。

(3)非固定业户销售货物或者应税服务,应当向销售地或者服务发生地的主管税务机关申报纳税;未向销售地或者服务发生地的主管税务机关申报纳税的,由其机构所在地或者居住地的主管税务机关补征税款。

(4)进口货物,应当向报关地海关申报纳税。

(5)其他个人提供建筑服务,销售或者租赁不动产,转让自然资源使用权,应向建筑服务发生地、不动产所在地、自然资源所在地主管税务机关申报纳税。

(6)扣缴义务人应当向其机构所在地或者居住地的主管税务机关申报缴纳其扣缴的税款。

四、增值税的纳税申报

(一)一般纳税人的纳税申报

根据《税收征收管理法》《增值税暂行条例》及《中华人民共和国发票管理办法》(简称

《发票管理办法》）的有关规定,增值税一般纳税人纳税申报资料包括增值税纳税申报表及其6个附表,即本期销售情况明细,本期进项税额明细,服务、不动产和无形资产扣除项目明细,税额抵减情况表,附加税费情况表,增值税减免税申报明细表(增值税及附加税费申报表的格式见表2.5,其他附表表式及主、附表填报要求本书略)。

表2.5 增值税及附加税费申报表
(一般纳税人适用)

根据国家税收法律法规及增值税相关规定制定本表。纳税人不论有无销售额,均应按税务机关核定的纳税期限填写本表,并向当地税务机关申报。

税款所属期:自 年 月 日至 年 月 日 填表日期: 年 月 日 金额单位:元(列至角分)

纳税人识别号(统一社会信用代码):□□□□□□□□□□□□□□□□□□ 所属行业:

纳税人名称		法定代表人姓名		注册地址		生产经营地址	
开户银行及账号			登记注册类型			电话号码	

项 目		栏 次	一般项目		即征即退项目	
			本月数	本年累计	本月数	本年累计
销售额	(一)按适用税率计税销售额	1				
	其中:应税货物销售额	2				
	应税劳务销售额	3				
	纳税检查调整的销售额	4				
	(二)按简易办法计税销售额	5				
	其中:纳税检查调整的销售额	6				
	(三)免、抵、退办法出口销售额	7			—	—
	(四)免税销售额	8			—	—
	其中:免税货物销售额	9			—	—
	免税劳务销售额	10			—	—
税款计算	销项税额	11				
	进项税额	12				
	上期留抵税额	13			—	
	进项税额转出	14				
	免、抵、退应退税额	15			—	
	按适用税率计算的纳税检查应补缴税额	16			—	
	应抵扣税额合计	17=12+13-14-15+16		—		
	实际抵扣税额	18(如17<11,则为17,否则为11)				
	应纳税额	19=11-18				
	期末留抵税额	20=17-18		—		

续表

	项　目	栏　次	一般项目		即征即退项目	
			本月数	本年累计	本月数	本年累计
税款计算	简易计税办法计算的应纳税额	21				
	按简易计税办法计算的纳税检查应补缴税额	22			—	—
	应纳税额减征额	23				
	应纳税额合计	24＝19＋21－23				
税款缴纳	期初未缴税额（多缴为负数）	25				
	实收出口开具专用缴款书退税额	26			—	—
	本期已缴税额	27＝28＋29＋30＋31				
	①分次预缴税额	28			—	—
	②出口开具专用缴款书预缴税额	29			—	—
	③本期缴纳上期应纳税额	30				
	④本期缴纳欠缴税额	31				
	期末未缴税额（多缴为负数）	32＝24＋25＋26－27				
	其中：欠缴税额（≥0）	33＝25＋26－27			—	—
	本期应补（退）税额	34＝24－28－29				
	即征即退实际退税额	35	—	—		
	期初未缴查补税额	36			—	—
	本期入库查补税额	37			—	—
	期末未缴查补税额	38＝16＋22＋36－37			—	—
附加税费	城市维护建设税本期应补（退）税额	39			—	—
	教育费附加本期应补（退）费额	40			—	—
	地方教育附加本期应补（退）费额	41			—	—

声明:此表是根据国家税收法律法规及相关规定填写的,本人(单位)对填报内容(及附带资料)的真实性、可靠性、完整性负责。

纳税人(签章):　　　年　　月　　日

经办人: 经办人身份证号: 代理机构签章: 代理机构统一社会信用代码:	受理人: 受理税务机关(章):　　受理日期:　年　月　日

（二）小规模纳税人的纳税申报

纳税申报表见表2.6。

表 2.6　增值税及附加税费申报表

（小规模纳税人适用）

纳税人识别号（统一社会信用代码）：□□□□□□□□□□□□□□□□□□

纳税人名称：　　　　　　　　　　　　　　　　　　金额单位：元（列至角分）

税款所属期：自　　年　月　日至　　年　月　日　　　填表日期：　　年　月　日

	项　目	栏　次	本期数		本年累计	
			货物及劳务	服务、不动产和无形资产	货物及劳务	服务、不动产和无形资产
一、计税依据	（一）应征增值税不含税销售额（3%征收率）	1				
	增值税专用发票不含税销售额	2				
	其他增值税发票不含税销售额	3				
	（二）应征增值税不含税销售额（5%征收率）	4		—		—
	增值税专用发票不含税销售额	5		—		—
	其他增值税发票不含税销售额	6		—		—
	（三）销售使用过的固定资产不含税销售额	7（7≥8）		—		—
	其中：其他增值税发票不含税销售额	8		—		—
	（四）免税销售额	9＝10+11+12				
	其中：小微企业免税销售额	10				
	未达起征点销售额	11				
	其他免税销售额	12				
	（五）出口免税销售额	13（13≥14）				
	其中：其他增值税发票不含税销售额	14				
二、税款计算	本期应纳税额	15				
	本期应纳税额减征额	16				
	本期免税额	17				
	其中：小微企业免税额	18				
	未达起征点免税额	19				
	应纳税额合计	20＝15−16				
	本期预缴税额	21			—	—
	本期应补（退）税额	22＝20−21				

续表

	项　目	栏　次	本期数		本年累计	
			货物及劳务	服务、不动产和无形资产	货物及劳务	服务、不动产和无形资产
三、附加税费	城市维护建设税本期应补(退)税额	23				
	教育费附加本期应补(退)费额	24				
	地方教育附加本期应补(退)费额	25				

声明:此表是根据国家税收法律法规及相关规定填写的,本人(单位)对填报内容(及附带资料)的真实性、可靠性、完整性负责。

纳税人(签章):　　　年　月　日

经办人: 经办人身份证号: 代理机构签章: 代理机构统一社会信用代码:	受理人: 受理税务机关(章): 受理日期:　　年　月　日

第四节　增值税专用发票的使用与管理

专用发票,是增值税一般纳税人销售货物或者提供应税劳务开具的发票,是购买方支付增值税额并可按照增值税有关规定据以抵扣增值税进项税额的凭证。专用发票不仅是纳税人经济活动中的重要商业凭证,而且是兼记销货方销项税额和购货方进项税额进行税款抵扣的凭证,对增值税的计算和管理起着决定性的作用,因此,正确使用增值税专用发票是十分重要的。国家对增值税专用发票的管理一直十分重视,对在增值税专用发票上出现的各种违法行为给予严厉惩处。因此,纳税人必须认真掌握有关增值税专用发票的各项规定,正确开具和使用增值税专用发票,杜绝违法行为的发生。

一、专用发票的联次

专用发票由基本联次或者基本联次附加其他联次构成。目前由增值税防伪税控开票系统填开专用发票,其基本联次为三联:发票联、抵扣联、记账联。

发票联,作为购买方核算采购成本和增值税进项税额的记账凭证。

抵扣联,作为购买方报送主管税务机关认证和留存备查的凭证,购买方通过此联经税务机关认证后抵扣进项税额。

记账联,作为销售方核算销售收入和增值税销项税额的记账凭证。

【知识卡片 2.19】

广东等地开展增值税电子专用发票试点

根据《国家税务总局关于在新办纳税人中实行增值税专用发票电子化有关事项的公告》(国家税务总局公告 2020 年第 22 号)的规定,自 2020 年 12 月 21 日起,在广东、天津、河北、上海、江苏、浙江、安徽、重庆、四川、宁波和深圳等 11 个地区的新办纳税人中实行专票电子化,受票方范围为全国。实行专票电子化的新办纳税人具体范围由国家税务总局各省、自治区、直辖市和计划单列市税务局确定。

二、专用发票的开票限额

专用发票实行最高开票限额管理。最高开票限额,是指单份专用发票开具的销售额合计数不得达到的上限额度。最高开票限额由一般纳税人申请,税务机关依法审批。

税务机关为符合规定的首次申领增值税发票的新办纳税人办理发票票种核定:

(1)增值税专用发票最高开票限额不超过 10 万元,每月最高领用数量不超过 25 份。

(2)增值税普通发票最高开票限额不超过 10 万元,每月最高领用数量不超过 50 份。

各省税务机关可以在上述范围内结合纳税人税收风险程度,自行确定新办纳税人首次申领增值税发票票种核定标准。纳税人从事的经营业务笔数多、发票需要量大,首次申领发票核定的每月最高领用数量无法满足正常经营活动开展,可以向税务机关提出申请,重新核定其每月最高领用发票的票种和数量。税务机关根据纳税人税收风险程度、纳税信用级别和实际经营情况,合理确定发票领用数量和最高开票限额,及时做好发票发放工作,保障纳税人正常生产经营。

三、专用发票的领购

一般纳税人凭发票领购簿、IC 卡和经办人身份证明领购专用发票。一般纳税人有下列情形之一的,不得领购开具专用发票:

(1)会计核算不健全,不能向税务机关准确提供增值税销项税额、进项税额、应纳税额数据及其他有关增值税税务资料的。

(2)有《税收征收管理法》规定的税收违法行为,拒不接受税务机关处理的。

(3)有下列行为之一,经税务机关责令限期改正而仍未改正的:

①虚开增值税专用发票。

②私自印制专用发票。

③向税务机关以外的单位和个人买取专用发票。

④借用他人专用发票。

⑤未按发票开具要求开具专用发票。

⑥未按规定保管专用发票和专用设备。有下列情形之一的,为未按规定保管专用发票和专用设备:

a. 未设专人保管专用发票和专用设备。

b. 未按税务机关要求存放专用发票和专用设备。

c. 未将认证相符的专用发票抵扣联、认证结果通知书和认证结果清单装订成册。

d. 未经税务机关查验,擅自销毁专用发票基本联次。

⑦未按规定申请办理防伪税控系统变更发行。

⑧未按规定接受税务机关检查。

有以上情形之一的,如已领购专用发票,主管税务机关应暂扣其结存的专用发票和IC卡。

四、专用发票的开具范围

一般纳税人销售货物或者提供应税劳务,应向购买方开具专用发票。

商业企业一般纳税人零售的烟、酒、食品、服装、鞋帽(不包括劳保专用部分)、化妆品等消费品不得开具专用发票。

应税销售行为的购买方为消费者个人的,不得开具专用发票。

发生应税销售行为适用免税规定的,不得开具专用发票。

增值税小规模纳税人(简称"小规模纳税人")需要开具专用发票的,可以向主管税务机关申请代开,也可以自愿使用增值税发票管理系统自行开具。选择自行开具增值税专用发票的小规模纳税人,税务机关不再为其代开增值税专用发票。增值税小规模纳税人应当就开具增值税专用发票的销售额计算增值税应纳税额,并在规定的纳税申报期内向主管税务机关申报缴纳。

五、专用发票开具要求

(1)项目齐全,与实际交易相符。

(2)字迹清楚,不得压线、错格。

(3)发票联和抵扣联加盖发票专用章。

(4)按照增值税纳税义务的发生时间开具。

对不符合以上要求的专用发票,购买方有权拒收。

六、开具专用发票后发生退货或销售折让的处理

增值税一般纳税人开具增值税专用发票(简称"专用发票")后,发生销货退回、销售折让以及开票有误等情况需要开具红字专用发票的,应视不同情况分别按以下规定办理:

(1)购买方取得增值税专用发票已用于申报抵扣的,购买方可在增值税发票管理新系统中填开并上传"开具红字增值税专用发票信息表"(简称"信息表"),在填开"信息表"时不填写相对应的蓝字增值税专用发票信息,应暂依"信息表"所列增值税税额从当期进项税额中转出,待取得销售方开具的红字增值税专用发票后,与"信息表"一并作为记账凭证。

(2)购买方取得增值税专用发票未用于申报抵扣,但发票联或抵扣联无法退回的,购买方填开"信息表"时应填写相对应的蓝字增值税专用发票信息。

(3)销售方开具增值税专用发票尚未交付购买方,以及购买方未用于申报抵扣并将发票

联及抵扣联退回的,销售方可在新系统中填开并上传"信息表"。销售方填开"信息表"时应填写相对应的蓝字增值税专用发票信息。

(4)主管税务机关通过网络接收纳税人上传的"信息表",系统自动校验通过后,生成带有"红字发票信息表编号"的"信息表",并将信息同步至纳税人端系统中。

(5)销售方凭税务机关系统校验通过的"信息表"开具红字专用发票,在增值税发票系统升级版中以销项负数开具。红字专用发票应与"信息表"一一对应。

七、加强增值税专用发票的管理

税法除了对纳税人领购、开具专用发票做了上述各项具体规定外,在严格管理上也做了多项规定。主要有:

(一)关于丢失增值税专用发票的处理

自 2020 年 1 月起,纳税人同时丢失已开具增值税专用发票或机动车销售统一发票的发票联和抵扣联,可凭加盖销售方发票专用章的相应发票记账联复印件,作为增值税进项税额的抵扣凭证、退税凭证或记账凭证。

纳税人丢失已开具增值税专用发票或机动车销售统一发票的抵扣联,可凭相应发票的发票联复印件,作为增值税进项税额的抵扣凭证或退税凭证;纳税人丢失已开具增值税专用发票或机动车销售统一发票的发票联,可凭相应发票的抵扣联复印件,作为记账凭证。

(1)纳税人必须严格按《增值税专用发票使用规定》保管使用专用发票,对违反法规发生被盗、丢失专用发票的纳税人,主管税务机关必须严格按《税收征收管理法》和《发票管理办法》的规定,处以 1 万元以下的罚款,并可视具体情况,对丢失专用发票的纳税人,在一定期限内(最长不超过半年)停止领购专用发票。对纳税人申报遗失的专用发票,如发现非法代开、虚开问题的,该纳税人应承担偷税、骗税的连带责任。

(2)纳税人丢失专用发票后,必须按法规程序向当地主管税务机关、公安机关报失。

(二)关于对非法代开、虚开增值税专用发票的处理

非法代开发票是指为与自己没有发生直接购销关系的他人开具发票的行为。虚开发票是指在没有任何购销事实的前提下,为他人、为自己或让他人为自己或介绍他人开具发票的行为。代开、虚开发票的行为都是严重的违法行为。对代开、虚开专用发票的,一律按票面所列货物的适用税率全额征补税款,并按《税收征收管理法》的规定以偷税给予处罚。对纳税人取得代开、虚开的增值税专用发票,不得作为增值税合法抵扣凭证抵扣进项税额。代开、虚开发票构成犯罪的,按《全国人民代表大会常务委员会关于惩治虚开、伪造和非法出售增值税专用发票犯罪的决定》处以刑罚。

【知识问答 2.7】

什么叫虚开增值税发票?

根据最高人民法院关于适用《全国人民代表大会常务委员会关于惩治虚开、伪造和非法出售增值税专用发票犯罪的决定》的若干问题解释,虚开增值税专用发票主要包括:

(1)没有货物购销或者没有提供或接受应税劳务为他人、为自己、让他人为自己、介绍他

人开具增值税专用发票。

（2）有货物购销或者提供或接受应税劳务为他人、为自己、让他人为自己、介绍他人开具数量或者金额不实的增值税专用发票。

（3）进行了实际经营活动，但让他人为自己代开增值税专用发票。

（三）纳税人善意取得虚开的增值税专用发票处理

根据国税发〔2000〕187 号《国家税务总局关于纳税人善意取得虚开的增值税专用发票处理问题的通知》规定：

（1）购货方与销售方存在真实的交易，销售方使用的是其所在省（自治区、直辖市和计划单列市）的专用发票，专用发票注明的销售方名称、印章、货物数量、金额及税额等全部内容与实际相符，且没有证据表明购货方知道销售方提供的专用发票是以非法手段获得的，对购货方不以偷税或者骗取出口退税论处，但应按有关规定不予抵扣进项税款或者不予出口退税；购货方已经抵扣的进项税款或者取得的出口退税，应依法追缴。

（2）购货方能够重新从销售方取得防伪税控系统开出的合法、有效专用发票的，或者取得手工开出的合法、有效专用发票且取得了销售方所在地税务机关已经或者正在依法对销售方虚开专用发票行为进行查处证明的，购货方所在地税务机关应依法准予抵扣进项税款或者出口退税。

（3）如有证据表明购货方在进项税款得到抵扣或者获得出口退税前知道该专用发票是销售方以非法手段获得的，对购货方应按《国家税务总局关于纳税人取得虚开的增值税专用发票处理问题的通知》（国税发〔1997〕134 号）和《国家税务总局关于〈国家税务总局关于纳税人取得虚开的增值税专用发票处理问题的通知〉的补充通知》（国税发〔2000〕182 号）的规定处理。

（4）依据国税发〔2000〕182 号的规定，有下列情形之一的，无论购货方（受票方）与销售方是否进行了实际的交易，增值税专用发票所注明的数量、金额与实际交易是否相符，购货方向税务机关申请抵扣进项税款或者出口退税的，对其均应按偷税或者骗取出口退税处理：

①购货方取得的增值税专用发票所注明的销售方名称、印章与其进行实际交易的销售方不符的，即 134 号文件第二条规定的"购货方从销售方取得第三方开具的专用发票"的情况。

②购货方取得的增值税专用发票为销售方所在省（自治区、直辖市和计划单列市）以外地区的，即 134 号文件第二条规定的"从销货地以外的地区获得专用发票"的情况。

③其他有证据表明购货方明知取得的增值税专用发票系销售方以非法手段获得的，即 134 号文件第一条规定的"受票方利用他人虚开的专用发票，向税务机关申报抵扣税款进行偷税"的情况。

【案情设定 2.5】

公司高管因虚开增值税发票 6 740 万元被捕

李杰（化名）是汕头市一家公司的会计主管并身兼多家公司的会计，并且成立了一家名为"潮州邑华"的空壳公司。自 2016 年起,李杰利用老板对自己的信任及收购农产品可用普通发票抵扣税款的国家政策,多次购买假发票,并私刻其他公司公章等,伪造收购食用菌用于抵扣税款的普通发票 3 999 万元,申报抵扣税款 519 万元,并因此为下一步虚开增值税发票奠定了基础。然后,李杰利用职务之便,开始了"洗票"过程。"第一步,他先以汕头市某食用菌加工企业的名义,开具增值税发票给自己成立的潮州邑华公司,再由邑华公司大量向福建等地企业开具增值税专用发票。"警方称,两年时间内,李杰共虚开增值税发票 1 820 份,价税合计 6 740 万元,虚开用于抵扣税款的普通发票 3 999 万元,李杰个人从中获利 50 余万元。至此,涉案人员已被公安机关依法逮捕。

第五节 出口货物退(免)税

一、出口货物退(免)税含义

出口货物退(免)税是指在国际贸易业务中,对报关出口的货物退还在国内各生产环节和流转环节按税法规定已缴纳的增值税和消费税,或免征应缴纳的增值税和消费税。它是国际上通行的税收规则,目的在于鼓励本国产品出口,使本国产品以不含税价格进入国际市场,增强本国产品的竞争能力。《增值税暂行条例》第二条第四款规定:"纳税人出口货物,税率为零。"《中华人民共和国消费税暂行条例》(简称《消费税暂行条例》)第十一条规定:"对纳税人出口应税消费品,免征消费税。"

出口货物除国家明确规定不予退(免)税的货物外,都属于出口退(免)税的范围。

出口退(免)税的"出口货物",必须同时具备以下条件:

(1)属于增值税、消费税征税范围的货物。

(2)经中华人民共和国海关报关离境的货物。

(3)财务会计上做对外销售处理的货物。

(4)出口结汇(部分货物除外)并已核销的货物。

【知识卡片 2.20】

纺织企业得不到退税优惠,利润进了外商嘴

近几年来,国家提高了 3 000 多种产品的出口退税率。部分纺织品、服装的出口退税率更提高至 13%,接近于出口零税率。对于绝大部分面临出口内卷的外贸企业来说,退税率的上调本应给企业创造更大的盈利空间,但事实上,大多数外贸企业却把退税的优惠基本上都给了国外贸易商,以求能保住订单。

二、出口货物退(免)税的范围

(一)给予免税并退税

下列企业出口的货物,除另有规定外,给予免税并退税:

①生产企业自营出口或委托外贸企业代理出口的自产货物。

②有出口经营权的外贸企业收购后直接出口或委托其他外贸企业代理出口的货物。

③特定出口货物。有些出口货物虽然不同时具备出口货物的4个条件,但由于其销售方式、消费环节、结算办法的特殊性,国家准予退还或免征其增值税和消费税。这些货物主要有:对外承包工程公司运出境外用于对外承包项目的货物;对外承接修理修配业务的企业用于对外修理修配的货物;外轮供应公司、远洋运输供应公司销售给外轮、远洋国轮而收取外汇的货物;利用国际金融组织或外国政府贷款,采取国际招标方式,由国内企业中标销售的机电产品、建筑材料;企业在国内采购并运往境外作为在国外投资的货物;对外补偿贸易及易货贸易、小额贸易出口的货物;对港澳台地区贸易的货物等。

【知识卡片 2.21】

出口退税政策为跨境电商"保驾护航"

在新冠肺炎疫情的影响下,跨境电商作为新业态,实现了飞速发展。作为新兴贸易业态,跨境电商在疫情期间进出口贸易额出现了不降反升的迹象,成为稳外贸的一个重要力量。海关统计,2020年我国跨境电商进出口1.69万亿元,增长了31.1%,其中出口1.12万亿元,增长40.1%,进口0.57万亿元,增长16.5%。跨境电商的快速发展,其中少不了国家的出口货物的退(免)税政策"保驾护航"。

(二)给予免税,但不予退税

(1)下列企业出口的货物,除另有规定外,给予免税,但不予退税:

①属于生产企业的小规模纳税人自营出口或委托外贸企业代理出口的自产货物。

②外贸企业从小规模纳税人购进并持普通发票的货物出口,免税但不予退税。但对出口的抽纱、工艺品、香料油、山货、草柳竹藤制品、渔网渔具、松香、五倍子、生漆、鬃尾、山羊皮、纸制品等,考虑到这些产品大多由小规模纳税人生产、加工、采购,并且其出口比重较大的特殊因素,特准予退税。

③外贸企业直接购进国家规定的免税货物(包括免税农产品)出口的,免税但不予退税。

(2)下列出口货物,免税但不予退税:

①来料加工复出口的货物。即原料进口免税,加工后复出口不办理退税。

②避孕药品和用具、古旧图书。因其内销免税,所以出口也免税。

③国家出口计划内的卷烟。因其在生产环节已免征增值税和消费税,所以出口环节不办理退税。非出口计划内的卷烟照章征收增值税和消费税,出口一律退税。

④军品以及军队系统企业出口军需工厂生产或军需部门调拨的货物。

⑤国家规定的其他免税货物。如农业生产者销售的自产农业产品、饲料、农膜等。

出口享受免征增值税的货物,其耗用的原材料、零部件等支付的进项税额,包括准予抵扣的运输费用所含的进项税额,不能从内销货物的销项税额中抵扣,应计入产品成本。

(三)不免税也不退税

除经国家批准属于进料加工复出口贸易外,下列出口货物不免税也不退税:

①国家计划外出口的原油。

②国家禁止出口的货物,包括天然牛黄、麝香、铜及铜基合金、白银等。

③国家规定的其他不免税也不退税的出口货物。

另外,出口企业不能提供出口退(免)税所需单证,或提供的单证有问题的出口货物,不得退(免)税。

三、出口货物适用的退税率

出口货物的退税率,是出口货物的实际退税额与退税计税依据的比例。现行出口货物(不含离境退税)的增值税出口退税率有 13%,10%,9%,6%,0 五档。出口应税货物的退(免)税政策如有变化,执行新调整后的税目税率。

出口企业应将不同税率的货物分开核算和申报,凡划分不清适用退税率的,一律从低适用退税率计算退(免)税。

【知识卡片 2.22】

离境退税物品退税率

2015 年,为促进旅游业发展,国务院决定在全国符合条件的地区实施境外旅客购物离境退税政策。截至 2019 年 4 月 2 日,实施离境退税政策的省(市)已经有 26 个。目前,离境退税物品退税率有三档,分别是 11%,9%,8%,其中 11% 是适用税率为 13% 的退税物品;8% 与 9% 是适用税率为 9% 的退税物品。

四、出口货物应退增值税的计算

根据《出口货物退(免)税管理办法(试行)》的规定,我国现行出口货物退(免)税计算办法有两种:一种是"免、抵、退"办法,主要适用于自营和委托出口自产货物的生产企业;另一种是"先征后退"办法,主要适用于收购货物出口的外(工)贸企业。

(一)"免、抵、退"税的计算方法

生产企业自营或委托外贸企业代理出口(简称"生产企业出口")自产货物,除另有规定外,增值税实行"免、抵、退"税管理办法。生产企业是指独立核算,具有实际生产能力的增值税一般纳税人。小规模纳税人出口自产货物仍实行免征增值税的办法。生产企业出口自产的属于应征消费税的产品,实行免征消费税的办法。

实行"免、抵、退"税管理办法的"免"税,是指对生产企业出口自产货物,免征本企业生产销售环节的增值税;"抵"税,是指生产企业出口自产货物所耗用的原材料、零部件、燃料、动力等所含应予退还的进项税额,抵顶内销货物的应纳税额;"退"税,是指生产企业出口的自产货物在当月内应抵顶的进项税额大于应纳税额时,对未抵顶完的部分予以退税。

1. 当期应纳税额的计算

当期应纳税额 = 当期内销货物的销项税额 - (当期进项税额 -

当期免抵退税不得免征和抵扣税额) - 上期留抵税额

其中:

$$当期免抵退税不得免征和抵扣额 = 出口货物离岸价 × 外汇人民币牌价 ×$$
$$(出口货物征税率 - 出口货物退税率) -$$
$$免抵退税不得免征和抵扣税额抵减额$$

出口货物离岸价以出口发票计算的离岸价为准。出口发票不能如实反映实际离岸价的,企业必须按照实际离岸价向主管税务机关申报,同时主管税务机关有权依照相关法规予以核定。其计算公式为:

$$免抵退税不得免征和抵扣税额抵减额 = 免税购进原材料价格 ×$$
$$(出口货物征税率 - 出口货物退税率)$$

免税购进原材料,包括从国内购进免税原材料和进料加工免税进口料件,其中进料加工免税进口料件的价格为组成计税价格。

$$进料加工免税进口料件的组成计税价格 = 货物到岸价 + 海关实征关税和消费税$$

2. 免抵退税额的计算

$$免抵退税额 = 出口货物离岸价 × 外汇人民币牌价 × 出口货物退税率 - 免抵退税额抵减额$$

其中:免抵退税额抵减额 = 免税购进原材料 × 出口货物退税率

如当期没有免税购进原料价格,"免抵退税不得免征和抵扣税额抵减额""免抵退税额抵减额"就不用计算。

3. 当期应退税额和免抵退税额的计算

(1)如当期期末留抵税额≤当期免抵退税额,则:

$$当期应退税额 = 当期期末留抵税额$$
$$当期免抵税额 = 当期免抵退税额 - 当期应退税额$$

(2)当期期末留抵税额>当期免抵退税额,则:

$$当期应退税额 = 当期免抵退税额$$
$$当期免抵退税额 = 0$$

当期期末留抵税额根据当期增值税纳税申报表中"期末留抵税额"确定。

【案例2.16】

某自营出口的生产企业为增值税一般纳税人,2021年12月的有关经营业务如下:

(1)购进原材料一批,取得的增值税专用发票注明的价款为200万元,外购货物准予抵扣的进项税额为26万元通过认证。

(2)内销货物不含税销售额100万元,收款113万元存入银行。

(3)出口货物的销售额折合人民币200万元。

已知:11月末留抵税款3万元,出口货物的征税率为13%,退税率为10%。请计算该企业12月份应"免、抵、退"税额。

解析:(1)12月份免抵退税不得免征和抵扣税额 $= 200 × (13\% - 10\%) = 6(万元)$

(2)12月份应纳税额 $= 100 × 13\% - (26 - 6) - 3 = 13 - 20 - 3 = -10(万元)$

(3)出口货物"免、抵、退"税额 $= 200 × 13\% = 26(万元)$

（4）按规定，如当期期末留抵税额≤当期免抵退税额时：

当期应退税额＝当期期末留抵税额

即该企业12月份应退税额＝12（万元）

（5）当期免抵税额＝当期免抵退税额－当期应退税额

12月份免抵税额＝26－10＝16（万元）

【案例2.17】

某自营出口的生产企业为增值税一般纳税人，2022年2月有关经营业务如下：

（1）购原材料一批，取得的增值税专用发票注明的价款为400万元，外购货物准予抵扣的进项税额52万元通过认证。

（2）内销货物100万元（不含增值税），收款113万元存入银行。

（3）出口货物的销售额折合人民币200万元。

已知：1月末留抵税款5万元，出口货物的征税率为13%，退税率为10%。计算该企业1月份的"免、抵、退"税额。

解析：（1）2月份免抵退税不得免征和抵扣税额＝200×（13%－10%）＝6（万元）

（2）2月份应纳税额＝100×13%－（52－6）－5＝13－46－5＝－38（万元）

（3）出口货物"免、抵、退"税额＝200×13%＝26（万元）

（4）按规定，如当期期末留抵税额＞当期免抵退税额时：

当期应退税额＝当期免抵退税额

即该企业2月份应退税额＝26（万元）

（5）当期免抵税额＝当期免抵退税额－当期应退税额

2月份免抵税额＝26－26＝0（万元）

（6）2月末留抵结转下期继续抵扣税额＝38－26＝12（万元）

（二）"先征后退"的计算方法

（1）外贸企业以及实行外贸企业财务制度的工贸企业收购货物出口，免征其出口销售环节的增值税；其收购货物的成本部分，因外贸企业在支付收购货款的同时也支付了增值税进项税款，所以，在货物出口后按收购成本与退税率计算退税，征、退税之差计入企业成本。

外贸企业出口货物增值税的计算应依据购进出口货物增值税专用发票上注明的进项金额和退税率计算。

应退税额＝外贸收购金额（不含增值税）×退税率

（2）外贸企业收购小规模纳税人出口货物增值税的退税规定。

①凡从小规模纳税人购进持普通发票特准退税出口货物（抽纱、工艺品等），同样实行出口免税并退税的办法。由于小规模纳税人使用的是普通发票，其销售额和应纳税额没有单独计价，小规模纳税人应纳的增值税也是价外计征的，这样，必须将合并定价的销售额先换算成不含税价格，然后据以计算出口货物退税。其计算公式如下：

应退税额＝普通发票所列销售（含增值税）金额÷（1＋征收率）×退税率

②凡从小规模纳税人购进税务机关代开的增值税专用发票的出口货物,按以下公式计算退税:

$$应退税额 = 增值税专用发票注明的金额 × 退税率$$

(3)外贸企业委托生产企业加工收回后报关出口的货物,按购进国内原辅材料的增值税专用发票上注明的进项税额,依原辅材料的退税率计算原辅材料应退税额。支付的加工费,凭受托方开具的货物适用的退税率,计算加工费的应退税额。

此外,2006 年 7 月 12 日,国家税务总局印发《关于出口货物退(免)税若干问题的通知》,对出口货物退(免)税有关问题做出如下规定:

①企业以实物投资出境的设备及零部件,实行出口退(免)税政策。企业以实物投资出境的外购设备及零部件按购进设备及零部件的增值税专用发票计算退(免)税。企业以实物投资出境的自用旧设备,按照下列公式计算退(免)税:

$$应退税额 = 增值税专用发票所列明的金额(不含税额) × \frac{设备折余价值}{设备原值} × 适用退税率$$

$$设备折余价值 = 设备原价 - 已提折旧$$

企业以实物投资出境的自用旧设备,须按照向主管税务机关备案的折旧年限计算提取折旧,并计算设备折余价值。

②企业出口国家明确规定不予退(免)增值税的货物,除税法规定视同自产产品以外的其他外购货物等情形,视同内销货物计提销项税额或征收增值税,但另有规定的除外。

a. 一般纳税人以一般贸易方式出口上述货物,其销项税额计算公式如下:

$$销项税额 = 出口货物离岸价格 × 外汇人民币牌价 ÷ (1 + 法定增值税税率) ×$$
$$法定增值税税率$$

对应计提销项税额的出口货物,生产企业如已按规定计算免抵退税不得免征和抵扣税额并已转入成本科目的,可从成本科目转入进项税额科目;外贸企业如已按规定计算征税率与退税率之差并已转入成本科目的,可将征税率与退税率之差及转入应收出口退税的金额转入进项税额科目。

出口企业出口的上述货物若为应税消费品,除另有规定外,出口企业为生产企业的,须按有关税法规定计算缴纳消费税;出口企业为外贸企业的,不退还消费税。

b. 一般纳税人以进料加工复出口贸易方式出口上述货物以及小规模纳税人出口上述货物,其应纳税额计算公式如下:

$$应纳税额 = (出口货物离岸价格 × 外汇人民币牌价) ÷ (1 + 征收率) × 征收率$$

对出口企业按上述规定计算缴纳增值税、消费税的出口货物,不再办理退税。

对已计算免抵退税的,生产企业应在申报纳税当月冲减调整免抵退税额;对已办理出口退税的,外贸企业应在申报纳税当月向税务机关补缴已退税款。

【案例2.18】

某进出口公司 2021 年 3 月购进某小规模纳税人抽纱、工艺品 200 打(套)全部出口,普通发票注明金额 6 000 元;购进另一小规模纳税人西服 5 套全部出口,取得税务机关代开的增值税专用发票,发票注明西服 5 000 元,适用退税率 6%。请计算该公司 9 月份的应退税额。

解析:税法规定,从小规模纳税人购进持普通发票特准退税出口货物(抽纱、工艺品等),实行出口免税并退税的办法。由于小规模纳税人使用的是普通发票,计算时需要将合并定价的销售额先换算成不含税价格,然后据此计算出口货物退税。

该公司 9 月份的应退税额 = [6 000 ÷ (1 + 6%)] × 6% + 5 000 × 6% = 639.62(元)

【案例 2.19】

某进出口公司 2021 年 3 月购进牛仔布委托加工成服装出口,取得增值税专用发票一张,注明的增值税金额 10 000 元,取得服装加工费计税金额 2 000 元。已知牛仔布退税率为 10%,服装加工退税率为 13%。请计算该公司 6 月份的应退税额。

解析:税法规定,外贸企业委托生产企业加工收回后报关出口的货物,按购进国内原辅材料的增值税专用发票上注明的进项税额,依原辅材料的退税率计算原辅材料应退税额。支付的加工费,凭受托方开具的货物适用的退税率,计算加工费的应退税额。

该公司 6 月份的应退税额 = 10 000 × 10% + 2 000 × 13% = 1 260(元)

【本章小结】

本章主要讲述了增值税的基本内容、一般纳税人与小规模纳税人应纳增值税额的计算、增值税的征收管理、专用发票的使用管理以及出口货物的退(免)税。学生只有掌握了增值税的税制要素、政策规定及专用发票的使用管理,才能正确计算增值税的应纳税额,只有正确计算出增值税的应纳税额,企业才能进行纳税申报,各环节缺一不可,互为体系。

知识运用与实训

一、名词解释

增值税 混合销售 兼营 一般纳税人 增值税组成计税价格

二、简答题

1. 简要说明增值税的特点。
2. 简要说明视同应税交易的情形。
3. 简要说明增值税纳税人的分类。
4. 简要说明增值税的征税范围。

三、单项选择题

1. 我国现行增值税属于(　　)。

A. 生产型增值税　B. 收入型增值税　　C. 消费型增值税　　D. 积累型增值税

2.下列各项中,不属于增值税税率的是(　　)。

    A.13%　　　　　　B.9%　　　　　　　C.3%　　　　　　　D.0

3.一般纳税人购进货物发生的下列情形中,不得从销项税额中抵扣进项税额的有(　　)。

    A.将购进的货物分配给股东　　　　　B.将购进的货物用于对外投资

    C.将购进的货物无偿赠送给客户　　　D.将购进的货物用于集体福利

4.下列各项中,应按照"销售服务——建筑服务"税目计征增值税的是(　　)。

    A.平整土地　　　B.出售住宅　　　　C.出租办公楼　　D.转让土地使用权

5.下列业务中,免征增值税的是(　　)。

    A.牧民销售自养牛、羊　　　　　　　B.电信部门销售的手机

    C.公交公司提供的交通运输服务　　　D.销售自来水

6.提供有形动产租赁服务,税率是(　　)。

    A.13%　　　　　　B.9%　　　　　　　C.6%　　　　　　　D.0

7.某商城是增值税一般纳税人,在夏季进行反季节销售,销售皮衣实行六折优惠,皮衣原价(含税零售价)3 000 元,则该皮衣的增值税销项税额为(　　)元。

    A.510.00　　　　B.435.89　　　　　C.234.00　　　　　D.207.08

8.某家具厂是增值税一般纳税人,本月向种植户购进原木 1 000 m^3,单价 500 元/m^3,取得普通发票,该批木材的进项税额为(　　)元。

    A.85 000　　　　B.65 000　　　　　C.50 000　　　　　D.45 000

9.某酒厂为增值税一般纳税人,本期销售散装白酒 20 t,并向购买方开具了增值税专用发票,发票中注明的销售额为 100 000 元;同时收取包装物押金 3 390 元,已单独入账核算。该厂此项业务应申报的销项税额是(　　)元。

    A.17 596.70　　B.17 510　　　　　C.13 390　　　　　D.13 000.00

10.某商场赊销货物一批,合同约定的收款时间是本月 20 日,直到本月末仍没有收到货款,该批货物销售处理的方法正确的是(　　)。

    A.不做销售处理,不计算缴纳增值税　　B.应做销售处理,并计算缴纳增值税

    C.应做销售处理,可缓征增值税　　　　D.不做销售处理,但应计算缴纳增值税

四、多项选择题

1.下列经济活动应当缴纳增值税的是(　　)。

    A.商店销售货物　　　　　　　　B.钢窗厂销售钢窗并负责安装

    C.修缮队粉刷房屋　　　　　　　D.修理汽车

2.计算增值税销项税额的销售额包括纳税人销售货物向购买方收取的(　　)。

    A.全部价款　　　　　　　　　　B.价外费用

    C.销项税额　　　　　　　　　　D.受托代收代缴消费税

3.下列税额中不得从销项税额抵扣的进项税额有(　　)。

A.购置固定资产支付的进项税额

B.免税项目支付的进项税额

C.购进不动产

D.被盗窃产成品所耗用外购项目的进项税额

4.一般纳税人购进货物取得的下列合法凭证中,属于增值税扣税凭证的有(　　)。

A.农产品收购发票　　　　　　　B.客运发票

C.海关进口增值税专用缴款书　　D.税控机动车销售统一发票

5.某一般纳税人销售(　　)属于按9%税率缴纳增值税。

A.大米　　　　　B.挂面　　　　　C.加碘盐　　　　　D.绿豆

6.一般纳税人发生的下列应税行为中,可以选择适用简易计税方法计征增值税的有(　　)。

A.电影放映服务　　B.文化体育服务　　C.收派服务　　　D.公交客运服务

7.下列各项中免征增值税的有(　　)。

A.各类药品、医疗器械

B.向社会收购的古书和旧书

C.一般生产和科学研究、科学试验和教学共用的仪器、设备

D.外国政府、国际组织无偿援助的进口物资和设备

8.下列各项中符合规定的有(　　)。

A.一般纳税人外购固定资产所支付的运输费用,不得计算进项税额抵扣

B.一般纳税人用于免税项目的购进货物或者应税劳务,其支付的增值税税额不得从销项税额中抵扣

C.一般纳税人进口固定资产从海关取得的完税凭证上注明的增值税税额,不得从销项税额中抵扣

D.一般纳税人因进货退出或折让而收回的增值税税额,应从发生进货退出或折让当期的进项税额中扣减

9.下列关于增值税纳税义务发生时间的认定正确的有(　　)。

A.采取直接收款方式销售货物的,为货物发出的当天

B.进口货物,为报关进口的当天

C.将委托加工货物无偿赠与他人的,为货物移送的当天

D.委托商场销售货物,为商场售出货物的当天

10.增值税一般纳税人销售货物,不得开具增值税专用发票的情形是(　　)。

A.向消费者个人销售应税项目　　　B.销售免税项目

C.销售不动产　　　　　　　　　　D.将货物无偿赠送他人

五、案例分析

1.某生产企业为增值税一般纳税人,适用税率为13%,2022年1月发生以下业务:

（1）销售甲产品给某大商场,开具增值税发票,取得不含税销售额80万元。

（2）销售乙产品,开具普通发票,取得含税销售额28.25万元。

（3）将自产的非应消费税产品用于发放给员工作为福利,成本价为20万元,成本利润率为10%,该产品无同类产品市场销售价格。

（4）购进货物取得增值税专用发票,注明支付的货款为60万元,进项税额为7.8万元,货物验收入库。另外,支付运输费,取得增值税专用发票注明金额6万元,增值税0.54万元。

（5）向农业生产者购进免税农产品一批,支付收购价30万元。支付运输费,取得增值税专用发票注明金额5万元,增值税0.45万元,农产品验收入库。本月下旬将购进的农产品的20%用于本企业福利。

要求:根据上述资料,计算该企业2022年1月应缴纳的增值税。

2.2022年1月,某计算机公司(为一般纳税人)生产出最新型号的计算机。为了赢得市场,公司宣布每台不含税销售单价为0.9万元。

（1）当月向3个大商场销售出500台,对这3个商场在当月20天内付清500台计算机购货款的,均给予5%的折扣。但是,3个商场均在1个月后才付清货款。

（2）当月发给外省市分支机构200台,用于销售,支付发货运输费用12万元并取得增值税专用发票注明税额1.08万元。

（3）当月采取以旧换新的方式,从消费者个人手中收购旧型号计算机,销售新型号计算机100台,每台按上述不含税单价折价0.25万元。

（4）当月购进计算机原材料零部件,取得增值税专用发票上注明的价款为200万元,增值税进项税额为26万元。

（5）当月为即将举行的某运动会赠送计算机50台。

（6）当月从国外购进两台计算机检测设备,取得的海关开具的完税凭证上注明的增值税税额为18万元。

要求:计算该计算机公司当月应缴纳的增值税税额。

3.侨兴电子企业为增值税一般纳税人,2022年1月发生下列经济业务:

（1）销售自产A产品50台,不含税单价8 000元,货款收到后,向购买方开具了增值税专用发票,并将提货单交给了购买方。截至月底,购买方尚未提货。

（2）将20台新试制的B产品分配给投资者,单位成本为6 000元,该产品尚未投放市场。

（3）改、扩建单位幼儿园领用甲材料200 kg,每千克单位成本为50元,同时领用A产品5台。

（4）当月丢失库存乙材料800 kg,每千克单位成本为20元,做待处理财产损溢处理。

（5）当月发生购进货物的全部进项税额为70 000元,全部取得增值税发票并进行了认证。

其他相关资料:上月进项税额已全部抵扣完毕。购销货物增值税税率均为13%。税务局核定的 B 产品成本利润率为 10%。

要求：计算该企业当月应缴增值税税额。

4.惠州市星火广告公司为增值税一般纳税人，2022 年 2 月发生如下业务：

（1）取得含增值税的广告代理收入 200 万元，因广告效果出色取得奖金 5 万元。

（2）出租摄影设备取得含增值税的租赁收入 50 万元，收取设备磨损赔偿金 8 万元。

（3）出售 2012 年购进的制图设备一台，含增值税售价 0.2 万元。

（4）向广告发布者支付广告发布费，取得增值税专用发票上注明的税额为 4.8 万元。

（5）购进办公小轿车 1 辆，取得增值税专用发票上注明的税额为 5.1 万元。

（6）购进职工集体宿舍用装修材料，取得增值税专用发票上注明的税额为 0.85 万元。为此，向运输公司支付运输费，取得增值税专用发票上注明的税额为 0.09 万元。

已知：文化创意服务增值税税率为 6%，有形动产租赁服务增值税税率为 13%，取得的增值税扣税凭证均于当月进行认证。

要求：计算该公司当月应缴增值税税额。

六、实践训练

（一）企业概况（虚构）

企业名称：惠州市世一有限责任公司

企业性质：私营企业

企业法人代表：张鸣

企业地址：惠州市惠城区新乐工业区

企业联系电话：0752-3619888

开户银行：中国工商银行惠州分行大湖溪支行

银行账号：4518105878143218

统一社会信用代码：11000000000001238

（二）业务模拟

该企业 2022 年 2 月使用防伪税控系统开具增值税专用发票 6 份，销售额合计为 60 000 元，销项税额 7 000 元。其中：适用税率为 13% 的应税货物的专用发票 1 份，销售额 10 000 元，销项税额 1 300 元；适用税率为 9% 的应税货物的专用发票 2 份，销售额 20 000 元，销项税额 1 800 元；销售应税服务，开具专用发票 3 份，销售额 30 000 元，销项税额 3 900 元。2 月使用防伪税控系统开具按简易征收办法征收增值税适用税率为 3% 的应税货物的专用发票 5 份，销售额 50 000 元，应纳税额为 1 500 元。2 月当期认证相符的全部防伪税控系统开具的增值税专用发票 8 份，金额 160 000 元，税额 20 800 元，其中 2 月当期认证相符且本期申报抵扣防伪税控增值税专用发票 7 份，金额 70 000 元，税额 9 100 元，本期已认证相符但未申报抵扣的专用发票 1 份，金额 90 000 元，税额 11 700 元。该企业上期留抵税额 10 000 元。

（三）实训要求

1.根据上述资料计算惠州市世一有限责任公司 2022 年 2 月应缴纳的增值税。

2.填制增值税纳税申报表,见表 2.5。

知识运用与实训标准答案

第三章　消费税法

【知识点拨】

　　消费税法是流转税法的重要组成部分。消费税为世界各国所普遍征收,目前世界上有近120个国家或地区征收消费税,不同国家或地区的具体内容各有不同。在我国,消费税是对增值税的补充,即在增值税对货物征税的基础上,有选择地对一部分特殊消费品征收消费税。本章的重点是消费税税制要素、应纳税额的计算,难点是消费税应纳税额的计算。

【知识引读】

中国历史上的消费税

　　公元前81年,汉昭帝把酒的专卖改成征税,这是中国最早的消费税。元世祖至元二十一年(公元1284年),中书右丞卢世荣提议官自酤卖,于是恢复官制官卖,大幅度增加酒税额度,因而引起了普遍的反对。后改为实行征税制,规定百姓造酒不受限制,但每石造酒之米课税五两,称之为官钞。唐朝唐德宗建中年间,茶被列入课税范围,这是中国历史上中央政府首次开征的茶税,到了兴元元年停征,持续了四五年时间。唐德宗贞元九年,又开始恢复征收茶税,这是唐朝第二次征收茶税,税率较低,按估价的10%征收,成为政府的重要财源之一。唐朝开征的茶税,经过宋朝的进一步发展,一直沿袭下来,到民国时期,仍然征收茶税,直到中华人民共和国成立,旧茶税制度才予以废除。古代对部分商品征收消费税,茶叶是奢侈品,一般人是喝不到的,只有有钱的人才能喝得到,所以就对它征税。时代发展到今天,国家依然对部分商品征收消费税,但消费税的征税范围已经改变,并不断地调整,以适应经济发展要求。

　　从以上引读中可以思考:什么是消费税? 国家为什么要开征消费税? 消费税有什么特点? 它的征收范围有哪些? 消费税的应纳税额又是如何计算的? 本章内容将对这些问题进行阐述。

第一节　消费税概述

一、消费税的含义

　　消费税是对我国境内从事销售、委托加工和进口应税消费品的单位和个人,就其销售额或销售数量,在特定环节征收的一种税,简单地说是对特定的消费品和消费行为征收的一种税。

我国开征消费税的目的是加强经济的宏观调控,体现国家一定的产业政策和消费政策,即:调节消费结构,正确引导消费方向;限制消费规模,抑制超前消费需求。

【知识卡片 3.1】

抗战时期的"战时消费税"

早在抗日战争期间,当时的国民政府就开征过"战时消费税"。"战时消费税"自 1942 年 4 月 15 日开征,1945 年 1 月 23 日停征,共持续两年零九个月。抗日战争开始后,国民政府为了统一弥补各省因裁废税捐所发生的亏短,经第三次"全国财政会议"决议,由"中央"统一征收战时消费税。税目分为国货与洋货两大类,税率分为四级,从价征收,普通用品为 5%,非必需品为 10%,半奢侈品为 15%,奢侈品为 25%。资料记载,战时消费税共征收 30 多亿元,由于遭到商民的普遍反对而被迫取消。

二、消费税的特点

消费税是以应税消费品为课税对象的一种税,在应税产品的选择、税率的设计等方面,与其他流转税相比具有以下特点:

(1)征税项目具有选择性。目前我国消费税的征税对象并不是所有产品,而是只选择了 15 类消费品征税,包括特殊消费品、奢侈品、高能耗及高档消费品、不可再生资源消费品等。

(2)征税环节具有单一性。除卷烟、超豪华小汽车外,消费税是在销售、委托加工、进口的某一环节一次征收,以后不再征收。

(3)征收办法具有多样性。消费税对一部分价格差异大,且便于按价格核算的应税消费品,依消费品的价格实行从价计税;对一部分价格差异较小,品种、规格比较单一的大宗应税消费品,依消费品的数量实行从量计税;对卷烟、粮食白酒和薯类白酒实行复合计税办法,即从价和从量相结合的计税办法。

(4)税收调节具有特殊性。消费税是国家运用税收杠杆对某些消费品或消费行为进行特殊调节,配合价格杠杆来调节经济,限制生产和消费。比如卷烟对人的身体有害,采用高价格使生产商获取超额利润,通过高税率可以限制其利润水平,高价格限制了消费,高税率限制了其生产积极性。

(5)消费具有转嫁性。凡列入消费税征税范围的消费品,一般都是高价高税产品。因此,消费税无论在哪个环节征收,消费品中所含的消费税税款最终都要转嫁到消费者身上,由消费者负担,税负具有转嫁性,而且这一特征与其他商品相比更加明显。

【知识卡片 3.2】

吃饭奢侈须缴税

在日本餐馆吃饭,超过一定标准后必须缴"奢侈税",以避免人们大吃大喝,造成浪费。

日本人个人的实际收入与生活消费相比并不高,而且一般人收入高低差别也不太大,这是因为政府以税收的形式将相当多的个人收入转化为社会公有的结果。

三、消费税的纳税人

根据规定,消费税的纳税人为:在中华人民共和国境内销售、委托加工和进口应税消费品的单位和个人。"单位"是指国有企业、集体企业、私有企业、股份制企业、外商投资企业、外国企业、其他企业和行政单位、事业单位、军事单位、社会团体及其他单位。"个人"是指个体经营者及其他个人。"中华人民共和国境内"是指销售、委托加工和进口应税消费品的起运地或所在地在中华人民共和国境内。

具体来说，消费税纳税人包括：在生产、批发、零售环节销售应税消费品的单位和个人；进口应税消费品的单位和个人；委托加工应税消费品的单位和个人，其中，委托加工的应税消费品由受托方于委托方提货时代收代缴消费税（受托方为个体经营者的除外）；自用未对外销售应税消费品的单位和个人在移送使用时缴纳消费税。

四、消费税的征税范围

消费税的征税范围主要是根据我国目前的经济发展状况和消费政策，人们的消费水平和消费结构，以及财政需要，并借鉴国外的成功经验和通行做法确定的。目前，我国消费税共计选择了15种消费品，按征税目的不同可归属为以下4类：

第一类：特殊消费品。这类消费品过度消费会对人类健康、社会秩序、生态环境等方面造成危害，如烟、酒、鞭炮、焰火、电池等。

第二类：奢侈品、非生活必需品，如高档化妆品、贵重首饰及珠宝玉石等。

第三类：高能耗及高档消费品，如小轿车、摩托车、游艇、高档手表、高尔夫球及球具等。

第四类：资源性的消费品，如成品油、实木地板、木制一次性筷子等。

消费税的征税范围不是一成不变的，随着我国经济的发展，可以根据国家的政策和经济情况及消费结构的变化适当调整。

【知识卡片3.3】

我国消费税的演变

我国消费税是1994年国家税制改革中新设置的一个税种。1994年消费税的征税范围主要选择了烟、酒、化妆品、护肤护发品、贵重首饰及珠宝玉石、鞭炮及焰火、汽油、柴油、汽车轮胎、摩托车、小汽车11类应税产品。从2006年4月1日起，我国消费税税目、税率及相关政策进行了调整，税目由原来的11个增加调整为14个，包括扩大了石油制品的消费税征收范围，新设成品油税目；增设木制一次性筷子、实木地板、高尔夫球及球具、高档手表、游艇等税目；取消护肤护发品税目，将高档护肤护发品并入化妆品税目。2008年11月5日，国务院第34次常务会议修订通过《消费税暂行条例》，自2009年1月1日起施行。自2014年12月1日起，取消对酒精以及汽车轮胎征收消费税的规定。为促进节能环保，经国务院批准，自2015年2月1日起对电池、涂料征收消费税。自2016年10月1日起，化妆品消费税的征收对象调整为"高档化妆品"，普通化妆品不再征收消费税。2019年12月3日，财政部、国家税务总局联合发布了《中华人民共和国消费税法（征求意见稿）》（简称《征求意见稿》），《征求意见稿》保持了《消费税暂行条例》现行税制框架和税负水平总体不变。

【知识卡片3.4】

办丧事要缴税

加拿大是个高福利国家，但同时也是个多税收的国家，就连殡仪服务也要缴消费税。渥太华一位名叫利奥·克莱尔的老人为病逝的儿子办完葬礼后,殡仪馆送上了一份账单,上面注明:除葬礼费用外,老人还须支付一笔460加元的联邦商品服务消费税。老人对此十分不满,并决定抗税。他说:"我死了儿子,葬礼开销已经不少了,还要付那种不明不白的税,实在让人难以接受。"老人还给时任财政部部长马丁和300名议员写了信,要求对此项税法做出修改。

五、消费税的税目

目前列入征收消费税征税范围的税目共有15个,具体征收范围包括以下内容。

(一)烟

烟即以烟叶为原料加工生产的特殊消费品。卷烟是指将各种烟叶切成烟丝并按照一定的配方辅之以糖、酒、香料加工而成的产品。

(二)酒

酒是酒精度在1度以上的各种酒类饮料,包括粮食白酒、薯类白酒、黄酒、啤酒、其他酒;酒精是指以含有淀粉或糖分的原料,经糖化和发酵后,用蒸馏方法生产的酒精度数在95度以上的无色透明液体,其也可以以石油裂解气中的乙烯为原料,用合成方法制成。

【知识卡片3.5】

因为消费税重,出国买酒喝

波兰加入欧盟之前,波兰国内的啤酒制造商正在强烈呼吁政府降低啤酒的消费税税率。他们说,在目前较高的消费税税率下,波兰消费者将会在波兰加入欧盟后,到邻国购买更便宜的啤酒。但是波兰财政部表示,将在法律允许的范围内,维持现行的啤酒消费税最高税率。

据报道,波兰的啤酒消费税税率为每瓶0.43兹罗提,而其邻国德国的啤酒消费税税率为每瓶0.18兹罗提,捷克的啤酒消费税税率为0.19兹罗提,斯洛伐克的啤酒消费税税率为0.2兹罗提,波兰的啤酒消费税税率比这些国家的两倍还高。波兰加入欧盟后,按规定,波兰人每天可以从邻国免税带入波兰100 L啤酒。这样在本国高税率的影响下,波兰人更愿意从邻国购买啤酒,而不买本国生产的啤酒,从而严重削弱了本国啤酒在市场上的竞争力。因此,波兰国内啤酒制造商呼吁政府降低消费税税率。

(三)成品油

该税目征收范围包括汽油、柴油、石脑油、溶剂油、润滑油、燃料油、航空煤油。植物性润滑油、动物性润滑油和化工原料合成润滑油不属于润滑油的征收范围。

【知识卡片3.6】

燃油税费的改革

国务院决定自2013年1月1日起实施成品油税费改革,取消原在成品油价外征收的公路养路费、航道养护费、公路运输管理费、公路客货运附加费、水路运输管理费、水运客货运附加费等六项收费,逐步有序取消政府还贷二级公路收费。自此酝酿10多年的燃油税费改革终于有了结果。实施燃油税改革的初衷主要是通过税费改革解决养路费征收不公平,根治公路乱收费现象,同时为公路建设和维护提供稳定可靠的资金来源。随着时代发展和外部环境的变化,燃油税改革渐渐承担了更多的职能,即促进科学发展,节能减排,保护环境,构建资源节约型和环境友好型社会。此次改革不单独设立燃油税,而是采取提高成品油消费税单位税额方式替代征收养路费等交通收费,实现改革的目的。直接调整消费税,不涉及新设税种,税收立法和征纳成本不会有大的增加,便于操作,还能起到简化税制、公平税负的作用。

(四)鞭炮、焰火

鞭炮又称爆竹,是用多层纸密裹火药,接以药引线制成的一种爆炸品。焰火是指烟火剂,一般系包扎品,内装药剂,点燃后烟火喷射,呈现各种颜色,有的还变幻成各种景象,分平地小焰火和空中大焰火两类。鞭炮、焰火的征收范围包括各种鞭炮、焰火。体育上用的发令纸、鞭炮引线,不按本税目征收。

(五)贵重首饰及珠宝玉石

该税目征收范围包括:凡以金、银、铂金、珍珠、钻石、翡翠、珊瑚、玛瑙等高贵稀有物质以及其他金属、人造宝石等制作的各种纯金银首饰及镶嵌首饰和经采掘、打磨、加工的各种珠宝玉石。

宝石坯是经采掘、打磨、初级加工的珠宝玉石半成品,因此,对宝石坯应按规定征收消费税。

(六)高尔夫球及球具

高尔夫球及球具是指从事高尔夫球运动所需的各种专用装备,包括高尔夫球、高尔夫球杆及高尔夫球包(袋)等。本税目征收范围包括高尔夫球、高尔夫球杆、高尔夫球包(袋)。高尔夫球杆的杆头、杆身和握把属于本税目的征收范围。

(七)高档手表

高档手表是指销售价格(不含增值税)每只在10 000元(含)以上的各类手表。本税目征收范围包括符合以上标准的各类手表。

(八)游艇

游艇是指长度大于8 m小于90 m,船体由玻璃钢、钢、铝合金、塑料等多种材料制作,可以在水上移动的水上浮载体。按照动力划分,游艇分为无动力艇、帆艇和机动艇。本税目征收范围包括艇身长度大于8 m(含)小于90 m(含),内置发动机,可以在水上移动,一般为私人或团体购置,主要用于水上运动和休闲娱乐等非营利活动的各类机动艇。

(九)木制一次性筷子

木制一次性筷子,又称卫生筷子,是指以木材为原料经过锯段、浸泡、旋切、刨切、烘干、筛选、打磨、倒角、包装等环节加工而成的各类一次性使用的筷子。本税目征收范围包括各种规格的木制一次性筷子。未经打磨、倒角的木制一次性筷子属于本税目征税范围。

【案情设定3.1】

税收带来苗乡美

贵州省黔东南苗族、侗族自治州下的一个村,有着丰富的森林资源,村民的主要收入来自木材加工生产的木制一次性筷子。如今,让村支书困惑的是:由于木制一次性筷子销路很好,为了扩大生产规模,越来越多的树被砍,一片片的青山一天天地在减少。虽然,生产木制一次性筷子在短期内可以促进经济增长,但是对环境的破坏很大,不符合国家构建资源节约型和环境友好型社会的要求,不符合国家可持续发展道路的精神。于是,村支书结合村里的实际情况,在征求多方意见后,决定用村里另一种资源——竹子代替木材。一年过去了,村里的经济效益不但没有下降,相反,不仅开发了更多的竹制产品和工艺品,很好地满足了市场的需求,更重要的是还降低了生产成本。

(十)实木地板

实木地板是指以木材为原料,经锯割、干燥、刨光、截断、开榫、涂漆等工序加工而成的块状或条状的地面装饰材料。实木地板按生产工艺不同,可分为独板(块)实木地板、实木指接地板、实木复合地板三类;按表面处理状态不同,可分为未涂饰地板(白坯板、素板)和漆饰地板两类。

本税目征收范围包括各类规格的实木地板、实木指接地板、实木复合地板及用于装饰墙壁、天棚的侧端面为榫、槽的实木装饰板。未经涂饰的素板属于本税目征税范围。

(十一)小汽车

汽车是指由动力驱动,具有4个或4个以上车轮的非轨道承载车辆。

本税目征收范围包括含驾驶员座位在内最多不超过9个座位(含)的,在设计和技术特性上用于承运乘客和货物的各类乘用车;含驾驶员座位在内的座位数在10~23座(含23座)的,在设计和技术特性上用于载运乘客和货物的各类中轻型商用客车。

用排气量小于1.5 L(含)的乘用车底盘(车架)改装、改制的车辆属于乘用车征收范围。用排气量大于1.5 L(含)的乘用车底盘(车架)或用中轻型商用客车底盘(车架)改装、改制的车辆属于中轻型商用客车征收范围。

对于购进乘用车或中轻型商用客车整车改装生产的汽车,应按规定征收消费税。

含驾驶员人数(额定载客)为区间值的(如8~10人,17~26人)小汽车,按其区间值下限人数确定征收范围。

电动汽车不属于本税目的征收范围。

(十二)摩托车

(1)轻便摩托车:最大设计车速不超过50 km/h、发动机气缸总工作容积不超过50 mL的两轮机动车。

(2)摩托车:最大设计车速超过50 km/h、发动机气缸总工作容积超过50 mL、空车质量不超过400 kg(带驾驶室的正三轮车及特种车的空车质量不受此限)的两轮和三轮机动车。

（十三）高档化妆品

本税目征收范围包括高档美容、修饰类化妆品、高档护肤类化妆品和成套化妆品。高档美容、修饰类化妆品和高档护肤类化妆品是指生产（进口）环节销售（完税）价格（不含增值税）在 10 元/mL(g) 或 15 元/片（张）及以上的美容、修饰类化妆品和护肤类化妆品。

舞台、戏剧、影视演员化妆用的上妆油、卸妆油、油彩，不属于本税目的征收范围。

（十四）电池

电池，是一种将化学能、光能等直接转换为电能的装置，一般由电极、电解质、容器、极端，通常还有隔离层组成的基本功能单元，以及用一个或多个基本功能单元装配成的电池组。范围包括：原电池、蓄电池、燃料电池、太阳能电池和其他电池。

（十五）涂料

涂料，是指涂于物体表面能形成具有保护、装饰或特殊性能的固态涂膜的一类液体或固体材料的总称。

对施工状态下挥发性有机物含量低于 420 g/L(含) 的涂料免征消费税。

六、消费税的税率

消费税采用比例税率和定额税率两种形式。比例税率为 15 档，最高税率为 56%，最低税率为 1%；定额税率为 11 档，详见表 3.1。

表 3.1 消费税税目税率表

税 目	税 率		
	生产（进口）环节	批发环节	零售环节
一、烟			
1.卷烟			
（1）甲类卷烟（每 200 支调拨价不含增值税 70 元以上的）	56% 加 0.003 元/支	11% 加 0.005 元/支	
（2）乙类卷烟（每 200 支调拨价不含增值税 70 元以下的）	36% 加 0.003 元/支		
2.雪茄烟	36%		
3.烟丝	30%		
二、酒			
1.白酒	20% 加 0.5 元/500 g（或者 500 mL）		
2.黄酒	240 元/t		
3.啤酒			
（1）甲类啤酒（每吨出厂价格含包装物及其押金，不含增值税）3 000 元以上的	250 元/t		

续表

税　目	税　率		
	生产(进口)环节	批发环节	零售环节
(2)乙类啤酒(每吨出厂价格含包装物及其押金,不含增值税)3 000元以下的	220元/t		
4.其他酒	10%		
三、高档化妆品	15%		
四、贵重首饰及珠宝玉石			
1.金银首饰、铂金首饰和钻石及钻石饰品			5%
2.其他贵重首饰和珠宝玉石	10%		
五、鞭炮焰火	15%		
六、成品油			
1.汽油	1.52元/L		
2.柴油	1.2元/L		
3.航空煤油	1.2元/L		
4.石脑油	1.52元/L		
5.溶剂油	1.52元/L		
6.润滑油	1.52元/L		
7.燃料油	1.2元/L		
七、摩托车			
1.气缸容量250 mL以下(含)	3%		
2.气缸容量250 mL以上	10%		
八、小汽车			
1.乘用车			
(1)气缸容量(排气量,下同)在1.0 L(含)以下	1%		
(2)气缸容量在1.0~1.5 L(含)	3%		
(3)气缸容量在1.5~2.0 L(含)	5%		
(4)气缸容量在2.0~2.5 L(含)	9%		
(5)气缸容量在2.5~3.0 L(含)	12%		
(6)气缸容量在3.0~4.0 L(含)	25%		
(7)气缸容量在4.0 L以上	40%		
2.中轻型商用客车	5%		
3.超豪华小汽车	按子税目1和子税目2的规定征收		10%

续表

税 目	税 率		
	生产(进口)环节	批发环节	零售环节
九、高尔夫球及球具	10%		
十、高档手表	20%		
十一、游艇	10%		
十二、木制一次性筷子	5%		
十三、实木地板	5%		
十四、电池	4%		
十五、涂料	4%		

消费税采用列举法按具体应税消费品设置税目税率,征税界限清楚,一般不易发生错用税率的情况。但是,如果存在下列情况时,应按适用税率中最高税率征税:①纳税人兼营不同税率的应税消费品,即生产销售两种税率以上的应税消费品时,应当分别核算不同税率应税消费品的销售额或销售数量,未分别核算的,按最高税率征税;②纳税人将应税消费品与非应税消费品以及适用税率不同的应税消费品组成成套消费品销售的,应根据组合产制品销售金额按应税消费品中适用最高税率的消费品税率征税。

国务院需要根据经济发展、产业政策、行业发展和居民消费水平的变化等因素,对消费税税率进行相应调整。

【知识问答 3.1】

一次性饭盒、塑料袋等是否征收消费税?

答:由于消费税是采用列举法征收的,即列举范围内的需要征收消费税,反之则不需要,因此,根据规定,一次性饭盒、塑料袋等不需要征收销售税,但随着消费税制度的不断完善,消费税的税目也将不断调整。

【知识卡片 3.7】

卷烟、超豪华汽车分别需在批发与零售环节加征一道消费税

为了适当增加财政收入,完善烟产品消费税制度,根据最新规定,在卷烟批发环节需加征一道复合税,适用比例税率为 11%,定额税率为 0.005 元/支,即在中华人民共和国境内从事卷烟批发业务的单位和个人,凡是批发销售的所有牌号规格卷烟,都要按批发卷烟的销售额(不含增值税)乘以 11% 的税率加上销售数量(支)乘以 0.005 元/支缴纳批发环节的消费税。自 2016 年 12 月 1 日起,对超豪华小汽车,即每辆零售价格 130 万元(不含增值税)及以上的乘用车和中轻型商用客车加征 10% 消费税。

【案情设定 3.2】

小李的正确选择

小李于 2021 年 6 月毕业,考虑到工作(从事汽车零配件销售工作)的需要,想买一辆小

轿车,因此他非常关注汽车销售市场的有关行情,并从中留意到很多相关信息,比如小排量汽车的税率较低,国家在 2021 年期间连续多次上调汽油等成品油的价格。小李知道大排量的汽车不仅将花费更高的购车成本,而且每天汽油消耗成本也会更高,综合考虑之后,他还是选择购买电动小汽车。

第二节 消费税应纳税额的计算

消费税应纳税额的计算分为从价计税、从量计税以及从价和从量复合计税 3 种办法。

一、从价计税办法

(一)企业销售应税消费品

企业销售应税消费品,应按其实际销售额计算纳税。这里所说的销售额是指纳税人销售应税消费品取得的与之相关的对价,包括全部货币或者非货币形式的经济利益,但不包括应向购货方收取的增值税税款。如果纳税人应税消费品的销售额中未扣除增值税税款或者因不得开具增值税专用发票而发生价款和增值税税款合并收取的,在计算消费税时,应当换算为不含增值税税款的销售额。其换算公式为:

应税消费品的销售额 = 含增值税销售额 ÷ (1 + 增值税税率或征收率)

与之相关的对价同时包括价外收取的基金、集资费、返还利润、补贴、违约金(延期付款利息)和手续费、包装费、储备费、优质费、运输装卸费、代收款项、代垫款项以及其他各种性质的价外收费。但下列款项不包括在内:

(1)承运部门的运费发票开具给购货方的。

(2)纳税人将该项发票转交给购货方的。

其他价外费用,无论是否属于纳税人的收入,均应并入销售额计算征税。

实行从价计税办法计算应纳税额的应税消费品连同包装销售的,无论包装是否单独计价,也不论在会计上如何核算,均应并入应税消费品的销售额中征收消费税。如果包装物不作价随同产品销售,而是收取押金,此项押金则不应并入应税消费品的销售额中征税。但对因逾期未收回的包装物不再退还的和已收取超过 12 个月的押金,应并入应税消费品的销售额,按照应税消费品的适用税率征收消费税。

对既作价随同应税消费品销售,又另外收取押金的包装物的押金,凡纳税人在规定的期限内没有退还的,均应并入应税消费品的销售额,按照应税消费品的适用税率征收消费税。

对酒类产品生产企业销售酒类产品(黄酒、啤酒除外)而收取的包装物押金,无论押金是否返还及会计上如何核算,均需并入酒类产品销售额中,征收消费税。

【案例 3.1】

雅芳亚化妆品厂为一般纳税人,2022 年 1 月生产销售高档化妆品取得收入 413 000 元,其中销售给一般纳税人的化妆品为 300 000 元,开具增值税专用发票;销售给小规模纳税人和消费者个人的化妆品为 113 000 元,价税混合收取,高档化妆品适用的增值税税率为

13%,消费税税率为15%。计算该企业应纳消费税税额。

解析:(1)计税销售额 = 300 000 + 113 000 ÷ (1 + 13%) = 400 000(元)

(2)应纳消费税额 = 400 000 × 15% = 60 000(元)

(二)企业自用应税消费品

纳税人自用未对外销售的应税消费品,用于连续生产应税消费品的不纳税,用于其他方面的在移送使用时纳税。"用于其他方面"是指纳税人用于生产非应税消费品和在建工程、管理部门、非生产机构、提供劳务及用于馈赠、赞助、集资、广告、样品、职工福利、奖励等方面的应税消费品。其计税依据是:有同类消费品销售价格的,按同类消费品的销售价格计税,无同类消费品销售价格的,按组成计税价格计税。

(1)同类消费品的销售价格。同类消费品的销售价格是指纳税人或代收代缴义务人当月销售的同类消费品的销售价格;如果当月同类消费品各期销售价格高低不同,应按销售数量加权平均计算。但销售的应税消费品有下列情况之一者,不得列入加权平均计算:

①销售价格明显偏低又无正当理由的。

②无销售价格的。如果当月无销售或当月未完结,应按照同类消费品上月或最近月份的销售价格计算纳税。

(2)组成计税价格的计算公式为:

$$组成计税价格 = (成本 + 利润) ÷ (1 - 消费税税率)$$
$$= 成本 × (1 + 成本利润率) ÷ (1 - 消费税税率)$$

公式中的"成本"是指应税消费品的产品生产成本。公式中的"利润",是指根据应税消费品的全国平均成本利润率计算的利润。应税消费品全国平均成本利润率由国家税务总局确定。成本利润率参见表3.2。

表3.2 应税消费品全国平均成本利润表

序 号	种 类	成本利润率/%	序 号	种 类	成本利润率/%
1	甲类卷烟	10	11	摩托车	6
2	乙类卷烟	5	12	高尔夫球及球具	10
3	雪茄烟	5	13	高档手表	20
4	烟丝	5	14	游艇	10
5	粮食白酒	10	15	木制一次性筷子	5
6	薯类白酒	5	16	实木地板	5
7	其他酒	5	17	乘用车	8
8	高档化妆品	5	18	中轻型商用客车	5
9	鞭炮、焰火	5	19	电池	4
10	贵重首饰及珠宝玉石	6	20	涂料	7

【案例3.2】

雅芳亚化妆品公司将一批自产的高档化妆品用作职工福利,化妆品的成本为8 000元,该化妆品无同类产品市场销售价格,但已知其成本利润率为5%,消费税税率为15%。计算该批化妆品应缴纳的消费税税额。

解析:(1)该批化妆品的组成计税价格=(成本+利润)÷(1-消费税税率)

$$=(8\,000+8\,000\times5\%)\div(1-15\%)$$

$$=9\,882.35(元)$$

(2)雅芳亚化妆品公司应纳税额=9 882.35×15%=1 482.35(元)

(三)企业委托加工应税消费品

委托加工的应税消费品,是指由委托方提供原料和主要材料,受托方只收取加工费和代垫部分辅助材料加工的应税消费品。对于由受托方提供原材料生产的应税委托加工的应税消费品,或者受托方先将原材料卖给委托方,然后再接受加工的应税消费品,以及由受托方以委托方的名义购进原材料生产的应税消费品,不论纳税人在财务上是否做销售处理,都不得作为委托加工应税消费品,而应当按照自制应税消费品缴纳消费税。对于确定属于委托加工提供原料和主要材料,受托方只收取加工费和代垫部分辅助材料加工的应税消费品,根据现行《消费税暂行条例》的规定,由受托方在向委托方交货时代收代缴消费税。

委托加工的应税消费品,按照受托方同类消费品的销售价格计算纳税;没有同类消费品销售价格的,按照组成计税价格计算纳税。组成计税价格的计算公式为:

组成计税价格=(材料成本+加工费)÷(1-消费税税率)

该公式中的"材料成本",是指委托方所提供的加工材料的实际成本。委托加工应税消费品的纳税人,必须在委托加工合同上如实注明(或以其他方式提供)材料成本,凡未提供材料成本的,受托方所在地主管税务机关有权核定其材料成本。该公式中的"加工费",是指受托方加工应税消费品向委托方所收取的全部费用(包括代垫辅助材料的实际成本)。

委托加工的应税消费品,除受托方为个人外,由受托方在向委托方交货时代收代缴消费税。委托个人加工的应税消费品,由委托方收回后缴纳消费税。

委托加工的应税消费品,委托方用于连续生产应税消费品的,所纳税款准予按规定抵扣。

下述情形委托加工收回/外购的应税消费品连续生产应税消费品准予从应纳消费税税额中按当期生产领用数量计算扣除其已纳消费税税款:

(1)以委托加工收回(外购)的已税烟丝为原料生产的卷烟。

(2)以委托加工收回(外购)的已税高档化妆品为原料生产的高档化妆品。

(3)以委托加工收回(外购)的已税鞭炮、焰火为原料生产的鞭炮焰火。

(4)以委托加工收回(外购)的已税杆头、杆身和握把为原料生产的高尔夫球杆。

(5)以委托加工收回(外购)的已税实木地板为原料生产的实木地板。

(6)以委托加工收回(外购)的已税木制一次性筷子为原料生产的木制一次性筷子。

(7)以委托加工收回的已税珠宝、玉石为原料生产的贵重首饰及珠宝、玉石。

（8）以委托加工收回的已税石脑油、润滑油、燃料油为原料生产的成品油。

（9）以委托加工收回的已税汽油、柴油为原料生产的汽油、柴油。

（10）以外购葡萄酒为原料生产的葡萄酒。

（11）以外购集团内部企业间用啤酒液为原料生产的啤酒。

（12）以外购石脑油、燃料油为原料生产的成品油。

（13）以外购汽油、柴油、润滑油为原料分别生产的汽油、柴油、润滑油。

除第（11）、（12）、（13）项外，上述外购准予抵扣的情形仅限于进口或从同税目纳税人购进的应税消费品。

【知识问答 3.2】

委托加工收回的应税消费品直接出售是否需要缴纳消费税？

委托方将收回的应税消费品，以不高于受托方的计税价格出售的，为直接出售，不再缴纳消费税；委托方以高于受托方的计税价格出售的，不属于直接出售，需按照规定申报缴纳消费税，在计税时准予扣除受托方代收代缴的消费税。

上述当期准予扣除的委托加工应税消费品已纳消费税税款计算公式如下：

当期准予扣除的委托加工应税消费品已纳税款 = 期初库存的委托加工应税消费品已纳税款 + 当期收回的委托加工应税消费品已纳税款 - 期末库存的委托加工应税消费品已纳税款

上述当期准予扣除的外购应税消费品已纳消费税税款计算公式如下：

当期准予扣除的外购应税消费品已纳税款 = 当期准予扣除的外购应税消费品买价（或数量）× 外购应税消费品适用税率（或税额）

当期准予扣除的外购应税消费品买价或数量 = 期初库存的外购应税消费品买价（或数量）+ 当期购进的外购应税消费品买价（或数量）- 期末库存的外购应税消费品买价（或数量）

值得注意的是，纳税人用委托加工收回的已税珠宝玉石生产改在零售环节征收消费税的金银（镶嵌）首饰、钻石首饰，在计税时一律不得扣除委托加工收回的珠宝玉石已纳的消费税税款。

【案例 3.3】

大红星鞭炮企业 2022 年 1 月受托为某单位加工一批鞭炮，委托单位提供的原材料金额为 30 万元，收取委托单位不含增值税的加工费 4 万元，鞭炮企业当地无加工鞭炮的同类产品市场价格。计算鞭炮企业应代收代缴的消费税和应纳的增值税税额（鞭炮适用税率为 15%）。

解析：（1）鞭炮的组成计税价格 =（材料成本 + 加工费）÷（1 - 消费税税率）
$$=（30 + 4）÷（1 - 15\%）= 40（万元）$$

（2）鞭炮企业应代收代缴的消费税 = 40 × 15% = 6（万元）

（3）鞭炮企业应纳增值税额 = 4 × 13% = 0.52（万元）

（四）企业进口应税消费品

进口的应税消费品，实行从价计税办法计算应纳税额的，按照组成计税价格计算纳税。组成计税价格计算公式为：

$$组成计税价格 = （关税完税价格 + 关税）÷（1 - 消费税税率）$$
$$应纳税额 = 组成计税价格 × 适用税率$$

公式中的"关税完税价格"是指海关核定的关税完税价格。

实行从量计税办法的应税消费品的应纳税额的计算公式为：

$$应纳税额 = 应税消费品的数量 × 消费税单位税额$$

公式中的"应税消费品的数量"是指海关核定的应税消费品进口征税数量。

实行从价和从量复合计税办法应纳税额的计算公式为：

$$组成计税价格 = （关税完税价格 + 关税 + 定额消费税）÷（1 - 消费税税率）$$
$$应纳税额 = 进口数量 × 定额税率 + 组成计税价格 × 比例税率$$

【案例3.4】

新一佳商贸公司，2022年2月从国外进口一批应税消费品，已知该批应税消费品的关税完税价格为90万元，按规定应缴纳关税18万元，假定进口的应税消费品的消费税税率为10%。计算该批消费品进口环节应缴纳的消费税税额。

解析：（1）组成计税价格 = （关税完税价格 + 关税）÷（1 - 消费税税率）

$$= （90 + 18）÷（1 - 10\%）= 120（万元）$$

（2）应缴纳消费税税额 $= 120 × 10\% = 12（万元）$

此外，纳税人销售的应税消费品，如果是以外汇结算销售价款的，可以按照结算的当天或者当月1日的国家外汇牌价（原则上为中间价）折合成人民币计算应纳税额，纳税人应在事先确定采用何种折合率，确定后一年内不得变更。

（五）金银首饰应纳税额

（1）金银首饰（含镶嵌首饰）、钻石及钻石饰品在零售环节征税。其金银首饰征收范围仅限于金、银和金基、银基合金首饰，以及金、银和金基、银基合金的镶嵌首饰，不包括镀金（银）、包金（银）首饰，以及镀金（银）、包金（银）镶嵌。

（2）纳税人销售金银首饰，其计税依据为不含增值税的销售额。如果纳税人销售金银首饰的销售额中未扣除增值税税额，在计算消费税时，应按以下公式换算为不含增值税税额的销售额。

$$金银首饰的销售额 = 含增值税的销售额 ÷（1 + 增值税税率或征收率）$$

（3）金银首饰连同包装物销售的，无论包装物是否单独计价，也无论会计上如何核算，均应并入金银首饰的销售额，计征消费税。

（4）带料加工的金银首饰，应按受托方销售同类金银首饰的销售价格确定计税依据征收消费税。没有同类金银首饰销售价格的，按照组成计税价格计算纳税。组成计税价格的计算公式为：

$$组成计税价格 = （材料成本 + 加工费）÷（1 - 金银首饰消费税税率）$$

（5）纳税人采用以旧换新（含翻新改制）方式销售的金银首饰，应按实际收取的不含增值税的全部价款确定计税依据征收消费税（此时金银首饰增值税计税依据也照此计算）。

（6）生产、批发、零售单位用于馈赠、赞助、集资、广告、样品、职工福利、奖励等方面的金银首饰,应按纳税人销售同类金银首饰的销售价格确定计税依据征收消费税;没有同类金银首饰销售价格的,按照组成计税价格计算纳税。组成计税价格的计算公式为:

组成计税价格 = [购进原价 × (1 + 利润率)] ÷ (1 - 金银首饰消费税税率)

纳税人为生产企业时,公式中的"购进原价"为生产成本,公式中的"利润率"一律定为6%。

(7)金银首饰消费税改变纳税环节后,用已税珠宝玉石生产的镶嵌首饰,在计税时一律不得扣除已纳的消费税税款。

【案情设定3.3】

会计主管深谙消费税法

天虹商场欲从A国进口一批金银首饰(因为价格比较便宜),于是召开高层管理人员会议进行讨论,会上有人提出,进口金银首饰要多缴一道消费税,会影响商场的利润,因为进口环节由海关代征一道消费税,本商场零售时,还须再缴一道零售环节消费税。会计主管告诉大家,金银首饰是在零售环节征税,进口环节不用对金银首饰征消费税,只在零售环节征一道消费税。最后,会议决定从A国进口金银首饰。

二、从量计税办法

从量计税通常以每单位应税消费品的重量、容积或数量为计税依据,并按每单位应税消费品规定固定税额,这种固定税额即为定额税率。

目前,我国对黄酒、啤酒、成品油实行定额税率,采用从量计税的办法征税。其计税依据是纳税人销售应税消费品的数量,其公式为:

应纳税额 = 应税消费品的销售数量 × 单位税额

该公式中,销售数量是指纳税人销售、委托加工和进口应税消费品的数量。具体规定为:

(1)销售应税消费品的,为应税消费品的销售数量。

(2)自用未对外销售应税消费品的,为应税消费品的移送使用数量。

(3)委托加工应税消费品的,为委托方收回的应税消费品数量。

(4)进口应税消费品的,为海关核定的进口数量。

但是,在实际销售过程中,一些纳税人往往将计量单位混用。为了规范不同产品的计量单位,《中华人民共和国消费税暂行条例实施细则》具体规定了吨与升两个计量单位的换算标准,见表3.3。

表3.3 吨与升两个计量单位的换算标准表

序 号	产 品	换算标准	序 号	产 品	换算标准
1	啤 酒	1 t = 988 L	6	溶剂油	1 t = 1 282 L
2	黄 酒	1 t = 962 L	7	润滑油	1 t = 1 126 L
3	汽 油	1 t = 1 388 L	8	燃料油	1 t = 1 015 L
4	柴 油	1 t = 1 176 L	9	航空煤油	1 t = 1 246 L
5	石脑油	1 t = 1 385 L			

【案例3.5】

嘉士伯啤酒厂2022年2月销售啤酒400 t,每吨出厂价格2 800元。每吨售价在3 000元以下的,适用单位税额220元。计算2月份该啤酒厂应纳消费税税额。

解析:该啤酒厂2月份应纳消费税税额 = 销售数量 × 单位税额 = 400 × 220 = 88 000(元)

三、从价和从量复合计税办法

现行消费税的征税范围中,只有卷烟和白酒实行从价和从量相结合的复合计税办法征收消费税。其基本计算公式为:

应纳税额 = 应税销售数量 × 定额税率 + 应税销售额 × 比例税率

生产销售卷烟、粮食白酒、薯类白酒,从量定额计税依据为实际数量。进口、委托加工、自产自用卷烟、白酒,从量定额计税依据分别为海关核定的进口征税数量、委托方收回数量、移送使用数量。

【案例3.6】

兴发粮食白酒厂2022年2月销售粮食白酒1 000 kg,销售额100 000元。适用单位税额1元/kg,比例税率20%,计算该酒厂2月份应纳消费税税额。

解析:该酒厂2月份应纳消费税税额 = 应税销售数量 × 定额税率 + 应税销售额 × 比例税率
= 1 000 × 1 + 100 000 × 20% = 21 000(元)

四、特殊规定下应纳税额的计算

(一)自设非独立核算门市部计税的规定

纳税人通过自设非独立核算门市部销售的自产应税消费品,应当按照门市部对外销售额或销售数量来计算征收消费税。

【案例3.7】

五羊摩托车生产企业为增值税一般纳税人,8月份将生产的某型号摩托车30辆,以每辆出厂价12 000元(不含增值税)给自设非独立核算的门市部,门市部又以每辆15 820元(含增值税)销售给消费者。摩托车适用消费税税率为10%,请计算该摩托车生产企业8月份应纳消费税税额。

解析:该企业8月份应纳消费税税额 = 15 820 ÷ (1 + 13%) × 30 × 10% = 42 000(元)

(二)应税消费品用于其他方面的规定

纳税人自产的应税消费品用于换取生产资料和消费资料、投资入股和抵偿债务等方面,应当以纳税人同类应税消费品的最高销售价格作为计税依据。

(三)关于当期投入生产的原材料可抵扣的已纳消费税大于当期应纳消费税的不足抵扣部分的处理的规定

对于当期投入生产的原材料可抵扣的已纳消费税大于当期应纳消费税的不足抵扣部分

的,采用按当期应纳消费税的数额申报抵扣,不足抵扣部分结转下一期申报抵扣的方式处理。

第三节 消费税的征收管理

一、纳税义务发生时间

纳税人销售应税消费品,纳税义务发生时间为收讫销售款项或者取得索取销售款项凭据的当天;先开具发票的,为开具发票的当天。具体分为以下几种情况。

(1)纳税人销售应税消费品,其纳税义务发生时间为:

①采取赊销和分期收款结算方式的,为销售合同规定的收款日期的当天。

②采取预收货款结算方式的,为发出应税消费品的当天。

③采取托收承付和委托银行收款结算方式的,为发出应税消费品并办妥托收手续的当天。

(2)纳税人自用未对外销售应税消费品,其纳税义务发生时间为移送使用的当天。

(3)纳税人委托加工应税消费品,其纳税义务发生时间为纳税人提货的当天。

(4)纳税人进口应税消费品,其纳税义务发生时间为报关进口的当天。

二、纳税地点

消费税纳税地点分为以下几种情况:

(1)纳税人销售的应税消费品及自产自用的应税消费品,除国家另有规定外,应当向纳税人机构所在地或者居住地主管税务机关申报纳税。纳税人的总机构与分支机构不在同一县(市)的,应在生产应税消费品的分支机构所在地缴纳消费税。但经国家税务总局及所属税务分局批准,纳税人分支机构应纳消费税也可由总机构汇总向总机构所在地主管税务机关缴纳。

(2)纳税人到外县(市)销售或委托外县(市)代销自产应税消费品的,应事先向其所在地主管税务机关提出申请,并于应税消费品销售后,回纳税人核算地缴纳消费税。

(3)委托加工的应税消费品,除受托方为个人外,由受托方向机构所在地或居住地主管税务机关报缴税款。

(4)进口的应税消费品,由进口人或者其代理人向报关地海关申报纳税。此外,个人携带或者邮寄进境的应税消费品,连同关税由海关一并征税。具体办法由国务院关税税则委员会会同有关部门制定。

三、纳税期限

消费税的纳税期限分别为10日、15日、1个月、1个季度或者半年。纳税人的具体纳税期限,由主管税务机关根据纳税人应纳税额的大小分别核定;不能按照固定期限纳税的,可以按次纳税。

纳税人以 1 个月、1 个季度或者半年为 1 个纳税期的,自期满之日起 15 日内申报纳税;以 10 日或者 15 日为 1 个纳税期的,自期满之日起 5 日内预缴税款,于次月 1 日起 15 日内申报纳税并结清上月应纳税款。

纳税人进口应税消费品,应当自海关填发税款缴纳证的次日起 15 日内缴纳税款。

四、纳税申报

为统一规范消费税纳税申报资料,根据《国家税务总局关于使用消费税纳税申报表有关问题的通知》的有关规定,消费税纳税申报表分为烟类应税消费品消费税纳税申报表(简称"烟类申报表")、酒类消费税纳税申报表(简称"酒类申报表")、成品油消费税纳税申报表(简称"成品油申报表")、小汽车消费税纳税申报表(简称"小汽车申报表")、其他应税消费品消费税纳税申报表(简称"其他应税品申报表")五类。消费税纳税人应按有关规定及时办理纳税申报,并如实填写纳税申报表。

【知识卡片 3.8】
国家将推进后移消费税征收环节改革

按照党中央、国务院关于健全地方税体系、中央与地方收入划分改革的有关要求,"十四五"期间,国家将推进后移消费税部分消费品征收环节至零售环节,以充实地方税收入。

【本章小结】

本章主要讲述了消费税的基本内容、不同征税方法下应纳消费税额的计算、消费税的征收管理。学生只有掌握了消费税的税制要素及政策规定,才能正确计算消费税的应纳税额;只有正确计算出消费税的应纳税额,企业才能进行纳税申报,各环节缺一不可,互为体系。

知识运用与实训

一、名词解释

消费税　从价计税　从量计税　自用　委托加工

二、简答题

1. 简要说明消费税的税目。
2. 简要说明自用、委托加工、进口的组成计税价格。
3. 简要说明委托加工收回/外购货物后用于连续生产应税消费品的,其已纳税款准予从连续生产的应税消费品应纳消费税税额中抵扣的情形。

三、单项选择题

1. 下列属于征收消费税的消费品是(　　　)。

　　A. 电视机　　　　B. 洗衣机　　　　C. 洗发水　　　　D. 高档化妆品

2. 下列采用从量定额征收的消费品是(　　　)。

　　A. 高尔夫球　　　B. 摩托车　　　　C. 石脑油　　　　D. 木制一次性筷子

3. 消费税暂行条例规定,纳税人自产自用应税消费品,用于连续生产应税消费品的是(　　　)。

　　A. 视同销售　　　　　　　　　B. 不纳税

　　C. 按组成计税价格纳税　　　　D. 于移送使用时纳税

4. 进口环节应纳消费税的组成计税价格是(　　　)。

　　A. 到岸价格

　　B. 到岸价格+关税

　　C. 关税完税价格+关税

　　D. (关税完税价格+关税)÷(1−消费税税率)

5. 某外贸进出口公司当月从德国进口 140 辆小轿车,每辆车的关税完税价格为 8 万元,小轿车的关税税率为 110%,消费税税率为 5%。进口这批轿车应缴纳(　　　)万元消费税。

　　A. 56　　　　　　B. 61.6　　　　　C. 80　　　　　　D. 123.79

6. 某生产企业将本公司生产的高档化妆品,作为三八妇女节福利发给公司女职工。该类产品,没有同类消费品销售价格,生产成本为 10 000 元,成本利润率为 5%,高档化妆品适用 15% 的消费税税率,则确定的组成计税价格为(　　　)元。

　　A. 11 700　　　　B. 12 352.94　　C. 14 096　　　　D. 15 000

7. 委托加工收回的应税消费品由委托方收回后直接出售,应缴纳的税金有(　　　)。

　　A. 什么税都不交　　B. 消费税　　　C. 增值税　　　　D. 消费税和增值税

8. 某进出口公司 2021 年 9 月 7 日报关进口一批小轿车,海关于当日填开完税凭证,该公司进口增值税和消费税最后的纳税时间为(　　　)。

　　A. 9 月 13 日　　　B. 9 月 14 日　　C. 9 月 16 日　　　D. 9 月 21 日

9. 下列外购已税消费品用于连续生产应税消费品时,准予扣除已纳消费税额的是(　　　)。

　　A. 外购已税小汽车改装的小汽车　　　B. 外购已税烟丝生产的卷烟

　　C. 外购已税酒生产的勾兑酒　　　　　D. 外购已税两轮摩托车改装的三轮摩托车

10. 某烟草公司 2022 年 1 月销售自产卷烟 3 000 箱,取得不含增值税的价款 2 000 万元(适用税率 36%,适用税额为每箱 150 元),销售自产雪茄烟 200 箱,取得不含增值税的价款 300 万元(适用税率 36%)。该公司当月应纳消费税为(　　　)万元。

　　A. 873　　　　　　B. 975　　　　　C. 1 020　　　　　D. 1 023

四、多项选择题

1. 消费税是对我国境内从事销售、委托加工和进口应税消费品的单位和个人,就其(　　　)在特定环节征收的一种税。

　　A. 销售额　　　　　B. 所得额　　　　C. 生产额　　　　D. 销售数量

2. 与其他流转税相比,消费税具有(　　)特点。

    A. 征税环节的单一性　　　　　　　B. 税收调节的特殊性

    C. 征税项目的选择性　　　　　　　D. 征收方法的多样性

3. 下列货物征收消费税的有(　　)。

    A. 金银首饰　　　　B. 汽车轮胎　　　　C. 保健食品　　　　D. 啤酒

4. 实行从量与从价相结合复合计税征税办法的产品是(　　)。

    A. 粮食白酒　　　　B. 薯类白酒　　　　C. 卷烟　　　　D. 药酒

5. 下列各项中,应当以纳税人同类应税消费品的最高销售价格作为计税依据计算消费税的有(　　)。

    A. 将应税消费品抵偿债务

    B. 将自产应税消费品作为福利用品发放给本公司员工

    C. 将自产应税消费品作为股利进行分配

    D. 将自产应税消费品与他人换取生产设备

6. 下列各项中,不可按委托加工应税消费品的规定征收消费税的有(　　)。

    A. 受托方代垫原料,委托方提供辅助材料的

    B. 委托方提供原料和主要材料,受托方代垫部分辅助材料的

    C. 受托方负责采购委托方所需原材料的

    D. 委托方提供原料、材料和全部辅助材料的

7. 下列属于消费税征税环节的有(　　)。

    A. 生产　　　　B. 委托加工　　　　C. 进口　　　　D. 批发

8. 某化妆品公司将一批自产高档化妆品用作职工福利,其成本为 8 万元,消费税税率为 15%,消费税成本利润率为 5%,则其计税销售额(组价)为(　　)。

    A. 消费税组价为 9.88 万元　　　　　B. 消费税组价为 7.78 万元

    C. 增值税组价为 9.88 万元　　　　　D. 增值税组价为 8.8 万元

9. 在零售环节征收消费税的项目有(　　)。

    A. 金银首饰　　　　　　　　　　　B. 金银镶嵌首饰

    C. 钻石及钻石饰品　　　　　　　　D. 镀金首饰

10. 某汽车制造厂生产的小汽车应按自产自用缴纳消费税的有(　　)。

    A. 用于本厂研究所做碰撞试验　　　B. 赠送给贫困地区

    C. 移送改装加长型豪华小轿车　　　D. 供上级单位长期使用

五、案例分析

1. 圣德龙外贸公司 2022 年 1 月 28 日从日本进口一批摩托车,到岸价格和关税共计 45 万元。当月全部售出,取得含增值税的销售收入 741 195 元(摩托车的消费税税率为 10%)。

    要求:(1)计算该公司进口该批摩托车应纳的增值税和消费税。

          (2)计算该公司销售该批摩托车应纳的增值税和消费税。

2. 某卷烟厂(一般纳税人)委托某烟丝加工厂(小规模纳税人)加工一批烟丝,卷烟厂提

供的烟叶在委托加工合同上注明成本 8 万元。烟丝加工完,卷烟厂提货时,加工厂收取加工费,开具普通发票,注明金额为 1.272 万元,并代收代缴了烟丝的消费税。卷烟厂将这批加工收回的烟丝 50% 对外销售,收入 6.5 万元,另外 50% 当月全部用于生产卷烟。本月销售卷烟 40 标准箱,取得不含税收入 80 万元。

要求:计算受托方应缴的增值税和卷烟厂应缴的消费税(烟丝消费税税率为 30%,卷烟消费税税率为 56%,固定税额为每标准箱 150 元)。

六、实践训练

(一)企业概况(虚构)

企业名称:惠州市鸿运摩托车有限责任公司

企业性质:私营企业

企业法人代表:刘双

企业地址:惠州市惠城区新乐工业区

企业联系电话:0752-3619888

开户银行:中国工商银行惠州分行大湖溪支行

银行账号:4518105878143218

统一社会信用代码:11000000000001238

(二)业务模拟

李丽为该企业的税务会计,她所在的这家企业主要是生产和销售气缸容量大于 250 mL 型号的摩托车,每辆摩托车的生产成本是 22 000 元。同时该企业为一般纳税人,增值税税率为 13%,消费税税率为 10%。2021 年 3 月,该企业一共发生了以下 6 项经济业务:

(1)3 月 1 日按不含税出厂价每辆 30 000 元销售给特约经销商摩托车 30 辆,另外收取包装费和售后服务费共计 1 130 元。款项已通过银行收讫。

(2)3 月 5 日销售给某使用单位摩托车 10 辆,含税销售价 33 900 元/辆,款项已通过银行收讫。同时以银行存款支付运费以及增值税税额合计 5 450 元,取得运输单位开具的增值税专用发票。

(3)3 月 7 日将同型号摩托车 3 辆移送给本厂售后服务部使用。

(4)3 月 23 日购进一批原材料,取得的增值税专用发票上注明价款为 1 000 000 元,增值税款 130 000 元,货物已验收入库,款项以银行存款支付。

(5)3 月 24 日购进一批零部件,已付款并验收入库,取得的增值税专用发票上注明价款为 180 000 元,增值税款为 23 400 元。

(6)9 月 30 日以银行存款购入办公用品一批,取得的普通发票上注明价款为 6 000 元。

(三)实训要求

(1)根据上述资料,计算惠州市鸿运摩托车有限责任公司 2021 年 3 月应缴纳的增值税和消费税。

(2)填制消费税纳税申报表,见表 3.4。

表 3.4 其他应税消费品消费税纳税申报表

税款所属期:自　　年　　月　　日至　　年　　月　　日

纳税人名称(公章):　　　　　　　　纳税人识别号(统一社会信用代码):

填表日期:　　年　　月　　日　　　　　　　　　金额单位:元(列至角分)

应税消费品名称	适用税率	销售数量	销售额	应纳税额
合　计				

本期准予抵减税额:	声　明 　　此纳税申报表是根据国家税收法律的规定填报的,我确定它是真实的、可靠的、完整的。
本期减(免)税额:	经办人(签章): 财务负责人(签章): 联系电话:
期初未缴税额:	
本期缴纳前期应纳税额:	(如果你已委托代理人申报,请填写) 授权声明 　　为代理一切税务事宜,现授权＿＿＿
本期预缴税额:	＿＿＿＿＿＿＿＿＿(地址)＿＿＿
本期应补(退)税额:	＿＿＿＿＿＿＿＿＿＿＿为本纳税人的代理申报人,任何与本申报表有关的往来文件,都可寄予此人。
期末未缴税额:	授权人签章:

以下由税务机关填写

受理人(签章):　　　　　　　受理日期:　　年　　月　　日　受理税务机关(章):

知识运用与实训标准答案

第四章 关税法

【知识点拨】

关税是一个古老的税种,是维护国家主权和经济权益的重要手段,为世界各国所重视和普遍开征。在我国,关税是流转税的重要组成部分,改革开放至今,关税的法律制度几经改革和完善,逐步与 WTO 规则及国际准则惯例相衔接。本章的重点是关税税制构成要素、进出口应纳税额的计算,难点是关税的分类、关税完税价格的确定。

【知识引读】

关税自主是国家主权独立的标志

关税自主是一个国家独立自主制定本国关税,管理本国的海关和处理海关收支的权力。关税自主也是一个国家主权独立的标志。1840 年鸦片战争以后,中国由于受不平等条约的约束,丧失了关税自主权,被迫正式任命英国人为中国海关总税务司,中国海关成为帝国主义侵华工具。因此,收回关税自主权成为中国人民反帝爱国斗争的重要使命。中国共产党和改组后的中国国民党都明确提出废除不平等条约、要求关税自主的主张。1928 年 6 月,国民政府发表"改订新约"的对外宣言,关税自主为其两项主要内容之一。同年 7 月,国民政府与美国首先签订了《中美关税条约》。随后,又先后同挪威、比利时、意大利、丹麦、葡萄牙、荷兰、英国、瑞典、法国、西班牙等国缔结了友好通商条约和新的关税条约。国民政府把关税会议时各国承认的七级税则公布为国定税则,并声明自 1929 年 2 月 1 日起实行。到 1930 年,日本也终于同意了《中日关税协定》。国民政府经过这些"改订新约"的措施,在关税自主权上取得了一些进展,但这只是帝国主义所做的某些让步,海关行政管理权仍掌握在外国人手里,中国政府仍不能完全自主地制定税率。直到中华人民共和国成立,中国人民才真正获得关税自主权。

从以上引读中可以看出,关税不仅会影响国际贸易往来,而且对国家之间的政治经济关系也会产生巨大的影响。那么,什么是关税? 关税有什么特点? 关税有哪些分类? 它的税率是怎么规定的? 关税应纳税额又是如何计算的? 本章内容将对这些问题进行阐述。

第一节 关税概述

一、关税的含义

关税是海关依法对进出境货物、物品征收的一种税。

关税的征税对象是进出境的货物和物品。关税是对有形的货品征税,而对无形的货品(如无形资产)则不征关税。

其中,"货物"是指贸易性商品;"物品"是指入境旅客携带的行李物品、个人邮递物品、各种运输工具上的服务人员携带进口的自用物品、馈赠物品以及其他方式进境的个人物品。"进出境"是指进出关境,进出口的货物通过海关进出关境。一般情况下,一国的关境和国境是一致的,但当一个国家在境内设立自由贸易区或自由港时,国境大于关境;当几个国家结成关税同盟,组成统一的关境,实施统一的关税法令和统一的对外税则,只对来自或运往其他国家的货物进出共同关境时征收关税,则国境小于关境,如欧洲联盟。

因为进出境的货物要通过海关进行监督管理,为了便于征税,税法规定海关为关税的征税机关。

【知识卡片4.1】

对进出口货物征税是海关的基本任务之一

中华人民共和国海关是国家的进出境监督管理机关,实行垂直管理体制,在组织机构上分为3个层次:第一层次是海关总署;第二层次是广东分署,天津、上海两个特派员办事处,41个直属海关和两所海关学校(上海海关学院和秦皇岛海关学校);第三层次是各直属海关下辖的562个隶属海关机构。依照《中华人民共和国海关法》(简称《海关法》)等有关法律、法规,中国海关主要承担4项基本任务:监管进出境运输工具、货物、物品;征收关税和其他税、费;查缉走私;编制海关统计和办理其他海关业务。

二、关税的特点

关税作为独特的税种,除了具有一般税收的特点以外,还具有以下特点:

(1)关税与海关紧密联结,一是对通过海关进出境的货物征税,二是由海关作为征税机关。

(2)关税是单一环节的价外税。关税的完税价格中不包括关税,即在征收关税时,是以实际成交价格为计税依据,关税不包括在内。但海关代为征收增值税、消费税时,其计税依据包括关税在内。

(3)有较强的涉外性。关税只对进出境的货物和物品征收,关税税种的设置、税率的调整和征收办法的改变等,都会影响到国际贸易往来和商品流通。关税政策、关税措施也往往和经济政策、外交政策紧密相关,具有涉外性。

【知识卡片4.2】

林则徐赋税思想

林则徐是中国近代初期第一个放眼看世界的伟大的政治家和先进的思想家。他在国家财政方面主张严禁鸦片堵塞漏卮,以培国本。为克服鸦片走私带来的"银荒",林则徐建议"减浮费"以使商民获得比较稳定可靠的盈利,即减轻封建政府对开矿商民所征收的各种捐税。林则徐在经济方面主张开展正常的对外贸易,认为开征关税可使国家获利,并主张用关税收入制造新式武器,加强国防力量。他说:"收其利者,必须预防其害。若前此以关税十分之一制炮造船,则制夷已可裕如,何至尚形棘手?"这是林则徐"以夷制夷"思想在赋税方面的体现。

三、关税的分类

依据不同的标准,可以将关税进行多种分类。

(一)按货物的流向进行分类

按货物的流向进行分类,可将关税分为进口关税、出口关税和过境关税。

1.进口关税

进口关税是海关对进口货物和物品所征收的关税。进口关税是保护关税政策的主要手段,在各国财政收入中占一定地位。

进口关税有正税和附加税之分。正税是按照税则中法定税率征收的进口关税;附加税则是在征收进口正税的基础上额外加征的关税,主要为了在保护本国生产和增加财政收入两个方面,用以补充正税的不足,通常属于临时性的限制进口措施。附加税的目的和名称繁多,如反倾销税、反补贴税、报复关税、紧急进口关税等。

【知识卡片4.3】

何为免税店?

免税店指经海关总署批准,由经营单位在中华人民共和国国务院或其授权部门批准的地点设立的符合海关监管要求的销售场所和存放免税品的监管仓库,向规定的对象,主要有因公出国人员、远洋海员、华侨、外籍华人、港澳台同胞、出国探亲的中国公民及在国内的外国专家等销售、供应免税品的商店。目前,我国境内的免税店主要有口岸免税店、运输工具免税店、市内免税店、外交人员免税店、供船免税店及我国出国人员外汇免税商店。免税店经营的免税品品种,应由经营单位统一报经海关总署批准。免税店销售的免税进口烟草制品和酒精饮料内、外包装的显著位置上均加印"中国关税未付"(China Duty Not Paid)中、英文字样。

2.出口关税

出口关税是海关对出口货物和物品所征收的关税。因为征收出口关税增加了出口货物的成本,会提高本国产品在国外的售价,因此降低了同别国产品的市场竞争能力,不利于扩大出口。目前,各发达国家一般都取消了出口关税。也有部分国家基于限制本国某些产品或自然资源的输出等原因,对部分出口货物征收出口关税。

3.过境关税

过境关税是对过境货物所征收的关税,也称"通过税"。过境货物是指由境外启运,通过境内继续运往境外的货物。过境货物在海关监管下进出境,不准流入本国市场,对本国生产没有影响。但如果允许过境货物自由通过本国,则不仅有利于国际贸易的开展,而且可以增加本国港口、仓储、运输等部门的收入。因此,19世纪后半期,各国相继取消过境关税,仅在外国货物通过时征收少量的签证费、印花税、统计费等。

（二）按征税标准进行分类

按征税标准进行分类，可将关税分为从量税、从价税、复合税、选择税、滑准税。

1. 从量税

按货物的计量单位（重量、长度、面积、容积、数量等）作为征税标准，以每一计量单位应纳的关税金额作为税率，称为从量税。

2. 从价税

以货物的价格作为征税标准而征收的税称为从价税。经海关审定作为计征关税依据的价格称为完税价格，目前多数国家以到岸价格作为完税价格。以完税价格乘以关税税则中规定的税率，就可得出应纳的税额。

3. 复合税

复合税又称混合税。在税则的同一税目中，定有从价和从量两种税率，征税时既采用从量又采用从价两种税率计征税款的，称为复合税。我国目前继续对感光材料、冻鸡产品等51个税目的商品实行复合税征收方式。

4. 选择税

在税则的同一税目，定有从价和从量两种税率，征税时由海关选择其中一种计征的称为选择税。实行选择税多根据产品价格高低而定。当物价上涨时，使用从价税；在物价下跌时，使用从量税。这样，不仅能保证国家的财政收入，还可以较好地发挥保护本国产业的作用。

5. 滑动税

滑动税又称滑准税，在税则中预先按产品的价格高低分档制定若干不同的税率，然后根据进出口商品价格的变动而增减进出口关税率的一种关税。当商品价格上涨，采用较低税率，而商品价格下跌则采用较高税率，其目的是使该种商品的国内市场价格保持稳定，免受或少受国际市场价格波动的影响。滑动税的优点在于它能平衡物价，保护国内产业发展。2017年，我国继续对配额外进口的一定数量棉花实施滑准税。

（三）按税收待遇进行分类

按税收待遇进行分类，关税可分为普通关税、优惠关税和差别关税3种。它们主要适用于进口关税。

1. 普通关税

普通关税又称一般关税，是对与本国没有签署贸易或经济互惠等友好协定的国家原产的货物征收的非优惠性关税。普通关税与优惠关税的税率差别一般较大。

2. 优惠关税

优惠关税一般是互惠关税，即优惠协定的双方互相给对方优惠关税待遇，但也有单向优惠关税，即只对受惠国给予优惠待遇，而没有反向优惠。优惠关税一般有特定优惠关税、普遍优惠关税和最惠国待遇3种。

（1）特定优惠关税又称特惠税，是指某一国家对另一国家或某些国家对另外一些国家的某些方面予以特定优惠关税待遇，而他国不得享受的一种关税制度。

(2)普遍优惠关税,简称"普惠制",是指发达国家对从发展中国家或地区输入的产品,特别是制成品和半制成品普遍给予优惠关税待遇的一种制度,因此普惠制还可称为普税制。

【知识卡片4.4】

欧盟32国取消对华关税普惠

中国海关总署公告称,自2021年12月1日起,对输往欧盟成员国、英国、加拿大、土耳其、乌克兰和列支敦士登等地货物,不再签发普惠制原产地证书,从而证实了欧洲国家已不再给予中国普惠制关税优惠待遇的消息。这种对于关税的高减免,曾为中国外贸增长和产业发展提供了很大助力,但随着中国经济、国际贸易地位的逐步提升,越来越多的国家和地区决定不再给予中国关税优惠。此次32国不再对华签普惠,就说明中国普惠制"毕业"了,这是世界对中国发展的认可。虽然说取消"普惠制"待遇的确会让一些中国出口企业失去关税优惠,但整体而言,中国早就过了靠关税优惠赢得市场的阶段了,所以此次西方国家对中国取消普惠制优惠税率不会对中国出口商品产生大的影响。与此同时,中国不会沉湎于别人给的一些优惠待遇,会选择主动出去,加快扩建自贸区"朋友圈"。

(3)最惠国待遇,是国际贸易协定的一项重要内容,它规定缔约国双方相互间现在和将来所给予任何第三国的优惠待遇,同样适用于对方。

3.差别关税

差别关税实际上是保护主义政策的产物,是保护一国产业所采取的特别手段。

一般意义上的差别关税主要分为加重关税、反补贴关税、反倾销关税、报复关税等。

(1)加重关税。加重关税是出于某种原因或为达到某种目的,而对某国货物或某种货物的输入加重征收的关税,如间接输入货物加重税等。

【知识卡片4.5】

关税互相加征成中美贸易战手段之一

美国政府宣布,自2019年5月10日起,对从中国进口的2 000亿美元清单商品加征的关税税率由10%提高到25%。美方上述措施导致中美经贸摩擦升级,违背中美双方通过磋商解决贸易分歧的共识,损害双方利益,不符合国际社会的普遍期待。为捍卫多边贸易体制,捍卫自身合法权益,中方不得不对原产于美国的部分进口商品调整加征关税措施。根据《中华人民共和国对外贸易法》《中华人民共和国进出口关税条例》等法律法规和国际法基本原则,经党中央、国务院批准,国务院关税税则委员会决定,自2019年6月1日0时起,对已实施加征关税的600亿美元清单美国商品中的部分,提高加征关税税率,分别实施25%、20%或10%加征关税。对之前加征5%关税的税目商品,仍继续加征5%关税。

(2)反补贴关税。反补贴关税又称抵消关税,它是对接受任何津贴或补贴的外国进口货物所附加征收的一种关税。货物输出国为了加强本国输出产品在国际市场的竞争能力,往往对输出产品予以津贴、补贴或奖励,以降低成本,廉价销售于国外市场。输入国为防止他国补贴货物进入本国市场,威胁本国产业正常发展,征收反补贴关税,以抵消别国输入货物因接受补贴、津贴或奖励所形成的竞争优势。

（3）反倾销关税。反倾销关税即对外国的倾销商品,在征收正常进口关税的同时附加征收的一种关税。

（4）报复关税。报复关税是指他国政府以不公正、不平等、不友好的态度对待本国输出的货物时,为维护本国利益,报复该国对本国输出货物的不公正、不平等、不友好,对该国输入本国的货物加重征收的关税。

四、关税的纳税人

进口货物的收货人、出口货物的发货人、进出境物品的所有人,是关税的纳税义务人。进出口货物的收、发货人是依法取得对外贸易经营权的进口或者出口货物的法人或者其他社会团体。进出境物品的所有人包括该物品的所有人和推定为所有人的人。一般情况下,对于携带进境的物品,推定其携带人为所有人;对分离运输的行李,推定相应的进出境旅客为所有人;对以邮递方式进境的物品,推定其收件人为所有人;以邮递或其他运输方式出境的物品,推定其寄件人或托运人为所有人。

【知识卡片 4.6 】

香港奶粉"限带令"生效　海关加大打击"水货客"力度

从 2013 年 3 月 1 日开始,香港特区政府颁布的"限制婴幼儿奶粉出境"正式实施,离境人士每天只可携带不超过 1.8 kg(约两罐)奶粉离境。若违反即属犯罪,可罚款 50 万元(港元)及监禁 2 年。

五、关税税则和税率

（一）进出口关税税则概况

进出口关税则是一国政府根据国家关税政策和经济政策,通过一定的立法程序制定并公布实施的进出口货物和物品应税的关税税率表。进出口关税则以税率表为主体,通常还包括实施税则的法令、使用税则的有关说明和附录等。《中华人民共和国海关进出口税则》是我国海关凭以征收关税的法律依据,也是我国关税政策的具体体现。

税率表作为税则主体,包括税则商品分类目录和税率栏两大部分。

我国现行进口关税为四栏税率,出口关税为一栏税率。

从 1992 年 1 月至今,我国实施了以《商品名称及编码协调制度》(简称"HS")为基础的进出口税则。

【知识卡片 4.7 】

表 4.1　2017 版进出口税则(节选版)

商品编号	商品名称	进口从价税税率		进口从量税税率	
		最惠国/%	普通/%	最惠国	普通
0207142200	冻鸡爪	0	0		
1001100001	硬粒小麦	0.01	1.8		

续表

商品编号	商品名称	进口从价税税率		进口从量税税率	
		最惠国/%	普通/%	最惠国	普 通
3304100000	唇用化妆品	0.1	1.5		
8518301000	蓝牙耳机	0	4		
8708704000	中小型货车用车轮及其零件	1	45		

HS 是一部科学、系统的国际贸易商品分类体系,适合与国际贸易有关的多方面的需要,如海关、统计、贸易、运输、生产等,成为国际贸易商品分类的一种"标准语言"。

(1)总体结构。HS 的总体结构有 3 个部分:一是归类总规则,共六条,规定了分类原则和方法,以保证对 HS 使用和解释的一致性,使某一具体商品能够始终归入一个唯一编码;二是类、章、目和子目注释,严格界定了相应的商品范围,阐述专用术语的定义或区分某些商品的技术标准及界限;三是按顺序编排的目与子目编码及条文,采用六位编码,将所有商品分为 21 类、97 章(其中 77 章是留作备用的空章),章下再分为目和子目。缩码前两位数代表"章",前四位数代表"目",五、六位数代表"子目"。

(2)类。HS 中的"类"基本上按社会生产部类分类,将属于同一生产部类的产品归在同一类中,如农业在第一、二类,化学工业在第六类,纺织工业在第十一类,冶金工业在第十五类,机电制造业在第十六类。

(3)章。HS 的"章"的分类有两种情况:一是按商品原材料的属性分类,相同原料的产品一般归入同一章,在章内按产品加工程度从原料到成品顺序排列;二是按商品的用途或性能分类,制造业的许多产品很难按其原料分类,尤其是可用多种材料制作的产品或由混合材料制成的产品,如鞋、帽等。

(4)子目。我国现行税则采用八位编码,前六位采用 HS 编码,第七、八位为我国根据中国进出口商品的实际情况,在 HS 基础上延伸的两位编码,也称为增列税目。

(二)进口关税税率

在我国加入 WTO 之后,为履行我国在加入 WTO 关税减让谈判中承诺的有关义务,享有WTO 成员应有的权利,根据《中华人民共和国进出口关税条例》,自 2004 年 1 月 1 日起,我国进口关税设有最惠国税率、协定税率、特惠税率、普通税率、关税配额税率等税率形式,对进口货物在一定期限内可以实行暂定税率。

【知识卡片4.8】

智能马桶盖进口关税税率

这几年日本智能马桶盖逐渐在中国走红,其温水冲洗,无须再用纸巾的新卫生理念,让许多使用过智能马桶和想使用它的人趋之若鹜,所以造成了国人都到日本疯抢马桶盖的现象。这也是继日本电饭煲后,日本马桶盖成为新一代赴日必购产品。那么智能马桶盖的进口关税税率是多少呢?若作为货运物品税率:归入税则号列 85167990 "未列名电热器具",

最惠国关税税率为32%,普通关税税率为100%,暂定税率为16%;若作为进境物品税率:归入税则号列11029900"其他卫生间用具",税率为30%。

最惠国税率适用原产于与我国共同适用最惠国待遇条款的WTO成员国或地区的进口货物,或原产于与我国签订有相互给予最惠国待遇条款的双边贸易协定的国家或地区进口的货物,以及原产于我国境内的进口货物。

协定税率适用原产于我国参加的含有关税优惠条款的区域性贸易协定的有关缔约方的进口货物。目前对原产于韩国、斯里兰卡和孟加拉国3个曼谷协定成员的739个税目进口商品实行协定税率(即曼谷协定税率)。

特惠税率适用原产于与我国签订有特殊优惠关税协定的国家或地区的进口货物。目前对原产于孟加拉国的18个税目进口商品实行特惠税率(即曼谷协定特惠税率)。

普通税率适用于原产于上述国家或地区以外的其他国家或地区的进口货物,以及原产地不明的进口货物。按照普通税率征税的进口货物,经国务院关税税则委员会特别批准,可以适用最惠国税率。适用最惠国税率、协定税率、特惠税率的国家或者地区名单,由国务院关税税则委员会决定。

【知识卡片4.9】

我国给予非洲最不发达国家部分输华商品零关税待遇

为帮助非洲最不发达国家扩大对华出口、发展经济,深化中非友好合作,推动中非新型战略伙伴关系发展,国家领导人多次在中非合作论坛的会议中宣布给予非洲最不发达国家部分输华商品零关税待遇。根据WTO的规定,WTO的任何成员向最不发达国家提供的优惠待遇均可不必在最惠国待遇基础上对其他成员提供同样的待遇。

(三)出口关税税率

我国出口关税为一栏税率,即出口关税率,国家仅对少数资源性产品及易于竞相杀价、盲目进口、需要规范出口秩序的半制成品征收出口关税。现行税则对铬铁等213项出口商品征收出口关税,其中有50项暂定税率为零。

【知识卡片4.10】

中国签署的RCEP于2022年1月1日起生效

坚持高水平开放是"十四五"时期的重要发展要求。当前,世界面临百年未有之大变局,单边主义和贸易保护主义的破坏性作用不断发酵,给我国外向型经济发展带来新的挑战和压力。党的十九大以来,党中央科学把握国际形势的变化,采取一系列新的开放举措,其中一项就是签署申请加入《区域全面经济伙伴关系协定》(RCEP),并于2022年1月1日起生效。RCEP涵盖了全球30%的人口、29%的GDP以及27%的贸易量,RCEP生效后,就将是世界上参与人口最多、经贸规模最大、最具发展潜力的巨大的经济圈,也是全球规模最大的自由贸易区。可想而知,RCEP能给中国带来怎样的海外市场。对于普通民众来说,能以更优惠的价格获得商品,比如从日本进口电子游戏机、玩具等产品的税率将调整为0%。不仅如此,按照RCEP的计划,成员国之间90%的货物贸易将实现零关税。

六、原产地规定

确定进境货物原产国的主要原因之一,是便于正确运用进口税则的各栏税率,对产自不同国家或地区的进口货物适用不同的关税税率。我国原产地规定基本上采用了"全部产地生产标准""实质性加工标准"两种国际上通用的原产地标准。

（一）全部产地生产标准

全部产地生产标准是指进口货物"完全在一个国家内生产或制造",生产或制造国即为该货物的原产国。完全在一国生产或制造的进口货物包括:

（1）在该国领土或领海内开采的矿产品。

（2）在该国领土上收获或采集的植物产品。

（3）在该国领土上出生或由该国饲养的活动物及从其所得产品。

（4）在该国领土上狩猎或捕捞所得的产品。

（5）在该国的船只上卸下的海洋捕捞物,以及由该国船只在海上取得的其他产品。

（6）在该国加工船加工上述第5项所列物品所得的产品。

（7）在该国收集的只适用于做再加工制造的废碎料和废旧物品。

（8）在该国完全使用上述（1）至（7）项所列产品加工成的制成品。

（二）实质性加工标准

实质性加工标准是适用于确定有两个或两个以上国家参与生产的产品的原产国的标准。其基本含义是:经过几个国家加工、制造的进口货物,以最后一个对货物进行经济上可以视为实质性加工的国家作为有关货物的原产国。"实质性加工"是指产品加工后,在进出口税则中四位数税号一级的税则归类已经有了改变,或者加工增值部分所占新产品总值的比例已超过30%的。

（三）其他

对机器、仪器、器材或车辆所用零件、部件、配件、备件及工具,如与主件同时进口且数量合理的,其原产地按主件的原产地确定,分别进口的则按各自的原产地确定。

七、关税的税收优惠

关税减免是对某些纳税人和征税对象给予鼓励和照顾的一种特殊调节手段。正是有了这一手段,使关税政策工作兼顾了普遍性和特殊性、原则性和灵活性。因此,关税减免是贯彻国家关税政策的一项重要措施。关税减免分为法定减免税、特定减免税和临时减免税。根据《海关法》的规定,除法定减免税外的其他减免税均由国务院决定。减征关税在我国加入世界贸易组织之前以税则规定税率为基准,在我国加入世界贸易组织之后以最惠国税率或者普通税率为基准。

（一）法定减免税

法定减免税是税法中明确列出的减税或免税。符合税法规定可予减免税的进出口货物,纳税义务人无须提出申请,海关可按规定直接予以减免税。海关对法定减免税货物一般不进行后续管理。

1. 下列进出口货物,免征关税

(1)关税税额在人民币 50 元以下的货物。

(2)无商业价值的广告品和货样。

(3)外国政府、国际组织无偿赠送的物资。

(4)在海关放行前损失的货物。

(5)进出境运输工具装载的途中必需的燃料、物料和饮食用品。

在海关放行前遭受损坏的货物,可以根据海关认定的受损程度减征关税。

出于品质或者规格原因,出口货物自出口之日起 1 年内原状复运进境的,不征收进口关税。出于品质或者规格原因,进口货物自进口之日起 1 年内原状复运出境的,不征收出口关税。

2. 下列进出口货物,可以暂不缴纳关税

经海关批准暂时进境或者暂时出境的下列货物,在进境或者出境时纳税义务人向海关缴纳相当于应纳税款的保证金或者提供其他担保的,可以暂不缴纳关税,并应当自进境或者出境之日起 6 个月内复运出境或者复运进境;经纳税义务人申请,海关可以根据海关总署的规定延长复运出境或者复运进境的期限:

(1)在展览会、交易会、会议及类似活动中展示或者使用的货物。

(2)文化、体育交流活动中使用的表演、比赛用品。

(3)进行新闻报道或者摄制电影、电视节目使用的仪器、设备及用品。

(4)开展科研、教学、医疗活动使用的仪器、设备及用品。

(5)在第(1)项至第(4)项所列活动中使用的交通工具及特种车辆。

(6)货样。

(7)供安装、调试、检测设备时使用的仪器、工具。

(8)盛装货物的容器。

(9)其他用于非商业目的的货物。

以上所列暂准进境货物在规定的期限内未复运出境的,或者暂准出境货物在规定的期限内未复运进境的,海关应当依法征收关税。

以上所列可以暂时免征关税范围以外的其他暂准进境货物,应当按照该货物的完税价格和其在境内滞留时间与折旧时间的比例计算征收进口关税。具体办法由海关总署规定。

出于残损、短少、品质不良或者规格不符原因,由进出口货物的发货人、承运人或者保险公司免费补偿或者更换的相同货物,进出口时不征收关税。被免费更换的原进口货物不退运出境或者原出口货物不退运进境的,海关应当对原进出口货物重新按照规定征收关税。

3. 下列进出口货物,可申请退还关税

有下列情形之一的,纳税义务人自缴纳税款之日起 1 年内,可以申请退还关税,并应当以书面形式向海关说明理由,提供原缴款凭证及相关资料:

(1)已征进口关税的货物,出于品质或者规格原因,原状退货复运出境的。

(2)已征出口关税的货物,出于品质或者规格原因,原状退货复运进境,并已重新缴纳因出口而退还的国内环节有关税收的。

(3)已征出口关税的货物,因故未装运出口,申报退关的。

海关应当自受理退税申请之日起 30 日内查实并通知纳税义务人办理退还手续。纳税义务人应当自收到通知之日起 3 个月内办理有关退税手续。

按照其他有关法律、行政法规规定应当退还关税的,海关应当按照有关法律、行政法规的规定退税。

(二)特定减免税

在法定减免税之外,国家按照国际通行规则和我国实际情况制定发布的有关进出口货物减免关税的政策,称为特定或政策性减免税。特定减免税货物一般有地区、企业和用途的限制,海关需要进行后续管理,也需进行减免税统计。下列进出口货物,可采用特定减免税:

(1)科教用品。

(2)残疾人专用品。

(3)扶贫、慈善性捐赠物资。

(4)加工贸易产品。

(5)边境贸易进口物资。

(6)保税区进出口货物。

(7)出口加工区进出口货物。

(8)进口设备。

(9)特定行业或用途的减免税政策。

(10)特定地区的减免税政策。

(三)临时减免税

临时减免税是指以上法定和特定减免税以外的其他减免税,即由国务院根据《海关法》对某个单位、某类商品、某个项目或某批进出口货物的特殊情况给予特别照顾,一案一批。

【知识卡片4.11】

海南自由贸易港"零关税"

2020 年 6 月 1 日,《海南自由贸易港建设总体方案》正式发布。根据《海南自由贸易港建设总体方案》,"2025 年前,适时全面开展全岛封关运作准备工作情况评估,查堵安全漏洞。待条件成熟后再实施全岛封关运作,不再保留洋浦保税港区、海口综合保税区等海关特殊监管区域"。"全岛封关运作前,对部分进口商品,免征进口关税、进口环节增值税和消费税。全岛封关运作、简并税制后,对进口征税商品目录以外、允许海南自由贸易港进口的商品,免征进口关税。"2020 年 12 月 29 日,财政部、海关总署、国家税务总局对外发布了《关于海南自由贸易港交通工具及游艇"零关税"政策的通知》。按照政策法规,从事交通运输、旅游业的企业,以运营的名义购买的汽车、飞机、游艇等交通工具,给予其免征进口关税,免征进口环节增值税、消费税。因此,海外售价仅 18.6 万欧元的兰博基尼 Urus,在海南自贸区免税进口的话,150 万元人民币就可买下。

第二节　关税应纳税额的计算

一、关税的完税价格

（一）一般进口货物的完税价格

根据《中华人民共和国海关审定进出口货物完税价格办法》的规定，进口货物的完税价格由海关以货物的成交价格为基础审查确定，并应当包括该货物运抵中华人民共和国境内输入地点起卸前的运输及其相关费用、保险费。

（1）进口货物的成交价格，是指卖方向中华人民共和国境内销售该货物时，买方为进口该货物向卖方实付、应付的并按照规定调整后的价款总额，包括直接支付的价款和间接支付的价款。进口货物的成交价格应当符合下列条件：

①对买方处置或者使用进口货物不予限制，但法律、行政法规规定实施的限制，对货物销售地域的限制和对货物价格无实质性影响的限制除外。

②进口货物的成交价格不得受到使该货物成交价格无法确定的条件或因素的影响。

③卖方不得直接或者间接获得因买方销售、处置或者使用进口货物而产生的任何收益，或者虽有收益但能够按照规定进行调整。

④买卖双方没有特殊关系，或者虽有特殊关系但未对成交价格产生影响。

对于进口货物的成交价格不符合规定条件的，或者成交价格不能确定的，在客观上无法采用货物的实际成交价格时，海关经了解有关情况，并与纳税义务人进行价格磋商后，依次使用下列方法估定该货物的完税价格：相同货物成交价格方法、类似货物成交价格方法、倒扣价格方法、计算价格方法、其他合理方法。

（2）以成交价格为基础审查确定进口货物的完税价格时，未包括在该货物实付、应付价格的下列费用或者价值应当计入完税价格：

①由买方负担的购货佣金以外的佣金和经纪费。购货佣金是指买方为购买进口货物向自己的采购代理人支付的劳务费用。经纪费是指买方为购买进口货物向代表买卖双方利益的经纪人支付的劳务费用。

②由买方负担的在审查确定完税价格时与该货物视为一体的容器的费用。

③由买方负担的包装材料费用和包装劳务费用。

④与该货物的生产和向中华人民共和国境内销售有关的，由买方以免费或者以低于成本的方式提供并可以按适当比例分摊的料件、工具、模具、消耗材料及类似货物的价款，以及在境外开发、设计等相关服务的费用。

⑤作为该货物向中华人民共和国境内销售的条件，买方必须支付的、与该货物有关的特许权使用费。

⑥卖方直接或者间接从买方获得的该货物进口后转售、处置或者使用的收益。

以上所述的费用或价值，应当由进口货物的收货人向海关提供客观量化的数据资料。如果没有客观量化的数据资料，完税价格将由海关根据《中华人民共和国海关审定进出口货物完税价格办法》规定的办法审定。

（3）进口时在货物的价款中列明的下列税收、费用，不计入该货物的完税价格：

①厂房、机械、设备等货物进口后进行建设、安装、装配、维修和技术服务的费用。

②进口货物运抵境内输入地点起卸后的运输及其相关费用、保险费。

③进口关税及其他国内税收。

④卖方支付给买方的正常价格回扣。

（4）进口货物到岸价格的确定。

进口货物的成交价格，因有不同的成交条件而有不同的价格形式，常用的价格条款有 FOB、CFR、CIF 三种。FOB 和 CFR 条件成交的进口货物，在计算税款时应先把进出货物的申报价格折算成 CIF 价。

FOB 是"船上交货"的价格术语简称。这一价格术语是指卖方在合同规定的装运港把货物装上买方指定的船上，并负责承担货物装上船为止的一切费用和风险，又称"离岸价格"。CFR 是"成本加运费"的价格术语简称，又称"离岸加运费价格"。这一价格术语是指卖方负责将合同规定的货物装上买方指定运往目的港的船上，并负责货物装上船为止的一切费用和承担其风险，并支付运费。CIF 是"成本加运费、保险费"的价格术语简称，习惯上又称"到岸价格"。这一价格术语是指卖方负责将合同规定的货物装上买方指定运往目的港的船上，办理保险手续，并负责支付运费和保险费。

一般来说，上述三种价格主要根据成交价格是否包含离岸之后发生的运输费、保险费和其他费用来确定，所以要将 FOB 和 CFR 价格折算成 CIF 价，要考虑这些离岸发生的相关费用。

进口货物的运费应当按照实际支付的费用计算，如果进口货物的运费无法确定，海关应当按照该货物的实际运输成本或者该货物进口同期运输行业公布的运费率（额）计算运费。

进口货物的保险费应当按照实际支付的费用计算，如果进口货物的保险费无法确定或者未实际发生，海关应当按照"货价加运费"两者总额的3‰计算保险费，其计算公式如下：

$$保险费 = （货价 + 运费） \times 3‰$$

邮运进口的货物，应当以邮费作为运输及其相关费用、保险费。

以境外边境口岸价格条件成交的铁路或者公路运输进口货物，海关应当按照境外边境口岸价格的1%计算运输及其相关费用、保险费。

（二）特殊进口货物的完税价格

1.运往境外修理的货物

运往境外修理的机械器具、运输工具或其他货物，出境时已向海关报明，并在海关规定期限内复运进境的，应当以海关审定的境外修理费和料件费，以及该货物复运进境的运输及其相关费用、保险费估定完税价格。

2.运往境外加工的货物

运往境外加工的货物，出境时已向海关报明，并在海关规定期限内复运进境的，应当以海关审定的境外加工费和料件费，以及该货物复运进境的运输及其相关费用、保险费估定完税价格。

3.暂时进境货物

对于经海关批准的暂时进境的货物,应当按照一般进口货物估价办法的规定,估定完税价格。

4.租赁方式进口货物

租赁方式进口的货物中,以租金方式对外支付的租赁货物,在租赁期间以海关审定的租金作为完税价格,利息应当予以计入;留购的租赁货物,以海关审定的留购价格作为完税价格;承租人申请一次性缴纳税款的,经海关同意,按照一般进口货物估价办法的规定估定完税价格。

5.留购的进口货样

对于境内留购的进口货样、展览品和广告陈列品,以海关审定的留购价格作为完税价格。

6.予以补税的减免税货物

减税或免税进口的货物需补税时,应当以海关审定的该货物原进口时的价格,扣除折旧部分作为完税价格,其计算公式如下:

$$完税价格 = 海关审定的该货物原进口时的价格 \times [1 - 补税时实际已进口的时间(月) \div (监管年限 \times 12)]$$

公式中,补税时实际已进口的时间按月计算,不足 1 个月但是超过 15 日的,按照 1 个月计算,不超过 15 日的,不予计算。

(三)出口货物的完税价格

出口货物的完税价格由海关以该货物的成交价格为基础审查确定,并应当包括货物运至中华人民共和国境内输出地点装载前的运输及其他相关费用、保险费。

1.以成交价格为基础的完税价格

出口货物的成交价格,是指该货物出口销售时,卖方为出口该货物应当向买方直接收取和间接收取的价款总额。出口货物应以海关审定的成交价格为基础的售予境外的离岸价格扣除出口关税后作为完税价格。即:

$$完税价格 = 离岸价格 - 出口关税$$
$$= 离岸价格 \div (1 + 出口税率)$$

下列税收、费用不计入出口货物的完税价格:

(1)出口关税。

(2)在货物价款中单独列明的货物运至中华人民共和国境内输出地点装载后的运输及其相关费用、保险费。

(3)在货物价款中单独列明由卖方承担的佣金。

2.海关估定方法

出口货物的成交价格不能确定的,海关经了解有关情况,并与纳税义务人进行价格磋商后,依次以下列价格审查确定该货物的完税价格:

(1)同时或者大约同时向同一国家或者地区出口的相同货物的成交价格。

(2)同时或者大约同时向同一国家或者地区出口的类似货物的成交价格。

（3）根据境内生产相同或者类似货物的成本、利润和一般费用（包括直接费用和间接费用）、境内发生的运输及其相关费用、保险费计算所得的价格。

（4）按照合理方法估定的价格。

二、关税应纳税额的计算

（一）从价税应纳税额的计算

关税税额 = 应税进（出）口货物数量 × 单位完税价格 × 税率

【案例4.1】

某公司从德国进口钢铁盘条10万t，其成交价格为CIF天津新港125 000美元，外汇牌价为1美元=6.52人民币元，关税税率为15%。请计算该公司应纳关税税额。

解析：完税价格 = 125 000 × 6.52 = 815 000（元）

应纳关税税额 = 815 000 × 15% = 122 250（元）

【案例4.2】

我国某公司从国外进口一批厚钢板共计100 000 kg，成交价格为FOB伦敦2.5英镑/kg，已知单位运费为0.5英镑，保险费率为0.25%，外汇牌价为1英镑=11.577人民币元，关税税率为10%。请计算该公司应纳关税税额。

解析：完税价格 = （FOB价 + 运费）×（1 + 保险费率）=（2.5 + 0.5）×（1 + 0.25%）× 11.577
= 34.82（元）

应纳关税税额 = 34.82 × 100 000 × 10% = 348 200（元）

【案例4.3】

某商贸公司进口化妆品一批，支付国外的货款220万元、国外的采购代理人佣金6万元、国外的经纪费4万元；支付运抵我国海关地前的运输费用20万元、装卸费用和保险费用11万元；支付海关地再运往商贸公司的运输费用8万元、装卸费用和保险费用3万元。请分别计算该公司进口环节应缴纳的关税、消费税、增值税（关税税率为20%，消费税税率为30%）。

解析：进口环节应缴纳关税 =（220 + 4 + 20 + 11）× 20% = 51（万元）

进口环节应缴纳消费税 =（220 + 4 + 20 + 11 + 51）÷（1 − 30%）× 30% = 131.14（万元）

进口环节应缴纳增值税 =（220 + 4 + 20 + 11 + 51 + 131.14）× 13% = 56.83（万元）

（二）从量税应纳税额的计算

关税税额 = 应税进（出）口货物数量 × 单位货物税额

【案例4.4】

某公司进口美国产"蓝带"牌啤酒600箱，每箱24瓶，每瓶容积500 mL，价格为CIF 3 000美元，外汇牌价为1美元=6.587人民币元，适用优惠税率为3元/L。请计算该公司应纳关税税额。

解析:应纳关税税额 = 600 × 24 × 500 ÷ 1 000 × 3 = 21 600(元)

(三)复合税应纳税额的计算

我国目前实行的复合税都是先计征从量税,再计征从价税。

关税税额 = 应税进(出)口货物数量 × 单位货物税额 + 应税进(出)口货物数量 ×

单位完税价格 × 税率

【案例 4.5】

某公司进口两台日本产电视摄像机,价格为 CIF 13 000 美元,外汇牌价为 1 美元 = 6.946 人民币元。请计算该公司应纳关税税额(适用优惠税率为:每台完税价格高于 5 000 美元的,从量税为每台 13 280 元,再征从价税 3%)。

解析:应纳关税税额 = 2 × 13 280 + 13 000 × 6.946 × 3% = 26 560 + 2 708.94 = 29 268.94(元)

(四)滑准税应纳税额的计算

关税税额 = 应税进(出)口货物数量 × 单位完税价格 × 滑准税税率

现行税则"进(出)口商品从量税、复合税、滑准税税目税率表"后注明了滑准税税率的计算公式,该公式是一个与应税进(出)口货物完税价格相关的取整函数。

(五)出口关税应纳税额的计算

【案例 4.6】

某铁合金厂向日本出口一批铬铁,国内港口 FOB 价格折合人民币为 5 600 000 元,铬铁出口关税税率为 40%。请计算该铁合金厂应纳出口关税税额。

解析:出口关税税额 = 5 600 000 ÷ (1 + 40%) × 40% = 1 600 000(元)

第三节 关税的征收管理

一、关税的缴纳

进口货物自运输工具申报进境之日起 14 日内,出口货物在货物运抵海关监管区后装货的 24 小时以前,应由进出口货物的纳税义务人向货物进(出)境地海关申报,海关根据税则归类和完税价格计算应缴纳的关税和进口环节代征税,并填发税款缴款书。纳税义务人应当自海关填发税款缴款书之日起 15 日内,向指定银行缴纳税款。如关税缴纳期限的最后 1 日是周末或法定节假日,则关税缴纳期限顺延至周末或法定节假日过后的第 1 个工作日。为方便纳税义务人,经申请且海关同意,进(出)口货物的纳税义务人可以在设有海关的指运地(启运地)办理海关申报、纳税手续。

关税纳税义务人因不可抗力或者在国家税收政策调整的情形下,不能按期缴纳税款的,经海关总署批准,可以延期缴纳税款,但最长不得超过 6 个月。

为进一步适应区域经济发展的要求,简化海关手续,提高通关效率,海关总署决定于

2006年9月1日起实施跨关区"属地申报,口岸验放"通关模式。

"属地申报,口岸验放"是指符合海关规定条件的企业进出口货物时,可自主选择向属地海关任一海关单位申报,在货物实际进出境地的口岸海关办理货物验放手续的一种通关方式。

【知识卡片4.12】

海关暂不予放行旅客携运进出境行李物品的情形

旅客携运进出境的行李物品有下列情形之一的,海关暂不予放行:

(1)旅客不能当场缴纳进境物品税款的。

(2)进出境的物品属于许可证件管理的范围,但旅客不能当场提交的。

(3)进出境的物品超出自用合理数量,按规定应当办理货物报关手续或其他海关手续,其尚未办理的。

(4)对进出境物品的属性、内容存疑,需要由有关主管部门进行认定、鉴定、验核的。

(5)按规定暂不予以放行的其他行李物品。

二、关税的强制执行

纳税义务人未在关税缴纳期限内缴纳税款,即构成关税滞纳。为保证海关征收关税决定的有效执行和国家财政收入的及时入库,《海关法》赋予海关对滞纳关税的纳税义务人强制执行的权力。强制措施主要有两类。

(1)征收关税滞纳金。滞纳金自关税缴纳期限届满之日起,至纳税义务人缴纳关税之日止,按滞纳税款万分之五的比例按日征收,周末或法定节假日不予扣除。具体计算公式为:

$$关税滞纳金金额 = 滞纳关税税额 × 滞纳金征收比率 × 滞纳天数$$

滞纳金的起征点为50元。

(2)强制征收。如纳税义务人自海关填发缴款书之日起3个月内仍未缴纳税款,经海关关长批准,海关可以采取强制扣缴、变价抵缴等强制措施。强制扣缴即海关从纳税义务人在开户银行或者其他金融机构的存款中直接扣缴税款。变价抵缴即海关将应税货物依法变卖,以变卖所得抵缴税款。

三、关税退还

关税退还是关税纳税义务人按海关核定的税额缴纳关税后,某种原因的出现,海关将实际征收多于应当征收的税额(称为溢征关税)退还给原纳税义务人的一种行政行为。根据《海关法》的规定,海关多征的税款,海关发现后应当立即退还。具体规定是:海关发现多征税款的,应当立即通知纳税义务人办理退税手续。纳税义务人应当自收到海关通知之日起3个月内办理有关退税手续。

按规定有下列情形之一的,进出口货物的纳税义务人可以自缴纳税款之日起1年内,书面声明理由,连同原纳税收据向海关申请退税并加算银行同期活期存款利息,逾期不予受理:

(1)因海关误征,多纳税款的。

（2）海关核准免验进口的货物，在完税后，发现有短卸情形，经海关审查认可的。

（3）已征出口关税的货物，因故未将其运出口，申报退关，经海关查验属实的。

对已征出口关税的出口货物和已征进口关税的进口货物，出于货物品种或规格原因（非其他原因）原状复运进境或出境的，经海关查验属实的，也应退还已征关税。海关应当自受理退税申请之日起 30 日内，做出书面答复并通知退税申请人。本规定强调的是：出于货物品种或规格原因，原状复运进境或出境的，如果属于其他原因且不能以原状复运进境或出境，不能退税。

四、关税补征和追征

补征和追征是海关在关税纳税义务人按海关核定的税额缴纳关税后，发现实际征收税额少于应当征收的税额（称为短征关税）时，责令纳税义务人补缴所差税款的一种行政行为。海关法根据短征关税的原因，将海关征收原短征关税的行为分为补征和追征两种。由于纳税人违反海关规定造成短征关税的，称为追征；非因纳税人违反海关规定造成短征关税的，称为补征。区分关税追征和补征的目的是便于不同情况适用不同的征收时效。超过时效规定的期限，海关就丧失了追补关税的权力。根据《海关法》的规定，进出境货物和物品放行后，海关发现少征或者漏征税款，应当自缴纳税款或者货物、物品放行之日起 1 年内，向纳税义务人补征；因纳税义务人违反规定而造成的少征或者漏征的税款，自纳税义务人应缴纳税款之日起 3 年以内可以追征，并从缴纳税款之日起按日加收少征或者漏征税款万分之五的滞纳金。

五、关税纳税争议

为保护纳税人合法权益，《海关法》和《中华人民共和国进出口关税条例》都规定了纳税义务人对海关确定进出口货物的征税、减税、补税或者对退税等有异议时，有提出申诉的权利。在纳税义务人与海关发生纳税争议时，可以向海关申请复议，但同时应当在规定期限内按海关核定的税额缴纳关税，逾期则构成滞纳，海关有权按规定采取强制执行措施。

纳税争议的内容一般为进出境货物和物品的纳税义务人对海关在原产地认定、税则归类、税率或汇率适用、完税价格确定、关税减免、免征、追征、补征和退还等征税行为是否合法或适当，是否侵害了纳税义务人的合法权益，而对海关征收关税的行为表示异议。

纳税争议的申诉过程：纳税义务人自海关填发税款缴款书之日起 30 日内，向原征税海关的上一级海关书面申请复议；逾期申请复议的，海关不予受理。海关应当自收到复议申请之日起 60 日内做出复议决定，并以复议决定书的形式正式答复纳税义务人；纳税义务人对海关复议决定仍然不服的，可以自收到复议决定书之日起 15 日之内，向人民法院提起诉讼。

【本章小结】

本章主要讲述了关税的基本内容、进出口关税应纳税额的计算、关税的征收管理。学生只有掌握了关税的税制要素以及进出口完税价格的确定，才能正确计算进出口关税应纳税额;只有正确计算出进出口关税的应纳税额,企业才能进行纳税申报,各环节相辅相成,同为一体。

知识运用与实训

一、名词解释

关税　全部产地生产标准　实质性加工标准　补征　追征

二、简答题

1. 简要说明关税的特点。

2. 简要说明关税的分类。

3. 简要说明关税完税价格的确定。

三、单项选择题

1. 进口关税的完税价格是指货物的( )。

　　A. 成交价格为基础的完税价格　　　　B. 到岸价格为基础的成交价格

　　C. 组成计税价格　　　　　　　　　　D. 实际或应付价格

2. 下列各项中,不应计入进口货物关税完税价格的有( )。

　　A. 由买方负担的购货佣金

　　B. 由买方负担的经纪费

　　C. 由买方负担的包装材料和包装劳务费用

　　D. 由买方负担的与该货物视为一体的容器费用

3. 按照征税标准分类,关税可分为( )。

　　A. 进口关税、出口关税、过境关税

　　B. 普通关税、优惠关税、差别关税

　　C. 从量税、从价税、复合税、滑准税、选择税

　　D. 进口关税、出口关税

4. 出口货物关税完税价格为( )。

　　A. 离岸价格

　　B. 离岸价格÷(1+出口税率)

　　C. 离岸价格÷(1-出口税率)

　　D. (离岸价格+运输费+保险费)÷(1+出口税率)

5. 进口货物的保险费应计入进口完税价格中,但陆、空、邮运进口货物的保险费无法确定时,可按货价加运费之和的( )计算保险费。

　　A. 1%　　　　　　B. 3%　　　　　　C. 3‰　　　　　　D. 5‰

6. 下列进口货物中实行滑准税的是( )。

A.录像机　　　　B.小轿车　　　　C.配额外棉花　　　　D.胶卷

7.甲公司进口 10 台小轿车,每辆小轿车成交价格为 200 000 元,运费和劳务费共为 150 000 元,成交价格中包含甲公司向境外采购代理人支付的购货佣金 40 000 元,小轿车进口关税税率为 60%,则甲公司应纳进口关税为(　　)。

A.1 290 000 元　　B.210 000 元　　　C.1 314 000 元　　　D.1 266 000 元

8.某公司进口一批货物,海关于 2021 年 3 月 1 日填发税款缴款书,但公司迟至 3 月 27 日才缴纳 500 万元的关税。海关应征收关税滞纳金(　　)。

A.2.75 万元　　B.3 万元　　　C.6.5 万元　　　D.6.75 万元

9.根据规定进出境货物和物品放行后,海关发现少征或者漏征税款,应当自缴纳税款或者货物、物品放行之日起(　　)内,向纳税义务人补征;因纳税义务人违反规定而造成的少征或者漏征的税款,自纳税义务人应缴纳税款之日起(　　)内可以追征。

A.1 年,2 年　　B.1 年,3 年　　C.3 年,1 年　　D.2 年,3 年

10.纳税义务人同海关发生争议时,纳税义务人应自海关填发税款书之日起(　　)内,向原征税海关的上一级海关书面申请复议。

A.10 日　　　　B.15 日　　　　C.30 日　　　　D.60 日

四、多项选择题

1.我国现行进口关税的税率形式有(　　)。

A.普通税率　　　B.协定税率　　　C.优惠税率　　　D.最惠国税率

2.下列各项目中,不计入进口完税价格的有(　　)。

A.进口关税及其他国内税

B.进口设备进口后的维修服务费用

C.货物运抵我国境内输入地起卸后的运输装卸费

D.进口货物在境内的复制权费

3.进口关税计税方法有(　　)。

A.从量定额计税

B.从价定率计税

C.核定税额计税

D.从量定额和从价定率同时采用的复合计税

4.关税的纳税人包括(　　)。

A.进口货物的收货人　　　　　　　B.出口货物的发货人

C.非贸易性物品的持有人　　　　　D.非贸易性物品的所有人和收件人

5.出口货物离岸可扣除(　　),作为出口关税的完税价格。

A.出口关税

B.包含在成交价格中的支付给境外的佣金

C.包含的离境口岸至境外口岸之间的运输费用

D.出口货物国内段运输、装卸等费用

6.下列应征进口关税的货物有(　　)。

　　A.运往境外加工复运进境的货物　　　　B.正在国内举办展览会的进口汽车展品

　　C.外国政府无偿赠送的货物　　　　　　D.海关核准免验进口的货物

7.下列各项中,可以自缴纳税款之日起 1 年内申请退税的有(　　)。

　　A.已征出口关税的货物,发生境外退货

　　B.因海关误征,多纳税款的

　　C.已征出口关税的货物,因故未装运出口,申请退关,海关查验属实的

　　D.海关核准免验进口的货物,在完税后发现有补缺情况,经海关审查认可的

8.下列法定免纳关税的进口货物有(　　)。

　　A.进口科教用品　　　　　　　　　　　B.海外华侨无偿赠送的物资

　　C.无商业价值的广告品和货样　　　　　D.无代价抵偿物

9.关税的强制执行措施包括(　　)。

　　A.征收关税滞纳金　　　　　　　　　　B.处以应纳关税税额 1~5 倍的罚款

　　C.强制扣缴　　　　　　　　　　　　　D.进出口货物变价抵税

10.进出口货物关税申报时间为(　　)。

　　A.出口货物在货物运抵海关监管区后装货的 24 小时内

　　B.进口货物运输工具申报进境 14 日内

　　C.进口货物运输工具申报进境 15 日内

　　D.进口货物运输工具申报进境 24 小时内

五、案例分析

1.某进出口公司出口商品一批,该商品离岸价格为 300 000 元,出口关税税率为 20%。

要求:计算该进出口公司应纳关税税额。

2.某进出口公司进口摩托车 1 000 辆,经海关审定的货价为 180 万美元。另外,运抵我国关境内输入地点起卸前包装费 10 万美元,运输费 8 万美元,保险费 2 万美元。假设人民币汇价为 1 美元=6.52 元人民币,该批摩托车进口关税税率为 23%。

要求:计算进口该批摩托车应缴纳的关税税额。

3.某公司将一台设备运往境外修理,出境时向海关报明价值 80 000 美元,当期汇率为 6.58。支付出境运费 2 000 美元和保险费 500 美元;支付境外修理费 3 000 美元,料件费 1 000 美元;支付复运进境的运输费 2 000 美元和保险费 500 美元;当期汇率为 6.7;该设备适用关税税率为 8%。

要求:计算该公司进口关税税额。

4.某公司从韩国海运进口一批高档化妆品,成交价格 20 万美元(汇率 1∶6.8),不包括对方支付的正常回扣 10 万元,从起运地至境内口岸运输费 0.1 万美元,从境内口岸至输入地起卸前运输费 0.8 万元,保险费按货价与运费的 3‰计算确定,关税税率 40%,消费税税率 15%。

要求:计算该批化妆品进口环节各种税金。

5. 某进出口公司从 A 国进口货物一批,成交价(离岸价)折合人民币 9 000 万元(包括单独计价并经海关审查属实的货物进口后的装配调试费 60 万元,向境外采购代理人支付的买方佣金 50 万元),另支付运费 180 万元,保险费 90 万元。货物运抵我国口岸后,该公司在未经批准缓税的情况下,于海关填发税款交纳证的次日起第 20 天才缴纳税款。假设该货物适用的关税税率为 100%,增值税税率为 13%,消费税税率为 5%。

要求:分别计算该公司应缴纳的关税、关税滞纳金、消费税和增值税。

知识运用与实训标准答案

第五章　企业所得税法

【知识点拨】

我国现行税收体制实行的是以流转税和所得税为主体的复合税收体制。企业所得税是我国现行税制结构中重要的主体税种之一,在我国税收收入中,增值税位居第一,企业所得税位居第二。企业所得税在组织财政收入、促进经济发展、进行宏观调控等方面具有非常重要的作用。本章的重点是企业所得税的税制要素、应纳税额的计算,难点是直接法与间接法下应纳税所得额的计算以及准予扣除项目金额和不准予扣除项目金额的确定。

【知识引读】

我国企业所得税的演变

我国企业所得税的历史不长,因为中国长期处于半殖民地半封建社会,经济发展缓慢,缺乏实行所得税制度的社会经济条件,直到清朝末年之后才有实行所得税的倡议,但屡议屡辍。直到1936年国民政府公布《所得税暂行条例》,于1937年正式实施,其中包括对盈利事业所得征收的所得税。税收理论界一般认为,1937年1月1日是中国企业所得税诞生日。中华人民共和国成立初期,废除了旧的所得税制,对工商企业的所得征税是工商业税的一个组成部分,并开征存款利息所得税(1950年12月改为利息所得税,1959年后停征)和薪给报酬所得税;1958年合并工商业税等税种为工商统一税,所得税从原工商业税种独立出来而成为一个单独的税种,即工商所得税;1980年和1981年我国先后开征中外合资企业所得税和外国企业所得税两个涉外所得税;1983年我国实行第一步利改税时开征了国有企业所得税,第一次将国家与国有企业的分配关系用税收法律形式固定下来;1985年和1988年我国相继开征集体企业所得税、私营企业所得税;1991年将两个涉外所得税合并为外商投资企业和外国企业所得税(涉外企业所得税);1994年税制改革时将国有企业所得税、集体企业所得税和私营企业所得税统一合并为企业所得税(内资企业所得税);为解决内资与外资企业税负不公等问题,2007年3月我国通过了《企业所得税法》,并决定于2008年1月1日起实施,结束了我国内外两套企业所得税并存的税制模式,使我国企业所得税制度步入法制化的轨道。

从上面的引读中可以思考:什么是企业所得税? 企业所得税的特点是什么? 它的优惠政策有哪些? 企业所得税的应纳税额又是如何计算的? 本章将对这些问题进行阐述。

第一节   企业所得税概述

一、企业所得税的含义

企业所得税是以企业取得的生产经营所得和其他所得为征税对象所征收的一种税。企业所得税是规范和处理国家与企业分配关系的重要形式。

【知识卡片5.1】

表5.1   1994—2020年企业所得税收入情况一览表

年度	税收收入总额/亿元	企业所得税收入/亿元	企业所得税占税收总额的比重/%	年度	税收收入总额/亿元	企业所得税收入/亿元	企业所得税占税收总额的比重/%
1994	5 070.80	687.80	13.56	2008	54 219.62	11 173.05	20.61
1995	5 973.70	827.30	13.85	2009	59 514.70	11 534.45	19.38
1996	7 050.60	915.90	12.99	2010	73 202.30	12 842.79	17.50
1997	8 225.50	1 074.80	13.07	2011	89 720.31	16 760.35	18.70
1998	9 093.00	1 038.80	11.42	2012	100 600.88	19 653.56	19.50
1999	10 315.00	1 227.20	11.90	2013	110 497.00	22 416.00	20.29
2000	12 665.80	1 770.70	13.98	2014	119 158.05	24 632.00	20.67
2001	15 165.50	2 634.50	17.37	2015	124 892.00	24 001.07	19.22
2002	16 996.60	2 588.60	15.23	2016	130 354.00	28 850.00	22.13
2003	20 466.10	3 047.60	14.89	2017	144 360.00	32 111.00	22.24
2004	25 718.00	4 074.20	15.84	2018	156 412.00	35 323.00	22.58
2005	30 865.80	5 510.82	17.85	2019	157 992.00	37 300.00	23.61
2006	37 636.30	7 080.70	18.81	2020	151 280.00	36 424.10	24.08
2007	49 449.29	9 674.93	19.57	—	—	—	—

注：①以上企业所得税占税收总额的比重由各年公布的数据计算得出。

②1994—2020年企业所得税收入包括内外资企业。

二、企业所得税的特点

企业所得税是以企业的生产经营所得为计税基数，与其他税种相比，具有以下显著特点：

(1)征税范围广。企业所得税的征收，从范围上看，来源于中国境内和境外的所得；从内容上看，来源于生产经营所得和其他所得。因此，企业所得税具有征收上的广泛性。

(2)税负公平。企业所得税对企业，不分所有制，不分地区、行业和层次，实行统一的比例税率。企业所得税的负担水平与纳税人所得的多少直接关联,即"所得多的多征,所得少的少征,无所得的不征",因此,企业所得税是能够较好地体现公平税负和税收中性的一个良性税种。

(3)税基约束力强。企业所得税的税基是应纳税所得额,即以纳税人每一纳税年度的收入总额减去准予扣除项目金额后的余额。为了保护税基,企业所得税法明确了收入总额、扣除项目金额的确定以及资产的税务处理等内容,使应税所得额的计算相对独立于企业的会计核算,体现了税法的强制性与统一性。

(4)纳税人与负税人一致。企业所得税属于企业的终端税种,纳税人缴纳的企业所得税一般不宜转嫁,而由纳税人自己负担。

【知识卡片5.2】

香港利得税

利得税(企业所得税)是香港特别行政区政府税收的一项主要来源,也是香港特别行政区税种中一个重要而又复杂的税种。这个税种由于其社会涉及面广,因而也广为香港特别行政区纳税人所关注。利得税是指香港特别行政区政府向在香港从事贸易、专业或商业活动而获得或赚取纯利者而征收的税款。

三、纳税义务人

企业所得税的纳税人是指在中华人民共和国境内的企业和其他取得收入的组织(统称"企业"),但不包括个人独资企业和合伙企业。

企业所得税的纳税义务人分为居民企业和非居民企业。

(一)居民企业

居民企业,是指依法在中国境内成立,或者依照外国(地区)法律成立但实际管理机构在中国境内的企业。具体包括:

(1)依法在中国境内成立的企业,包括依照中国法律、行政法规在中国境内成立的企业、事业单位、社会团体以及其他取得收入的组织。

(2)依照外国(地区)法律成立的企业,包括依照外国(地区)法律成立但实际管理机构在中国的企业和其他取得收入的组织。

实际管理机构,是指对企业的生产经营、人员、账务、财产等实施实质性全面管理和控制的机构。

(二)非居民企业

非居民企业,是指依照外国(地区)法律成立且实际管理机构不在中国境内,但在中国境内设立机构、场所的,或者在中国境内未设立机构、场所,但有来源于中国境内所得的企业。

上述机构、场所,是指在中国境内从事生产经营活动的机构、场所,包括:

(1)管理机构、营业机构、办事机构。

(2)工厂、农场、开采自然资源的场所。

(3)提供劳务的场所。

（4）从事建筑、安装、装配、修理、勘探等工程作业的场所。

（5）其他从事生产经营活动的机构、场所。

非居民企业委托营业代理人在中国境内从事生产经营活动的，包括委托单位或者个人经常代其签订合同，或者储存、交付货物等，该营业代理人视为非居民企业在中国境内设立的机构、场所。

【知识卡片5.3】

特朗普企业所得税改革政策：拓基降率，引入增值税元素

特朗普当选总统后，美国的经济政策之一就是企业所得税改革，这项改革不仅是在国际税收竞争压力下的拓基降率，而且引入了美国学术界提出的"目的地型企业税"这一新概念，从而使美国的企业税融入增值税元素，具体见表5.2。特朗普的这一改革政策对中国贸易、金融和财税等领域以及世界贸易组织的某些原则提出了诸多挑战。

表5.2　特朗普企业所得税改革方案要点

序　号	改革要点		当前企业所得税	特朗普方案
1	法定税率（大幅下降）		35%	15%
2	海外汇回本土的税率	存量利润	35%	10%
		未来利润	35%	15%
3	投资（作为企业成本扣除）		投资不扣除，但可逐渐扣除资产折旧	制造业企业可选择现有方式，或直接扣除投资而不扣除折旧和利息
4	利息（不再作为企业成本扣除）		扣除利息	
5	进出口税		仅对进口征收关税	对中国多征收45%的关税

四、征税对象

企业所得税的征税对象是指企业的生产经营所得、其他所得和清算所得。

（一）居民企业的征税对象

居民企业负有无限纳税义务，即应当就其来源于中国境内、境外的所得为征税对象。所得，包括销售货物所得、提供劳务所得、转让财产所得、股息红利等权益性投资所得、利息所得、租金所得、特许权使用费所得、接受捐赠所得和其他所得。

（二）非居民企业的征税对象

非居民企业负有有限纳税义务，即在中国境内设立机构、场所的非居民企业，应当就其所设机构、场所取得的来源于中国境内的所得，以及发生在中国境外但与其所设机构、场所有实际联系的所得缴纳企业所得税；在中国境内未设立机构、场所的，或者虽设立机构、场所但取得的所得与其所设机构、场所没有实际联系的，应当就其来源于中国境内的所得缴纳企业所得税。

实际联系，是指非居民企业在中国境内设立的机构、场所拥有据以取得所得的股权、债

权,以及拥有、管理、控制据以取得所得的财产等。

五、企业所得税税率

企业所得税实行比例税率,现行规定如下:

(1)基本税率为25%。适用于居民企业和在中国境内设有机构、场所且所得与机构、场所有关联的非居民企业。

(2)低档税率为20%。适用于在中国境内未设立机构、场所的,或者虽设立机构、场所但取得的所得与其所设机构、场所没有实际联系的非居民企业。但实际征税时减按10%的税率。

【知识卡片5.4】

世界部分国家(地区)企业所得税税率比较

现在全世界有159个实行企业所得税的国家(地区),平均税率为28.6%,我国周边国家(地区)的平均税率为26.7%。我国法律规定企业所得税税率为25%,在国际上是适中偏低的水平。世界部分国家(地区)企业所得税税率比较如图5.1所示。

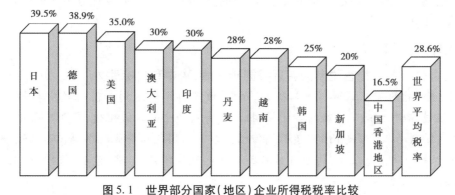

图5.1 世界部分国家(地区)企业所得税税率比较

六、企业所得税税收优惠

根据税法的规定,我国目前企业所得税的税收优惠方式包括免税、减税、加计扣除、加速折旧、减计收入、税额抵免等。

(一)农、林、牧、渔业项目优惠

1.企业从事下列项目的所得,免征企业所得税

蔬菜、谷物、薯类、油料、豆类、棉花、麻类、糖料、水果、坚果的种植;农作物新品种的选育;中药材的种植;林木的培育和种植;牲畜、家禽的饲养,林产品的采集;灌溉、农产品初加工、兽医、农技推广、农机作业和维修等农、林、牧、渔服务业项目;远洋捕捞。

2.企业从事下列项目的所得,减半征收企业所得税

花卉、茶以及其他饮料作物和香料作物的种植;海水养殖、内陆养殖。

以上享受税收优惠的范围,但不包括国家禁止和限制发展的项目。

（二）公共基础产业优惠

企业从事国家重点扶持的公共基础设施项目投资经营的所得，从项目取得第一笔生产经营收入所属纳税年度起，第1—3年免征企业所得税，第4—6年减半征收企业所得税。

企业承包经营、承包建设和内部自建自用以上项目，不得享受企业所得税优惠。

国家重点扶持的公共基础设施项目，是指港口码头、机场、铁路、公路、城市公共交通、电力、水利等项目。

（三）环境保护、节能节水项目优惠

环境保护、节能节水项目的所得，从项目取得第一笔生产经营收入所属纳税年度起，第1—3年免征企业所得税，第4—6年减半征收企业所得税。

符合条件的环境保护、节能节水项目，包括公共污水处理、公共垃圾处理、沼气综合开发利用、节能减排技术改造、海水淡化等，具体条件和范围由国务院财政、税务主管部门商有关部门共同制订报国务院批准后公布施行。

企业按规定享受减免税优惠的项目，在减免税期未满时转让的，受让方自受让之日起，可以在剩余期限内享受规定的减免税优惠；减免税期满后转让的，受让方不得就该项目重复享受减免税优惠。

【知识卡片5.5】

绿色税制为实现我国碳达峰、碳中和目标助力

"碳达峰"指的是在2030年，二氧化碳的排放不再增长达到峰值；"碳中和"指的是到2060年，通过植树造林、节能减排等途径，抵消自身所产生的二氧化碳，实现二氧化碳"零排放"。在我国虽尚未设置专门的"碳税"，但已出台一系列包括企业所得税、环境保护税等鼓励节能环保的税收优惠政策，构建日益完善的绿色税制体系。以绿色税制激励企业减污降碳，引领社会经济高质量发展。

（四）技术转让所得优惠

一个纳税年度内居民企业转让技术所得不超过500万元的部分免征企业所得税，超过500万元的部分减半征收企业所得税。

【知识卡片5.6】

"杂交水稻之父"袁隆平点赞湖南税务工作

1964年，袁隆平开创杂交水稻研究以来，杂交水稻为保障中国乃至世界粮食安全发挥了巨大作用。1976年开始，中国大面积推广应用杂交水稻，用沉甸甸的稻穗回答了"中国人的饭碗必须牢牢端在自己手里"以及一颗稻谷的"中国贡献"。

湖南杂交水稻研究中心作为国内外首家专门从事杂交水稻研发的科研机构，拥有杂交水稻国家重点实验室、水稻国家工程实验室（长沙）以及一支优秀的高水平科研团队。该中心先后主持承担了国家攻关计划、科技支撑计划、"863"计划、"973"计划、国家自然科学基金、总理基金以及农业部超级稻等科研项目。2018年，中心杂交水稻科技成果转化收入约2 800万元。对符合税收优惠政策规定的技术转让、技术开发以及有关技术咨询、技术服务，

免征了增值税、企业所得税。2018 年 5 月，为进一步促进科技成果转化，财政部、国家税务总局、科技部联合发布关于科技人员取得职务科技成果转化现金奖励有关个人所得税政策，让广大科技人员尝到了个税"甜头"。按照该中心规定，科技成果转化成果的 75% 直接分配给完成人、科研支撑人员。职务科技成果转化收入中给予科技人员的现金奖励，减按 50% 计入科技人员当月工资、薪金所得缴纳个人所得税的优惠政策，给了科研人员实实在在的大红包。

几十年来，从传统水稻种植"亩产三四百斤"到超级杂交水稻"亩产超 1 吨"的非凡跨越，历史见证了新中国农业科技的腾飞。加快杂交水稻科技成果转化、激励科技人员的研发热情，其中有一份源于税收优惠政策的积极助力。

"感谢省税务局给予我中心的优惠政策。"2019 年 8 月 30 日，中国工程院院士、"杂交水稻之父"袁隆平提笔点赞湖南税务工作。

（五）高新技术、技术先进型服务（服务贸易类）优惠

国家需要重点扶持的高新技术企业以及对经认定的技术先进型服务企业（服务贸易类），减按 15% 的税率征收企业所得税。企业所得税法实施条例规定的高新技术企业是指拥有核心自主知识产权，并同时符合下列条件的企业：

（1）产品（服务）属于《国家重点支持的高新技术领域》规定的范围。

（2）研究开发费用占销售收入不低于规定比例。

（3）高新技术产品（服务）收入占企业总收入不低于规定比例。

（4）科技人员占企业职工总数不低于规定比例。

（5）高新技术企业认定管理办法规定的其他条件。

（六）小型微利企业优惠

小型微利企业减按 20% 税率征收企业所得税。小型微利企业的条件如下：

（1）从事国家非限制和禁止行业。

（2）年度应纳税所得额不超过 300 万元，从业人数不超过 300 人，资产总额不超过 5 000 万元。

小型微利企业无论按查账征收方式还是按核定征收方式缴纳企业所得税，均可享受优惠政策。

【知识卡片 5.7】

小型微型企业不等同小型微利企业

小微企业是小型企业、微型企业、家庭作坊式企业、个体工商户的统称，具体标准需结合行业特点根据企业从业人员、营业收入、资产总额等指标确定；而小型微型企业主要从应纳税所得额、从业人数、资产总额方面确定。

【知识卡片 5.8】

应纳税所得额 100 万元以下小型微利企业所得税减按 2.5% 征收

财政部、国家税务总局联合发布的《关于实施小微企业普惠性税收减免政策的通知》以

及《关于实施小微企业和个体工商户所得税优惠政策的公告》规定：自2021年1月1日至2022年12月31日，对年应纳税所得额低于100万元的小型微利企业，其所得减按12.5%计入应纳税所得额，按20%的税率缴纳企业所得税；自2022年1月1日至2024年12月31日，对年应纳税所得额超过100万元但不超过300万元的小型微利企业，其所得减按25%计入应纳税所得额，按20%的税率缴纳企业所得税。应纳税所得额减征临界点自2012年至今历经6万元、10万元、20万元、30万元、50万元、100万元、300万元6次调整。

（七）企业研究开发费用的优惠

这是指企业为开发新技术、新产品、新工艺发生的研究开发费用，未形成无形资产计入当期损益的，在按照规定据实扣除的基础上，按照研究开发费用的75%加计扣除；形成无形资产的，按照无形资产成本的175%摊销。

【知识卡片5.9】

研发费用加计扣除政策不断加码优化创新环境

近年来，研发费用加计扣除政策不断加码。2018年，研发费用加计扣除比例由50%提高到75%的政策扩大至所有企业；2021年1月1日起，制造业企业扣除比例提高至100%，相当于制造业企业每投入100万元研发费用，可以在计算应纳税所得额前扣除200万元。这项政策为企业创新注入了税收动力。国家统计局《中国创新指数研究》公布，2020年中国创新指数达到242.6(2005年为100)，比上年增长6.4%，再创新高。其中，创新环境指数达到266.3，比上年增长6.3%，享受研发费用加计扣除优惠企业所占比重指数同比增长12.4%，研发费用加计扣除政策效果明显的企业占比达89.4%，比上年提高2.3个百分点。

（八）安置特殊人员就业优惠

企业安置残疾人员的，在按照支付给残疾职工工资据实扣除的基础上，按照支付给上述人员工资的100%加计扣除。残疾人员的范围适用《中华人民共和国残疾人保障法》的有关规定。企业安置国家鼓励安置的其他就业人员所支付的工资的加计扣除办法，由国务院另行规定。

（九）创业投资企业优惠

创业投资企业优惠，是指创业投资企业采取股权投资方式投资于未上市的中小高新技术企业2年以上的，可以按照其投资额的70%在股权持有满2年的当年抵扣该创业投资企业的应纳税所得额；当年不足抵扣的，可以在以后纳税年度结转抵扣。

（十）加速折旧优惠

企业的固定资产出于技术进步等原因，确需加速折旧的，可以缩短折旧年限或者采取加速折旧的方法包括：

(1)由于技术进步，产品更新换代较快的固定资产。

(2)常年处于强震动、高腐蚀状态的固定资产。

采取缩短折旧年限方法的，最低折旧年限不得低于规定折旧年限的60%；采取加速折旧方法的，可以采取双倍余额递减法或者年数总和法。

【知识卡片 5.10】

价值不超过 500 万元的固定资产允许一次性扣除

企业自 2018 年 1 月 1 日至 2023 年 12 月 31 日期间新购进（包括自行建造）的设备、器具，单位价值不超过 500 万元的，允许一次性计入当期成本费用，在计算应纳税所得额时扣除，不再分年度计算折旧。

（十一）综合利用资源优惠

企业综合利用资源取得的收入可以减计，是指企业以《资源综合利用企业所得税优惠目录》规定的资源作为主要原材料，生产国家非限制和禁止并符合国家和行业相关标准的产品取得的收入，减按 90% 计入收入总额。

（十二）养老、托育、家政等服务机构优惠

自 2019 年 6 月 1 日至 2025 年 12 月 31 日，社区（城市和农村）提供养老、托育、家政等服务的机构，提供社区养老、托育、家政服务取得的收入，在计算应纳税所得额时，减按 90% 计入收入总额。

（十三）购置专用设备优惠

企业购置并实际使用相关优惠目录规定的环境保护、节能节水、安全生产等专用设备的，该专用设备的投资额的 10% 可以从企业当年的应纳税额中抵免；当年不足抵免的，可以在以后 5 个纳税年度结转抵免。

第二节　企业应纳税所得额的计算

一、一般企业应纳税所得额的确定

应纳税所得额是企业所得税的计税依据，按照《企业所得税法》的规定，应纳税所得额为企业每一个纳税年度的收入总额减除不征税收入、免税收入、各项扣除金额以及允许弥补的以前年度亏损后的余额。基本公式为：

应纳税所得额 = 收入总额 − 不征税收入 − 免税收入 − 各项扣除金额 − 以前年度亏损

企业应纳税所得额的计算以权责发生制为原则，属于当期的收入和费用，不论款项是否收付，均作为当期的收入和费用；不属于当期的收入和费用，即使款项已经在当期收付，均不作为当期的收入和费用。应纳税所得额的正确计算直接关系到国家的财政收入和企业的税收负担，并且同成本、费用核算关系密切。因此，《企业所得税法》对应纳税所得额计算做了明确规定，主要内容包括收入总额、扣除范围和标准、资产的税务处理、亏损弥补等。

（一）收入总额

企业的收入总额包括以货币形式和非货币形式从各种来源取得的收入，具体有：销售货物收入，提供劳务收入，转让财产收入，股息、红利等权益性投资收益，利息收入，租金收入，

特许权使用费收入,接受捐赠收入,其他收入。

企业取得收入的货币形式包括现金、存款、应收账款、应收票据、准备持有至到期的债券投资以及债务的豁免等纳税人以非货币形式取得的收入,包括固定资产、生物资产、无形资产、股权投资、存货、不准备持有至到期的债券投资、劳务以及有关权益等,这些非货币资产应当按照公允价值确定收入额。公允价值是指按照市场价格确定的价值。收入的具体构成有以下几种:

1. 一般收入的确认

(1)销售货物收入。销售货物收入是指企业销售商品、产品、原材料、包装物、低值易耗品以及其他存货取得的收入。

(2)劳务收入。劳务收入是指企业从事建筑安装、修理修配、交通运输、仓储租赁、金融保险、邮电通信、咨询经纪、文化体育、科学研究、技术服务、教育培训、餐饮住宿、中介代理、卫生保健、社区服务、旅游、娱乐、加工以及其他劳务服务活动取得的收入。

(3)转让财产收入。转让财产收入是指企业转让固定资产、生物资产、无形资产、股权、债权等财产取得的收入。

(4)股息、红利等权益性投资收益。股息、红利等权益性投资收益是指企业因权益性投资从被投资方取得的收入。股息、红利等权益性投资收益,除国务院财政、税务主管部门另有规定外,按照被投资方做出利润分配决定的日期确认收入的实现。

(5)利息收入。利息收入是指企业将资金提供他人使用但不构成权益性投资,或者因他人占用本企业资金取得的收入,包括存款利息、贷款利息、债券利息、欠款利息等收入。利息收入,按照合同约定的债务人应付利息的日期确认收入的实现。

(6)租金收入。租金收入是指企业提供固定资产、包装物或者其他有形资产的使用权取得的收入。租金收入,按照合同约定的承租人应付租金的日期确认收入的实现。

(7)特许权使用费收入。特许权使用费收入是指企业提供专利权、非专利技术、商标权、著作权以及其他特许权的使用权取得的收入。特许权使用费收入,按照合同约定的特许权使用人应付特许权使用费的日期确认收入的实现。

(8)接受捐赠收入。接受捐赠收入是指企业接受的来自其他企业、组织或者个人无偿给予的货币性资产、非货币性资产。接受捐赠收入按照实际收到捐赠资产的日期确认收入的实现。

(9)其他收入。其他收入是指企业取得的除以上收入外的其他收入,包括企业资产溢余收入、逾期未退包装物押金收入、确实无法偿付的应付款项、已做坏账损失处理后又收回的应收款项、债务重组收入、补贴收入、违约金收入、汇兑收益等。

2. 特殊收入的确认

(1)以分期收款方式销售货物的,按照合同约定的收款日期确认收入的实现。

(2)企业受托加工制造大型机械设备、船舶、飞机,以及从事建筑、安装、装配工程业务或者提供其他劳务等持续时间超过 12 个月的,按照纳税年度内完工进度或者完成的工作量确认收入的实现。

(3)采取产品分成方式取得收入的,按照企业分得产品的日期确认收入的实现,其收入额按照产品的公允价值确定。

（4）企业发生非货币性资产交换，以及将货物、财产、劳务用于捐赠、偿债、赞助、集资、广告、样品、职工福利或者利润分配等用途的，应当视同销售货物、转让财产或者提供劳务，但国务院财政、税务主管部门另有规定的除外。

（二）不征税收入

（1）财政拨款。财政拨款是指各级人民政府对纳入预算管理的事业单位、社会团体等组织拨付的财政资金，但国务院和国务院财政、税务主管部门另有规定的除外。

（2）依法收取并纳入财政管理的行政事业性收费、政府性基金。行政事业性收费，是指依照法律法规等有关规定，按照规定程序批准，在实施社会公共管理，以及在向公民、法人或者其他组织提供特定公共服务过程中，向特定对象收取并纳入财政管理的费用。政府性基金是指企业依照法律、行政法规等有关规定，代政府收取的具有专项用途的财政资金。

（3）国务院规定的其他不征税收入。国务院规定的其他不征税收入是指企业取得的，由国务院财政、税务主管部门规定专项用途并经国务院批准的财政性资金。

（三）免税收入

（1）国债利息收入。为鼓励企业积极购买国债，支援国家建设，税法规定，企业因购买国债所得的利息收入，免征企业所得税。

【知识卡片5.11】

国家决定地方政府债券利息免征所得税

财政部与国家税务总局联合发文规定，对企业和个人取得的地方政府债券利息收入，免征企业所得税和个人所得税。

（2）符合条件的居民企业之间的股息、红利等权益性收益。该收益是指居民企业直接投资于其他居民企业取得的投资收益。

（3）在中国境内设立机构、场所的非居民企业从居民企业取得与该机构、场所有实际联系的股息、红利等权益性投资收益。该收益不包括连续持有居民企业公开发行并上市流通的股票不足12个月取得的投资收益。

（4）符合条件的非营利组织的收入。符合条件的非营利组织是指：

①依法履行非营利组织登记手续。

②从事公益性或者非营利性活动。

③取得的收入除用于与该组织有关的、合理的支出外，全部用于登记核定或者章程规定的公益性或者非营利性事业。

④财产及其孳生利息不用于分配。

⑤按照登记核定或者章程规定，该组织注销后的剩余财产用于公益性或者非营利性目的，或者由登记管理机关转赠给与该组织性质、宗旨相同的组织，并向社会公告。

⑥投入人对投入该组织的财产不保留或者不享有任何财产权利。

⑦工作人员工资福利开支控制在规定的比例内，不变相分配该组织的财产。

⑧国务院财政、税务主管部门规定的其他条件。

上述所称符合条件的非营利组织的收入,不包括非营利组织从事营利性活动取得的收入,但国务院财政、税务主管部门另有规定的除外。

(四)准予扣除项目的确定

《企业所得税法》规定,企业实际发生的与取得收入有关的、合理的支出,包括成本、费用、税金、损失和其他支出,准予在计算应纳税所得额时扣除。实际业务中,计算应纳税所得额时还应注意3个方面的内容:①企业发生的支出应当区分收益性支出和资本性支出。收益性支出在发生当期直接扣除,资本性支出应当分期扣除或者计入有关资产成本,不得在发生当期直接扣除。②企业的不征税收入用于支出所形成的费用或者财产,不得扣除或者计算对应的折旧、摊销扣除。③除《企业所得税法》和实施条例另有规定外,企业实际发生的成本、费用、税金、损失和其他支出,不得重复扣除。

(1)成本。成本是指企业在生产经营活动中发生的销售成本、销货成本、业务支出以及其他耗费。

(2)费用。费用是指企业每一个纳税年度为生产、经营商品和提供劳务等所发生的销售(经营)费用、管理费用和财务费用。已经计入成本的有关费用除外。

(3)税金。税金是指企业发生的除企业所得税和允许抵扣的增值税以外的企业缴纳的各项税金及其附加。

(4)损失。损失是指企业在生产经营活动中发生的固定资产和存货的盘亏、毁损、报废损失,转让财产损失,呆账损失,坏账损失,自然灾害等不可抗力因素造成的损失以及其他损失。企业发生的损失减除责任人赔偿和保险赔款后的余额依照国务院财政、税务主管部门的规定扣除。已经作为损失处理的资产,在以后纳税年度又全部收回或者部分收回时,应当计入当期收入。

(5)扣除的其他支出。扣除的其他支出是指除成本、费用、税金、损失外,企业在生产经营活动中发生的与生产经营活动有关的、合理的支出。

(6)扣除项目及其标准。在计算应纳税所得额时,下列项目可按照实际发生额或规定的标准扣除:

①工资、薪金支出。企业发生的合理的工资、薪金支出准予据实扣除。工资、薪金支出是企业每一纳税年度支付给本企业任职或与其有雇用关系的员工的所有现金或非现金形式的劳动报酬,包括基本工资、奖金、津贴、补贴、年终加薪、加班工资,以及与任职或者是受雇有关的其他支出。

【知识卡片5.12】

"借"他人身份　偷逃企业所得税

××工业园区地税局稽查局近期查获某企业利用他人身份证件列支工资、薪金偷逃企业所得税案件。某企业两年内共"借用"150余个身份证件,虚列工资、薪金115万余元,福利费13.2万余元,职工教育经费1.5万余元,偷逃企业所得税32.43万余元。该企业为工业企业,在税收检查初期,为了解企业的生产经营情况,检查人员对企业法定代表人进行了询问约谈,企业负责人介绍说,企业在职员工为 800 人左右。然而,检查人员在深入检查后,发现该企业发放工资的金额对应的人数为 1 000 人左右,明显高于 800 多人。

经查,该企业为少缴企业所得税,向劳务公司购买了务工人员身份信息,采取虚假列支工资、薪金的形式提高企业生产成本及相关费用,以此冲减应纳税所得额。根据违法事实,该局依法做出补征税款,并加收滞纳金 5.68 万元,处罚款 32.43 万元的处罚决定。

②职工福利费、职工教育经费、工会经费(简称"三项经费")。企业发生的职工福利费、职工教育经费、工会经费分别按不超过工资薪金总额的 14%,8%,2% 的部分扣除,未超过标准的按实际发生数额扣除。职工教育经费超过部分,准予在以后纳税年度结转扣除。

【知识问答 5.1】

企业没有工会,职工工会经费能否扣除?

答: 根据规定,企业若未成立工会,不超过工资薪金总额的 2% 的部分的工会经费将不允许扣除。

【案例 5.1】

某企业 2021 年度实际发放的工资总额为 300 万元,请计算该公司可以扣除的职工福利费、职工工会经费、职工教育经费。

解析: 该公司 2021 年度可以扣除的职工福利费 = 300 × 14% = 42(万元)

该公司 2021 年度可以扣除的职工教育经费 = 300 × 8% = 24(万元)

该公司 2021 年度可以扣除的职工工会经费 = 300 × 2% = 6(万元)

③社会保险费。企业依照国务院有关主管部门或者省级人民政府规定的范围和标准为职工缴纳的"五险一金",即基本养老保险费、基本医疗保险费、失业保险费、工伤保险费、生育保险费等基本社会保险费和住房公积金,准予扣除。

企业为投资者或者职工支付的补充养老保险费、补充医疗保险费,在国务院财政、税务主管部门规定的范围和标准内,准予扣除。自 2008 年 1 月 1 日起,企业为本企业任职或者受雇的全体员工支付的补充养老保险费、补充医疗保险费,分别在不超过职工工资总额 5% 标准内的部分,在计算应纳税所得额时准予扣除;超过的部分,不予扣除。企业依照国家有关规定为特殊工种职工支付的人身安全保险费和符合国务院财政、税务主管部门规定可以扣除的商业保险费准予扣除。单位统一为员工购买符合规定的商业健康保险产品的支出,单位负担的部分可以在企业所得税前扣除。企业为投资者或者职工支付的商业保险费,不得扣除。

④利息费用。企业在生产、经营活动中发生的利息费用,按下列规定扣除:

a.非金融企业向金融企业借款的利息支出、金融企业的各项存款利息支出和同业拆借利息支出、企业经批准发行债券的利息支出可据实扣除。

b.非金融企业向非金融企业借款的利息支出,不超过按照金融企业同期同类贷款利率计算的数额的部分可据实扣除,超过部分不许扣除。

⑤借款费用。企业在生产经营活动中发生的合理的不需要资本化的借款费用,准予扣除。

企业为购置、建造固定资产、无形资产和经过12个月以上的建造才能达到预定可销售状态的存货发生借款的,在有关资产购置、建造期间发生的合理的借款费用,应予以资本化,作为资本性支出计入有关资产的成本。有关资产交付使用后发生的借款利息,可在发生当期扣除。

⑥汇兑损失。企业在货币交易中,以及纳税年度终了时将人民币以外的货币性资产、负债,按照期末即期人民币汇率中间价折算为人民币时产生的汇兑损失除已经计入有关资产成本以及与向所有者进行利润分配相关的部分外,准予扣除。

⑦业务招待费。企业发生的与生产经营活动有关的业务招待费支出,按照发生额的60%扣除,但最高不得超过当年销售(营业)收入的5‰。

【案例5.2】

某摩托车生产企业2021年度销售收入为5 000万元,发生的与生产经营活动有关的业务招待费支出为80万元,请计算该企业可扣除的业务招待费。

解析: 该企业2021年度按照发生额的60%扣除的业务招待费 = 80 × 60% = 48(万元)

该企业2021年度可扣除的业务招待费最高限额 = 5 000 × 5‰ = 25(万元)

该企业2021年度可以扣除的业务招待费为25万元。

⑧广告费和业务宣传费。企业发生的符合条件的广告费和业务宣传费支出除国务院财政、税务主管部门另有规定外,不超过当年销售(营业)收入15%的部分,准予扣除;超过部分,准予结转以后纳税年度扣除。

企业申报扣除的广告费支出应与赞助支出严格区分。企业申报扣除的广告费支出,必须符合下列条件:广告是通过工商部门批准的专门机构制作的已实际支付费用,并已取得相应发票,通过一定的媒体传播。

【案例5.3】

某服装批发公司2021年度营业收入2 000万元,发生销售费用350万元(其中广告费用330万元,业务宣传费用20万元)。请计算该服装批发公司2021年度可以扣除的广告费和业务宣传费。

解析: 该服装批发公司2021年度广告费和业务宣传费的扣除金额 = 2 000 × 15% = 300(万元),超出标准的50万元,可以在以后年度结转扣除。

【知识问答5.2】

广告费和业务宣传费有什么区别?

答: 广告是通过媒体向公众推销、招揽或承揽服务,以达到推销目的的一种促销方式。根据税法的有关规定,纳税人申报扣除的广告费支出,必须是通过经工商部门批准的专业机构制作的,以实际支付费用并取得相应发票,通过一定的媒体传播的。凡是不符合上述条件的,均不能按照广告费处理。

业务宣传费是企业开展业务宣传活动所支付的费用,主要为通过媒体传播的广告性支出,包括企业发放的印有企业标志的纪念品、礼品等。

所以区别广告费和业务宣传费的一个重要标志是有关宣传是否通过媒体发布。

⑨环境保护专项资金。企业依照法律、行政法规的有关规定提取的用于环境保护、生态恢复等方面的专项资金,准予扣除。上述专项资金提取后改变用途的,不得扣除。

⑩保险费。企业参加财产保险,按照规定缴纳的保险费,准予扣除。

⑪租赁费。企业根据生产经营活动的需要租入固定资产支付的租赁费,按照以下方法扣除:

a.以经营租赁方式租入固定资产发生的租赁费支出,按照租赁期限均匀扣除。经营性租赁是指所有权不转移的租赁。

b.以融资租赁方式租入固定资产发生的租赁费支出,按照规定构成融资租入固定资产价值的部分应当提取折旧费用分期扣除。融资租赁是指在实质上转移与一项资产所有权有关的全部风险和报酬的一种租赁。

⑫劳动保护费。企业发生的合理的劳动保护支出,准予扣除。

⑬公益性捐赠支出。公益性捐赠,是指企业通过公益性社会团体或者县级以上人民政府及其部门,用于《中华人民共和国公益事业捐赠法》规定的公益事业的捐赠。

企业发生的公益性捐赠支出,不超过年度利润总额 12% 的部分,准予扣除。超过部分,准予结转以后 3 年内在计算应纳税所得额时扣除。年度利润总额,是指企业依照国家统一会计制度的规定计算的年度会计利润。

企事业单位、社会团体以及其他组织捐赠住房作为廉租住房的,视同公益性捐赠,按上述规定执行。

公益性社会团体,是指同时符合下列条件的基金会、慈善组织等社会团体:

a.依法登记,具有法人资格。

b.以发展公益事业为宗旨,且不以营利为目的。

c.全部资产及其增值为该法人所有。

d.收益和营运结余主要用于符合该法人设立目的的事业。

e.终止后的剩余财产不归属任何个人或者营利组织。

f.不经营与其设立目的无关的业务。

g.有健全的财务会计制度。

h.捐赠者不以任何形式参与社会团体财产的分配。

i.国务院财政、税务主管部门会同国务院民政部门等登记管理部门规定的其他条件。

【知识问答 5.3】

企业的公益捐赠,为什么不能全额扣除?

答:企业的公益性捐赠行为,从国家税收的角度来看,其直接侵蚀了企业所得税的税基,使企业的应纳税所得额减少,进而其应纳税额也随之减少,影响国家的财政收入。如果对企业的捐赠行为不加限制予以扣除,就相当于让企业将一部分属于国家的税收进行企业的捐

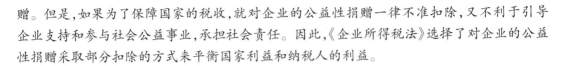

赠。但是,如果为了保障国家的税收,就对企业的公益性捐赠一律不准扣除,又不利于引导企业支持和参与社会公益事业,承担社会责任。因此,《企业所得税法》选择了对企业的公益性捐赠采取部分扣除的方式来平衡国家利益和纳税人的利益。

【知识卡片 5.13】

企业应纳税所得额与企业利润总额的区别

应纳税所得额与会计利润是两个不同的概念,两者既有联系又有区别。

应纳税所得额是指纳税人每一纳税年度的收入总额减除不征税收入、免税收入、各项扣除以及允许弥补的以前年度亏损后的余额。应纳税所得额是一个税法上的概念,指经纳税调整以后的税前利润,是企业所得税的计税依据。

年度利润总额则是会计上的概念,指会计报表上反映的未经调整的利润总额。

年度利润总额是确定应纳税所得额的基础,但是不能等同于应纳税所得额。企业按照财务会计制度的规定进行核算得出的会计利润总额,根据税法规定做出相应调整后,才能作为企业的应纳税所得额。

《企业所得税法》规定,在计算应纳税所得额时,企业财务会计处理办法与税法、行政法规的规定不一致的,应当依照税法、行政法规的规定计算。

【案例 5.4】

某饮料生产企业 2021 年度利润总额为 200 万元,通过县民政部门向洪水灾区捐款 28 万元。请计算该饮料生产企业 2021 年度可以扣除的捐赠限额。

解析: 该饮料生产企业 2021 年度可以扣除的捐赠限额 = 200 × 12% = 24(万元)

⑭有关资产的费用。企业转让各类固定资产发生的费用,允许扣除。企业按规定计算的固定资产折旧费、无形资产和递延资产的摊销费,准予扣除。

⑮总机构分摊的费用。非居民企业在中国境内设立的机构、场所,就其中国境外总机构发生的与该机构、场所生产经营有关的费用,能够提供总机构出具的费用汇集范围、定额、分配依据和方法等证明文件,并合理分摊的,准予扣除。

⑯资产损失。企业当期发生的固定资产和流动资产盘亏、毁损净损失,由其提供清查盘存资料经主管税务机关审核后,准予扣除企业出于存货盘亏、毁损、报废等原因不得从销项税金中抵扣的进项税金,应视同企业财产损失,准予与存货损失一起在所得税前按规定扣除。

⑰依照有关法律、行政法规和国家有关税法规定准予扣除的其他项目。如会员费、合理的会议费、差旅费、违约金、诉讼费用等。

【知识卡片 5.14】

党组织工作经费税前扣除标准

根据中共中央组织部等部门联合发布的《关于非公有制企业党组织工作经费问题的通知》,非公有制企业党组织工作经费在企业管理费列支,不超过职工年度工资薪金总额 1%的部分,可以据实在企业所得税前扣除。企业所得税税前扣除标准汇总(部分)见表 5.3。

表 5.3　企业所得税税前扣除标准汇总（部分）

项　目	扣除标准	超标准处理
职工福利费	不超过工资薪金总额 14% 的部分准予扣除	不得扣除
职工教育经费	不超过工资薪金总额 2.5% 的部分准予扣除	当年不得扣除，但可以结转以后纳税年度扣除
工会经费	不超过工资薪金总额 2% 的部分准予扣除	不得扣除
补充养老保险	不超过工资薪金总额 5% 的部分准予扣除	不得扣除
补充医疗保险	不超过工资薪金总额 5% 的部分准予扣除	不得扣除
利息费用	不超过金融企业同期同类贷款利率	不得扣除
业务招待费	按照发生额的 60% 扣除，但最高不得超过当年销售（营业）收入的 5‰	不得扣除
广告费和业务宣传费	不超过当年销售（营业）收入 15% 的部分准予扣除	当年不得扣除，但可以结转以后纳税年度扣除
公益性捐赠支出	不超过年度利润总额的 12% 的部分准予扣除	当年不得扣除，但可以结转以后三年内扣除
补充养老保险	不超过工资薪金总额 5% 的部分准予扣除	不得扣除

（五）不得扣除的项目

在计算应纳税所得额时，下列支出不得扣除：

（1）向投资者支付的股息、红利等权益性投资收益款项。

（2）企业所得税税款。

（3）税收滞纳金，是指纳税人违反税收法规，被税务机关处以的滞纳金。

（4）罚金、罚款和被没收财物的损失，是指纳税人违反国家有关法律、法规规定，被有关部门处以的罚款，以及被司法机关处以的罚金和被没收的财物。

（5）超过规定标准的捐赠支出。

（6）赞助支出，是指企业发生的与生产经营活动无关的各种非广告性质支出。

（7）未经核定的准备金支出，是指不符合国务院财政、税务主管部门规定的各项资产减值准备、风险准备等准备金支出。

（8）企业之间支付的管理费、企业内营业机构之间支付的租金和特许权使用费，以及非银行企业内营业机构之间支付的利息，不得扣除。

（9）与取得收入无关的其他支出。

（六）亏损弥补

亏损是指企业依照《企业所得税法》和实施条例的规定，将每一纳税年度的收入总额减除不征税收入、免税收入和各项扣除后小于零的数额。税法规定，企业某一纳税年度发生的亏损可以用下一年度的所得弥补,下一年度的所得不足以弥补的,可以逐年延续弥补,但最长不得超过5年。弥补期从亏损年度后1年算起,连续5年不论盈利与亏损。连续发生年度亏损,也必须从各个亏损年度后一年算起,先亏先补,按顺序连续计算补亏期限,不允许将每个亏损年度的亏损额相加和连续弥补期相加。而且,企业在汇总计算缴纳企业所得税时,其境外营业机构的亏损不得抵减境内营业机构的盈利。

【案例5.5】

某企业2013年开始投入生产,2015—2021年获利情况见表5.4。

表5.4 2015—2021年获利情况表

单位:万元

年 度	2015	2016	2017	2018	2019	2020	2021
获 利	-50	-30	10	10	20	30	70

假定无其他调整项目,请计算该企业2016年应纳企业所得税(不考虑税收优惠政策)。

解析:根据规定,2015年度的亏损弥补期为2016—2020年,可依次以2017年、2018年、2019年、2020年的盈利弥补,弥补后2020年尚有盈利20万元;2016年度亏损弥补期为2017—2021年,因2017年、2018年、2019年的盈利和2020年盈利的一部分已用于弥补2015年亏损,因此,只能以2020年剩余的20万元和2021年的盈利弥补,弥补后2021年尚有盈利60万元。

所以,该企业2021年应纳企业所得税 = 60 × 25% = 15(万元)

【知识问答5.4】

是不是所有企业亏损弥补期都不超过5年?

答:不是,以下两种情形企业亏损弥补期可以超过5年:①自2018年1月1日起,当年具备高新技术企业或科技型中小企业资格的企业,其具备资格年度之前5个年度发生的尚未弥补完的亏损,准予结转以后年度弥补,最长结转年限由5年延长至10年。②对受新冠肺炎疫情影响较大的交通运输、餐饮、住宿、旅游、电影等5个行业,2020年度的亏损结转年限由税法规定的5年延长到8年。

二、关联企业应纳税所得额的确定

所谓关联企业,是指有下列关系之一的企业、其他经济组织或者个人:

(1)在资金、经营、购销等方面,存在直接或者间接的拥有或者控制关系。

(2)直接或者间接地同为第三者所拥有或者控制。

(3)其他在利益上具有相关联的关系。

企业与关联方之间的业务往来,不符合独立交易原则而减少企业或者其关联方应纳税收入或者所得额的,税务机关有权按照合理方法调整。企业与其关联方共同开发、受让无形资产,或者共同提供、接受劳务发生的成本,在计算应纳税所得额时应当按照独立交易原则进行分摊。

上述所称独立交易原则,是指没有关联关系的交易各方,按照公平成交价格和营业常规进行业务往来遵循的原则。所谓合理调整,是指税务机关按照下列顺序和确定的方法调整:

①可比非受控价格法,是指按照没有关联关系的交易各方进行相同或者类似业务往来的价格进行定价的方法。

②再销售价格法,是指按照从关联方购进商品再销售给没有关联关系的交易方的价格,减除相同或者类似业务的销售毛利进行定价的方法。

③成本加成法,是指按照成本加合理的费用和利润进行定价的方法。

④交易净利润法,是指按照没有关联关系的交易各方进行相同或者类似业务往来取得的净利润水平确定利润的方法。

⑤利润分割法,是指将企业与其关联方的合并利润或者亏损在各方之间采用合理标准进行分配的方法。

⑥其他符合独立交易原则的方法。

三、企业清算所得额的确定

企业依法清算时,以其清算终了后的清算所得为应纳税所得额,按规定缴纳企业所得税。所谓清算所得,是指企业清算时的全部资产或者财产扣除各项清算费用、损失、负债、企业未分配利润、公益金和公积金后的余额,超过实缴资本的部分。

四、资产的税务处理

企业各项资产,主要包括固定资产、生物资产、无形资产、长期待摊费用、投资资产、存货等。企业各项资产的计税基础以及扣除的正确与否,直接关系到企业的应纳税所得额的准确性。因此,《企业所得税法》及相关法规规定了纳税人资产的税务处理,其目的是要通过对资产的分类,区别资本性支出与收益性支出,确定准予扣除的项目和不准予扣除的项目,正确计算应纳税所得额。

企业的各项资产,均以历史成本为计税基础。历史成本是指企业取得该项资产时实际发生的支出。企业持有各项资产期间资产增值或者减值,除国务院财政、税务主管部门规定可以确认损益外,不得调整该资产的计税基础。

(一)固定资产的税务处理

固定资产是指企业为生产产品、提供劳务、出租或者经营管理而持有的、使用时间超过 12 个月的非货币性资产,包括房屋、建筑物、机器、机械、运输工具以及其他与生产经营活动有关的设备、器具、工具等。

1. 固定资产计税基础

(1)外购的固定资产,以购买价款和支付的相关税费以及直接归属于使该资产达到预定用途发生的其他支出为计税基础。

(2)自行建造的固定资产,以竣工结算前发生的支出为计税基础。

(3)融资租入的固定资产,以租赁合同约定的付款总额和承租人在签订租赁合同过程中发生的相关费用为计税基础,租赁合同未约定付款总额的,以该资产的公允价值和承租人在签订租赁合同过程中发生的相关费用为计税基础。

（4）盘盈的固定资产，以同类固定资产的重置完全价值为计税基础。

（5）通过捐赠、投资、非货币性资产交换、债务重组等方式取得的固定资产，以该资产的公允价值和支付的相关税费为计税基础。

（6）改建的固定资产除已足额提取折旧的固定资产和租入的固定资产以外的其他固定资产，以改建过程中发生的改建支出增加计税基础。

2. 固定资产折旧的范围

在计算应纳税所得额时，企业按照规定计算的固定资产折旧，准予扣除。下列固定资产不得计算折旧扣除：

（1）房屋、建筑物以外未投入使用的固定资产。

（2）以经营租赁方式租入的固定资产。

（3）以融资租赁方式租出的固定资产。

（4）已足额提取折旧仍继续使用的固定资产。

（5）与经营活动无关的固定资产。

（6）单独估价作为固定资产入账的土地。

（7）其他不得计算折旧扣除的固定资产。

3. 固定资产折旧的计提方法

（1）企业应当自固定资产投入使用月份的次月起计算折旧停止使用的固定资产，应当自停止使用月份的次月起停止计算折旧。

（2）企业应当根据固定资产的性质和使用情况，合理确定固定资产的预计净残值。固定资产的预计净残值一经确定，不得变更。

（3）固定资产按照直线法计算的折旧，准予扣除。

4. 固定资产折旧的计提年限

除国务院财政、税务主管部门另有规定外，固定资产计算折旧的最低年限如下：

（1）房屋、建筑物为 20 年。

（2）飞机、火车、轮船、机器、机械和其他生产设备为 10 年。

（3）与生产经营活动有关的器具、工具、家具等为 5 年。

（4）飞机、火车、轮船以外的运输工具为 4 年。

（5）电子设备为 3 年。

从事开采石油、天然气等矿产资源的企业，在开始商业性生产前发生的费用和有关固定资产的折耗、折旧方法，由国务院财政、税务主管部门另行规定。

（二）生物资产的税务处理

生物资产是指有生命的动物和植物。生物资产分为消耗性生物资产、生产性生物资产和公益性生物资产。消耗性生物资产，是指为出售而持有的或在将来收获为农产品的生物资产，包括生长中的农田作物、蔬菜、用材林以及存栏待售的牲畜等。生产性生物资产，是指为产出农产品、提供劳务或出租等目的而持有的生物资产，包括经济林、薪炭林、产畜和役畜等。公益性生物资产，是指以防护、环境保护为主要目的的生物资产，包括防风固沙林、水土保持林和水源涵养林等。

1. 生产性生物资产的计税基础

（1）外购的生产性生物资产，以购买价款和支付的相关税费为计税基础。

（2）通过捐赠、投资、非货币性资产交换、债务重组等方式取得的生产性生物资产，以该资产的公允价值和支付的相关税费为计税基础。

2. 生产性生物资产的折旧方法和折旧年限

生产性生物资产按照直线法计算的折旧，准予扣除。企业应当自生产性生物资产投入使用月份的次月起计算折旧；停止使用的生产性生物资产，应当自停止使用月份的次月起停止计算折旧。

企业应当根据生产性生物资产的性质和使用情况，合理确定生产性生物资产的预计净残值。生产性生物资产的预计净残值一经确定，不得变更。

生产性生物资产计算折旧的最低年限如下：

（1）林木类生产性生物资产为 10 年。

（2）畜类生产性生物资产为 3 年。

（三）无形资产的税务处理

无形资产是指企业长期使用、但没有实物形态的资产，包括专利权、商标权、著作权、土地使用权、非专利技术、商誉等。

1. 无形资产的计税基础

（1）外购的无形资产，以购买价款和支付的相关税费以及直接归属于使该资产达到预定用途发生的其他支出为计税基础。

（2）自行开发的无形资产，以开发过程中该资产符合资本化条件后至达到预定用途前发生的支出为计税基础。

（3）通过捐赠、投资、非货币性资产交换、债务重组等方式取得的无形资产，以该资产的公允价值和支付的相关税费为计税基础。

2. 无形资产摊销的范围

在计算应纳税所得额时，企业按照规定计算的无形资产摊销费用准予扣除。下列无形资产不得计算摊销费用扣除：

（1）自行开发的支出已在计算应纳税所得额时扣除的无形资产。

（2）自创商誉。

（3）与经营活动无关的无形资产。

（4）其他不得计算摊销费用扣除的无形资产。

3. 无形资产的摊销方法及年限

无形资产的摊销，采取直线法计算。无形资产的摊销年限不得低于 10 年。作为投资或者受让的无形资产，有关法律规定或者合同约定了使用年限的，可以按照规定或者约定的使用年限分期摊销。外购商誉的支出，在企业整体转让或者清算时，准予扣除。

（四）长期待摊费用的税务处理

长期待摊费用是指企业发生的应在一个年度以上或几个年度进行摊销的费用。在计算

应纳税所得额时,企业发生的下列支出作为长期待摊费用,按照规定摊销的,准予扣除:

(1)已足额提取折旧的固定资产的改建支出。

(2)租入固定资产的改建支出。

(3)固定资产的大修理支出。

(4)其他应当作为长期待摊费用的支出。

企业的固定资产修理支出可在发生当期直接扣除。企业的固定资产改良支出,如果有关固定资产尚未提足折旧,可增加固定资产价值;如有关固定资产已提足折旧,可作为长期待摊费用,在规定的期间内平均摊销。

固定资产的改建支出,是指改变房屋或者建筑物结构、延长使用年限等发生的支出。已足额提取折旧的固定资产的改建支出,按照固定资产预计尚可使用年限分期摊销。租入固定资产的改建支出,按照合同约定的剩余租赁期限分期摊销改建的固定资产。延长使用年限的,除已足额提取折旧的固定资产、租入固定资产的改建支出外,其他的固定资产发生改建支出,应当适当延长折旧年限。

大修理支出,按照固定资产尚可使用年限分期摊销。

税法所指固定资产的大修理支出,是指同时符合下列条件的支出:

(1)修理支出达到取得固定资产时的计税基础的50%以上。

(2)修理后固定资产的使用年限延长2年以上。

其他应当作为长期待摊费用的支出,自支出发生月份的次月起,分期摊销,摊销年限不得低于3年。

(五)存货的税务处理

存货是指企业持有以备出售的产品或者商品、处在生产过程中的在产品、在生产或者提供劳务过程中耗用的材料和物料等。

1. 存货的计税基础

(1)通过支付现金方式取得的存货,以购买价款和支付的相关税费为成本。

(2)通过支付现金以外的方式取得的存货,以该存货的公允价值和支付的相关税费为成本。

(3)生产性生物资产收获的农产品,以产出或者采收过程中发生的材料费、人工费和分摊的间接费用等必要支出为成本。

2. 存货的成本计算方法

企业使用或者销售的存货的成本计算方法,可以在先进先出法、加权平均法、个别计价法中选用一种。计价方法一经选用,不得随意变更。

企业转让以上资产,在计算应纳税所得额时,资产的净值允许扣除。其中,资产的净值是指有关资产、财产的计税基础减除已经按照规定扣除的折旧、折耗、摊销、准备金等后的余额。

除国务院财政、税务主管部门另有规定外,企业在重组过程中,应当在交易发生时确认有关资产的转让所得或者损失,相关资产应当按照交易价格重新确定计税基础。

（六）投资资产的税务处理

投资资产是指企业对外进行权益性投资和债权性投资而形成的资产。

1. 投资资产的成本

（1）通过支付现金方式取得的投资资产，以购买价款为成本。

（2）通过支付现金以外的方式取得的投资资产以该资产的公允价值和支付的相关税费为成本。

2. 投资资产成本的扣除方法

企业对外投资期间，投资资产的成本在计算应纳税所得额时不得扣除，企业在转让或者处置投资资产时，投资资产的成本准予扣除。

（七）税法规定与会计规定差异的处理

税法规定与会计规定差异的处理是指企业在财务会计核算中与税法规定不一致的，应当依照税法规定予以调整。即企业在平时进行会计核算时，可以按会计制度的有关规定进行账务处理，但在申报纳税时，对税法规定和会计制度规定有差异的，要按税法规定进行纳税调整。

（1）企业不能提供完整、准确的收入及成本、费用凭证，不能正确计算应纳税所得额的，由税务机关核定其应纳税所得额。

（2）企业应纳税所得额是根据税收法规计算出来的，它在数额上与依据财务会计制度计算的利润总额往往不一致。因此，税法规定：对企业按照有关财务会计规定计算的利润总额，要按照税法的规定进行必要调整后才能作为应纳税所得额计算缴纳所得税。

第三节 企业应纳所得税额的计算

一、居民企业应纳税额的计算

居民企业应缴纳所得税额等于应纳税所得额乘以适用税率，基本计算公式为：

$$应纳税额 = 应纳税所得额 \times 适用税率 - 减免税额 - 抵免税额$$

根据计算公式可以看出，应纳税额的多少，取决于应纳税所得额和适用税率两个因素。

在实际过程中，应纳税所得额的计算一般有两种方法。

（一）直接计算法

在直接计算法下，企业每一纳税年度的收入总额减除不征税收入、免税收入、各项扣除以及允许弥补的以前年度亏损后的余额为应纳税所得额。计算公式与前述相同，即：

$$应纳税所得额 = 收入总额 - 不征税收入 - 免税收入 - 各项扣除金额 - 弥补亏损$$

（二）间接计算法

在间接计算法下，在会计利润总额的基础上加或减按照税法规定调整的项目金额后，即为应纳税所得额。计算公式为：

$$应纳税所得额 = 会计利润总额 \pm 纳税调整项目金额$$

纳税调整项目金额包括两方面的内容：

（1）企业的财务会计处理和税收规定不一致应予以调整的金额。

（2）企业按税法规定准予扣除的税收金额。

【案例5.6】

惠州兴昂企业为居民企业（不属于小型微利企业），2021年发生经营业务如下：

（1）取得产品销售收入4 000万元。

（2）发生产品销售成本2 600万元。

（3）发生销售费用770万元（其中广告费650万元），管理费用480万元（其中业务招待费25万元），财务费用60万元。

（4）销售税金160万元（含允许抵扣的增值税120万元）。

（5）营业外收入80万元，营业外支出50万元（含通过公益性社会团体向贫困山区捐款30万元，支付税收滞纳金6万元）。

（6）计入成本、费用中的实发工资总额200万元，发生职工福利费31万元、职工教育经费7万元、职工工会经费5万元。

要求：计算该企业2021年度实际应纳的企业所得税。

解析：（1）会计利润总额 = 4 000 + 80 - 2 600 - 770 - 480 - 60 - 40 - 50 = 80（万元）

（2）广告费和业务宣传费调增所得额 = 650 - 4 000 × 15% = 650 - 600 = 50（万元）

（3）业务招待费按实际发生额60%计算 = 25 × 60% = 15（万元），按销售收入的5‰计算 = 4 000 × 5‰ = 20（万元），按照规定税前扣除限额应为15万元，故业务招待费应调增所得额 = 25 - 15 = 10（万元）

（4）捐赠支出应调增所得额 = 30 - 80 × 12% = 20.4（万元）

（5）税收滞纳金应调增所得额 = 6（万元）

（6）职工福利费应调增所得额 = 31 - 200 × 14% = 3（万元）；职工教育经费7万元未超过扣除限额16万元（200 × 8%），可以全额扣除，不需要调整；工会经费应调增所得额 = 5 - 200 × 2% = 1（万元）

（7）应纳税所得额 = 80 + 50 + 10 + 20.4 + 6 + 3 + 1 = 170.4（万元）

（8）2021年该企业应缴企业所得税 = 170.4 × 25% = 42.6（万元）

【案例5.7】

惠州建邦工业企业为居民企业，2021年发生经营业务如下：

全年取得产品销售收入5 600万元，发生产品销售成本4 000万元；其他业务收入800万元，其他业务成本660万元；取得购买国债的利息收入40万元；缴纳非增值税销售税金及附加300万元；发生的管理费用760万元，其中新技术的研究开发费用为60万元（符合100%加计扣除规定）、业务招待费用为70万元；发生财务费用200万元；取得直接投资其他居民企业的权益性收益34万元，取得营业外收入100万元，发生营业外支出250万元，其中公益性捐赠38万元。

要求: 计算该企业 2021 年应纳的企业所得税。

解析:(1)利润总额 = 5 600 + 800 + 40 + 34 + 100 − 4 000 − 660 − 300 − 760 − 200 − 250 = 404(万元)

(2)国债利息收入免征企业所得税,应调减所得额 40 万元。

(3)研发费用应调减所得额 = 60 × 100% = 60(万元)

(4)业务招待费按实际发生的 60% 计算 = 70 × 60% = 42 万元,按销售(营业)收入的 5‰ 计算 = (5 600 + 800) × 5‰ = 32 万元,按照规定税前扣除限额应为 32 万元,故业务招待费应调增所得额 = 70 − 32 = 38 万元

(5)取得直接投资其他居民企业的权益性收益属于免税收入,应调减应纳税所得额 34 万元。

(6)捐赠扣除标准 = 404 × 12% = 48.48(万元),实际捐赠额 38 万元小于扣除标准 48.48 万元,可按实捐数扣除,不做纳税调整。

(7)应纳税所得额 = 404 − 40 − 60 + 38 − 34 = 308(万元)

(8)该企业 2021 年应缴纳企业所得税 = 308 × 25% = 77(万元)

二、预缴及汇算清缴所得税的计算

企业所得税实行按年计征、分期预缴、年终汇算清缴、多退少补的办法。其应纳所得税的计算分为按月(季)预缴所得税计算和年终汇算清缴所得税计算两部分。

(一)按月(季)预缴所得税的计算方法

纳税人按月(季)预缴所得税时,应当按纳税期限内应纳税所得额的实际数预缴;按实际数预缴有困难的,可按上一年度应纳税所得额的 1/12 或 1/4 预缴,或者经当地税务机关认可的其他方法分期预缴所得税。预缴方法一经确定,不得随意改变。

企业按月(季)预缴所得税应纳税额的计算公式为:

$$应纳所得税额 = 月份(季度)应纳税所得额或上年应纳税所得额 × 1/12(或1/4) × 适用税率$$

(二)年终汇算清缴所得税的计算方法

年终汇算清缴应补(退)所得税额 = 全年应纳税所得额 × 适用税率 − 本年累计预缴所得税税额

【案例 5.8】

某企业 2020 年全年应纳税所得额 240 万元。2021 年,企业经税务机关同意,每季度按 2020 年应纳税所得额的 1/4 预缴企业所得税。2021 年全年实现利润经调整后的应纳税所得额为 300 万元。计算该企业 2021 年每季度应预缴的企业所得税,年终汇算清缴时应补缴的企业所得税。

解析:(1)2021 年实际已预缴税额 = 240 × 25% = 60(万元)

(2)2021 年全年应纳所得税额 = 300 × 25% = 75(万元)

(3)年终汇算清缴时应补缴税额 = 75 − 60 = 15(万元)

三、境外所得抵扣税额的计算

（一）有关抵免境外已纳所得税额的规定

（1）税法规定允许抵免的两种情况：①居民企业来源于中国境外的应税所得；②非居民企业在中国境内设立机构、场所，取得发生在中国境外但与该机构、场所有实际联系的应税所得。

（2）税法规定，企业取得的上述所得已在境外缴纳的所得税税额，可以从其当期应纳税额中抵免，抵免限额为该项所得依照税法规定计算的应纳税额；超过抵免限额的部分，可以在以后 5 个年度内，用每年度抵免限额抵免当年应抵税额后的余额进行抵补。

其中：①已在境外缴纳的所得税税额，是指企业来源于中国境外的所得依照中国境外税收法律以及相关规定应当缴纳并已经实际缴纳的企业所得税性质的税款。②抵免限额，是指企业来源于中国境外的所得，依照我国税法的相关规定计算的应纳税额。我国采用的是限额抵免法，即抵免限额不得超过按我国税法规定计算的额度，超过部分不得在当期抵免，但可以用今后 5 年内抵免余额抵补。

企业可以选择按国（地区）别分别计算［即"分国（地区）不分项"］，或者不按国（地区）别汇总计算［即"不分国（地区）不分项"］其来源于境外的应纳税所得额，并按照税法规定的税率，分别计算其可抵免境外所得税税额和抵免限额。上述方法一经选择，5 年内不得改变。

按分国（地区）不分项方式计算抵免限额，计算公式如下：

抵免限额 = 中国境内、境外所得依照企业所得税法规定计算的应纳税总额 × 来源于某国（地区）的应纳税所得额 ÷ 中国境内、境外应纳税所得总额

（二）有关享受抵免境外所得税的范围及条件

税法规定：居民企业从其直接或者间接控制的外国企业分得的来源于中国境外的股息、红利等权益性投资收益，外国企业在境外实际缴纳的所得税税额中属于该项所得负担的部分，可以作为该居民企业的可抵免境外所得税税额，在税法规定的抵免限额内抵免。

（1）直接控制，是指居民企业直接持有外国企业 20% 以上股份。

（2）间接控制，是指居民企业以间接持股方式持有外国企业 20% 以上股份。

企业依照《企业所得税法》的规定抵免企业所得税税额时，应当提供中国境外税务机关出具的税款所属年度的有关纳税凭证。

【案例5.9】

世一公司 2021 年度境内应纳税所得额为 100 万元，适用 25% 的企业所得税税率。另外，该公司分别在 A，B 两国设有分支机构（我国与 A，B 两国已经缔结避免双重征税协定），在 A 国分支机构的应纳税所得额为 50 万元，A 国税率为 20%；在 B 国的分支机构的应纳税所得额为 30 万元，B 国税率为 30%。假设该公司在 A，B 两国所得按我国税法计算的应纳税所得额和按 A，B 两国税法计算的应纳税所得额一致，两个分支机构在 A，B 两国分别缴纳了 10 万元和 9 万元的企业所得税。

　　要求: 计算该公司汇总时在我国应缴纳的企业所得税税额[选择按分国(地区)不分项方法]。

　　解析: (1)该公司按我国税法计算的境内、境外所得的应纳税额。

　　应纳税额 = (100 + 50 + 30) × 25% = 45(万元)

　　(2)A,B 两国的扣除限额。

　　A 国扣除限额 = 45 × [50 ÷ (100 + 50 + 30)] = 12.5(万元)

　　B 国扣除限额 = 45 × [30 ÷ (100 + 50 + 30)] = 7.5(万元)

　　在 A 国缴纳的所得税为 10 万元,低于扣除限额 12.5 万元,可全额扣除。

　　在 B 国缴纳的所得税为 9 万元,高于扣除限额 7.5 万元,其超过扣除限额的部分 1.5 万元当年不能扣除。

　　(3)汇总时在我国应缴纳的所得税 = 45 - 10 - 7.5 = 27.5(万元)。

四、居民企业核定征收应纳税额的计算

　　为了加强企业所得税征收管理,规范核定征收企业所得税工作,保障国家税款及时足额入库,维护纳税人合法权益,根据《企业所得税法》及其实施条例、《税收征收管理法》及其实施细则的有关规定,核定征收企业所得税的有关规定如下。

(一)核定征收企业所得税的范围

　　居民企业纳税人具有下列情形之一的,核定征收企业所得税:

　　(1)依照法律、行政法规的规定可以不设置账簿的。

　　(2)依照法律、行政法规的规定应当设置但未设置账簿的。

　　(3)擅自销毁账簿或者拒不提供纳税资料的。

　　(4)虽设置账簿,但账目混乱或者成本资料、收入凭证、费用凭证残缺不全,难以查账的。

　　(5)发生纳税义务,未按照规定的期限办理纳税申报,经税务机关责令限期申报,逾期仍不申报的。

　　(6)申报的计税依据明显偏低,又无正当理由的。

　　特殊行业、特殊类型的纳税人和一定规模以上的纳税人不适用上述办法,具体办法由国家税务总局另行明确规定。

(二)核定征收的办法

　　税务机关应根据纳税人的具体情况,对核定征收企业所得税的纳税人,核定应税所得率或者核定应纳所得税额。

　　(1)具有下列情形之一的,核定其应税所得率:

　　①能正确核算(查实)收入总额,但不能正确核算(查实)成本费用总额的。

　　②能正确核算(查实)成本费用总额,但不能正确核算(查实)收入总额的。

　　③通过合理方法,能计算和推定纳税人收入总额或成本费用总额的。

　　纳税人不属于以上情形的,核定其应纳所得税额。

（2）税务机关采用下列方法核定征收企业所得税：

①参照当地同类行业或者类似行业中经营规模和收入水平相近的纳税人的税负水平核定。

②按照应税收入额或成本费用支出额定率核定。

③按照耗用的原材料、燃料、动力等推算或测算核定。

④按照其他合理方法核定。

采用前款所列一种方法不足以正确核定应纳税所得额或应纳税额的，可以同时采用两种以上的方法核定。采用两种以上方法测算的应纳税额不一致时，可按测算的应纳税额从高核定。各行业应税所得率幅度见表5.5。

表5.5　各行业应税所得率幅度表

行　业	应税所得率/%
农、林、牧、渔业	3～10
制造业	5～15
批发和零售贸易业	4～15
交通运输业	7～15
建筑业	8～20
饮食业	8～25
娱乐业	15～30
其他行业	10～30

采用应税所得率方式核定征收企业所得税的，应纳所得税额计算公式如下：

$$应纳所得税额 = 应纳税所得额 \times 适用税率$$

$$应纳税所得额 = 应税收入额 \times 应税所得率$$

或：应纳税所得额 = 成本（费用）支出额 ÷（1 - 应税所得率）× 应税所得率

实行应税所得率方式核定征收企业所得税的纳税人，经营多业的，无论其经营项目是否单独核算，均由税务机关根据其主营项目确定适用的应税所得率。

主营项目应为纳税人所有经营项目中，收入总额或者成本（费用）支出额或者耗用原材料、燃料、动力数量所占比重最大的项目。

纳税人的生产经营范围、主营业务发生重大变化，或者应纳税所得额或应纳税额增减变化达到20%的，应及时向税务机关申报调整已确定的应纳税额或应税所得率。

五、非居民企业应纳税额的计算

对于在中国境内未设立机构、场所的，或者虽设立机构、场所但取得的所得与其所设机构、场所没有实际联系的非居民企业的所得，按照下列方法计算应纳税所得额：

（1）股息、红利等权益性投资收益和利息、租金、特许权使用费所得，以收入全额为应纳税所得额。

（2）转让财产所得，以收入全额减除财产净值后的余额为应纳税所得额。

（3）其他所得，参照前两项规定的方法计算应纳税所得额。

财产净值是指财产的计税基础减除已经按照规定扣除的折旧、折耗、摊销、准备金等后的余额。

六、清算所得应纳税额的计算

$$应纳税额 = 清算所得额 × 适用税率$$

第四节 企业所得税的征收管理

一、纳税地点

（1）除税法法律、行政法规规定外，居民企业以企业登记注册地为纳税地点；登记注册地在境外，以实际管理机构所在地为纳税地点。企业注册登记地是指企业依照国家有关规定登记注册的住所地。

（2）居民企业在中国境内设立不具有法人资格的营利机构的，应当汇总计算并缴纳企业所得税。企业汇总计算并缴纳企业所得税时，应当统一核算应纳税所得额，具体办法由国务院财政、税务主管部门另行制定。

（3）非居民企业在中国境内设立机构、场所，应当就其所设立机构、场所取得的来源于中国境内的所得，以及发生在中国境外但与其所设机构、场所有实际联系的所得，以机构、场所所在地为纳税地点。非居民企业在中国境内设立两个或者两个以上机构、场所的，经税务机关审核批准，可以选择由其主要机构、场所汇总缴纳企业所得税。非居民企业经批准汇总缴纳企业所得税后，需要增设、合并、迁移、关闭机构、场所或者停止机构、场所业务的，应当事先由负责汇总申请缴纳企业所得税的主要机构、场所向其所在地税务机关报告；需要变更汇总缴纳企业所得税的主要机构、场所的，依照前款规定办理。

（4）非居民企业在中国境内未设立机构、场所，或者设立机构、场所但取得的所得与其所设机构、场所没有实际联系的，以扣缴义务人所在地为纳税地点。

二、纳税期限

企业所得税的纳税年度，自公历1月1日起至12月31日止。企业在一个纳税年度的中间开业，或者出于合并、关闭等原因终止经营活动，使该纳税年度的实际经营期不足12个月的，应当以其实际经营期为一个纳税年度，企业清算时，应当以清算期间作为一个纳税年度。

自年度终了之日起5个月内，向税务机关报送年度企业所得税纳税申请表，并汇算清缴，结清应缴应退税款。

企业在年度中间终止经营活动的，应当自实际经营终止之日起60日内，向税务机关办理当期企业所得税汇算清缴。

三、征收方式

企业所得税征收方式有两种：核定征收和查账征收。

（1）能正确计算应纳税所得额的企业采取查账计征办法。

（2）账册不健全、不能正确核算应纳税所得额的业户采取核定征收的方法纳税。

①定额征收。定额征收是指税务机关按照一定的标准、程序和方法，直接核定纳税人年度应纳企业所得税额，由纳税人按规定进行申报缴纳的办法。

②核定应税所得率征收。核定应税所得率是指税务机关按照一定的标准、程序和方法，预先核定纳税人的应税所得率，由纳税人根据纳税年度内的收入总额或成本费用等项目的实际发生额，按预先核定的应税所得率计算缴纳企业所得税的办法。

四、纳税申报

企业所得税按年计征、分期预缴、年终汇算清缴、多退少补。按月或按季预缴的，应当自月份或者季度终了之日起15日内，向税务机关报送预缴企业所得税纳税申报表（表5.6），预缴税款。

企业应于年度终了后15日内申报和预缴最后一期的企业所得税税款。

企业根据《中华人民共和国企业所得税汇算清缴管理办法》于年度终了5个月内进行汇算清缴，在报送企业所得税纳税申报表时，应当按照规定附送财务会计报告和其他有关资料。企业应当在办理注销登记前，就其清算所得向税务机关申报并依法缴纳企业所得税。

依照《企业所得税法》缴纳的企业所得税，以人民币计算。所得以人民币以外的货币计算的，应当折合成人民币计算缴纳税款。

企业在纳税年度内无论盈利或者亏损，都应当依照《企业所得税法》第五十四条规定的期限，向税务机关报送预缴企业所得税纳税申报表、年度企业所得税纳税申报表（表5.7）及其附表（本书略）、财务会计报告和税务机关规定应当报送的其他有关资料。

表5.6　中华人民共和国企业所得税月（季）度预缴纳税申报表（A类）

税款所属期：自　　年　月　日至　　年　月　日

纳税人识别号（统一社会信用代码）：☐☐☐☐☐☐☐☐☐☐☐☐☐☐☐☐☐☐

纳税人名称：　　　　　　　　　　　　　　　　金额单位：人民币元（列至角分）

优惠及附报事项有关信息									
项　目	一季度		二季度		三季度		四季度		季度平均值
	季初	季末	季初	季末	季初	季末	季初	季末	
从业人数									
资产总额（万元）									
国家限制或禁止行业	□是□否				小型微利企业				□是□否

续表

	附报事项名称	金额或选项
事项1	（填写特定事项名称）	
事项2	（填写特定事项名称）	
	预缴税款计算	本年累计
1	营业收入	
2	营业成本	
3	利润总额	
4	加:特定业务计算的应纳税所得额	
5	减:不征税收入	
6	减:资产加速折旧、摊销(扣除)调减额(填写 A201020)	
7	减:免税收入、减计收入、加计扣除(7.1+7.2+…)	
7.1	（填写优惠事项名称）	
7.2	（填写优惠事项名称）	
8	减:所得减免(8.1+8.2+…)	
8.1	（填写优惠事项名称）	
8.2	（填写优惠事项名称）	
9	减:弥补以前年度亏损	
10	实际利润额(3+4-5-6-7-8-9)\按照上一纳税年度应纳税所得额平均额确定的应纳税所得额	
11	税率(25%)	
12	应纳所得税额(10×11)	
13	减:减免所得税额(13.1+13.2+…)	
13.1	（填写优惠事项名称）	
13.2	（填写优惠事项名称）	
14	减:本年实际已缴纳所得税额	
15	减:特定业务预缴(征)所得税额	
16	本期应补(退)所得税额(12-13-14-15)\税务机关确定的本期应纳所得税额	
	汇总纳税企业总分机构税款计算	
17	总机构	总机构本期分摊应补(退)所得税额(18+19+20)	
18		其中:总机构分摊应补(退)所得税额(16×总机构分摊比例＿＿＿%)	
19		财政集中分配应补(退)所得税额(16×财政集中分配比例＿＿＿%)	
20		总机构具有主体生产经营职能的部门分摊所得税额(16×全部分支机构分摊比例＿＿＿%×总机构具有主体生产经营职能部门分摊比例＿＿＿%)	

续表

汇总纳税企业总分机构税款计算			
21	分支机构	分支机构本期分摊比例	
22		分支机构本期分摊应补(退)所得税额	
实际缴纳企业所得税计算			
23	减:民族自治地区企业所得税地方分享部分:□免征　□减征:减征幅度_____%		本年累计应减免金额〔(12-13-15)×40%×减征幅度〕
24	实际应补(退)所得税额		
谨声明:本纳税申报表是根据国家税收法律法规及相关规定填报的,是真实的、可靠的、完整的。 　　　　　　　　　　　　　　　　　　　　　　　纳税人(签章):　　年　月　日			
经办人: 经办人身份证号: 代理机构签章: 代理机构统一社会信用代码:		受理人: 受理税务机关(章): 受理日期:　　年　月　日	

国家税务总局监制

表5.7　A100000 中华人民共和国企业所得税年度纳税申报表(A类)

行次	类别	项　目	金　额
1	利润总额计算	一、营业收入(填写 A101010\101020\103000)	
2		减:营业成本(填写 A102010\102020\103000)	
3		减:税金及附加	
4		减:销售费用(填写 A104000)	
5		减:管理费用(填写 A104000)	
6		减:财务费用(填写 A104000)	
7		减:资产减值损失	
8		加:公允价值变动收益	
9		加:投资收益	
10		二、营业利润(1-2-3-4-5-6-7+8+9)	
11		加:营业外收入(填写 A101010\101020\103000)	
12		减:营业外支出(填写 A102010\102020\103000)	
13		三、利润总额(10+11-12)	
14	应纳税所得额计算	减:境外所得(填写 A108010)	
15		加:纳税调整增加额(填写 A105000)	
16		减:纳税调整减少额(填写 A105000)	
17		减:免税、减计收入及加计扣除(填写 A107010)	

续表

行次	类别	项 目	金 额
18	应纳税所得额计算	加:境外应税所得抵减境内亏损(填写 A108000)	
19		四、纳税调整后所得(13-14+15-16-17+18)	
20		减:所得减免(填写 A107020)	
21		减:弥补以前年度亏损(填写 A106000)	
22		减:抵扣应纳税所得额(填写 A107030)	
23		五、应纳税所得额(19-20-21-22)	
24	应纳税额计算	税率(25%)	
25		六、应纳所得税额(23×24)	
26		减:减免所得税额(填写 A107040)	
27		减:抵免所得税额(填写 A107050)	
28		七、应纳税额(25-26-27)	
29		加:境外所得应纳所得税额(填写 A108000)	
30		减:境外所得抵免所得税额(填写 A108000)	
31		八、实际应纳所得税额(28+29-30)	
32		减:本年累计实际已缴纳的所得税额	
33		九、本年应补(退)所得税额(31-32)	
34		其中:总机构分摊本年应补(退)所得税额(填写 A109000)	
35		财政集中分配本年应补(退)所得税额(填写 A109000)	
36		总机构主体生产经营部门分摊本年应补(退)所得税额(填写 A109000)	

【本章小结】

本章阐述了企业所得税概念、纳税义务人、征税对象、税率、优惠政策等基本内容,明确企业所得税的计税依据——应纳税所得额的确认方法,包括直接法和间接法,重点介绍了居民企业应纳税额的计算,讲述了企业所得税的征收管理。要正确计算企业所得税应纳税额,必须准确确认应纳税所得额,只有正确计算企业所得税应纳税额,才能保证企业所得税申报的正确。

知识运用与实训

一、名词解释

企业所得税 居民企业 非居民企业 应纳税所得额

二、简答题

1. 简要说明企业所得税的征税对象。
2. 简要说明企业所得税免税收入的项目。
3. 简要说明企业所得税可扣除项目范围。
4. 简要说明企业所得税不得扣除项目。

三、单项选择题

1. 企业所得税的计税依据为( )。
    A. 营业额　　　　B. 增值额　　　　C. 会计利润额　　　　D. 应纳税所得额

2. 下列属于企业所得税的纳税义务人是( )。
    A. 国有企业　　　B. 合伙企业　　　C. 个人独资企业　　　D. 个体工商户

3. 企业所得税法规定,下列收入中属于免税收入的是( )。
    A. 取得贷给其他企业款项的利息收入　　B. 购买国债利息收入
    C. 购买金融债券取得利息收入　　　　　D. 接受捐赠收入

4. 下列税金不得在企业所得税前扣除的是( )。
    A. 增值税　　　　B. 消费税　　　　C. 房产税　　　　D. 土地增值税

5. 下列支出中不得在企业所得税前扣除的是( )。
    A. 按实发工资总额14%计提的职工福利费
    B. 按实发工资总额6%计提的职工教育费
    C. 按实发工资总额2.5%计提的工会经费
    D. 与生产经营有关的实发工资及奖金

6. 符合条件的小型微利企业,减按( )的税率征收企业所得税。
    A. 10%　　　　　B. 20%　　　　　C. 15%　　　　　D. 5%

7. 居民企业登记注册地在境外的,以( )为纳税地点。
    A. 实际管理机构所在地　　　　　　　B. 劳务发生地
    C. 机构、场所所在地　　　　　　　　D. 扣缴义务人所在地

8. 某小型企业,2022年1月20日向其主管税务机关申报2021年度取得收入总额150万元,发生直接成本120万元,其他费用40万元,全年亏损10万元。经税务机关检查,其收入总额无误,但成本、费用不能准确核算。假定应税所得率为20%,按照核定征收企业所得税的办法,该小型企业2021年度应纳的企业所得税为( )万元。
    A. 7.5　　　　　B. 8.5　　　　　C. 10.5　　　　　D. 30

9. 某企业2014年开始投入生产经营,2015—2021年获利情况见表5.8。

表5.8　2015—2021年获利情况

单位:万元

年度	2015	2016	2017	2018	2019	2020	2021
获利	−50	−10	5	15	20	−5	25

不考虑其他企业所得税优惠政策问题,该企业 2021 年应纳企业所得税为(　　)万元。

　　A. 0　　　　　　　　B. 2. 5　　　　　　　　C. 3. 75　　　　　　　　D. 5

　　10. 某企业 2021 年度通过希望工程基金会向自然灾害区捐款 50 万元,直接向某学校捐款 5 万元,均在营业外支出中列支。该企业当年实现利润总额 400 万元。根据企业所得税法律制度的规定,该企业 2016 年度应纳税所得额为(　　)万元。

　　A. 405　　　　　　　B. 407　　　　　　　　C. 355　　　　　　　　D. 455

四、多项选择题

　　1. 根据《企业所得税法》的规定,企业分为居民企业和非居民企业,以下说法中属于非居民企业的是(　　)。

　　　　A. 依照中国的法律在中国境内成立的企业

　　　　B. 依照外国(地区)法律成立但实际管理机构在中国境内的企业

　　　　C. 依照外国(地区)法律成立且实际管理机构不在中国境内,但在中国境内设立机构、场所的企业

　　　　D. 在中国境内未设立机构、场所,但有来源于中国境内所得的企业

　　2. 下列项目中属企业所得税征税对象的是(　　)。

　　　　A. 企业从事物资生产取得的合法经营所得

　　　　B. 出租固定资产所得

　　　　C. 因债权人原因确实无法支付的应付款项

　　　　D. 清算所得

　　3. 根据我国《企业所得税法》及其实施细则的规定,纳税人发生的下列支出中,在计算应纳税所得额时不准予扣除的是(　　)。

　　　　A. 银行加收的罚息　　　　　　　　　　B. 工商机关所处的罚款

　　　　C. 对外担保支出　　　　　　　　　　　D. 销售商品给予对方采购人的回扣

　　4. 在计算应纳税所得额时,根据规定,下列各项中,不得扣除的是(　　)。

　　　　A. 购置价值超过 500 万元的大型设备的款项

　　　　B. 缴纳的财产保险费

　　　　C. 广告性赞助支出

　　　　D. 向投资者支付的股息、红利

　　5. 企业从事(　　)项目的所得,免征企业所得税。

　　　　A. 花卉的种植　　　　　　　　　　　　B. 农作物新品种的选育

　　　　C. 牲畜、家禽的饲养　　　　　　　　　D. 农、林、牧、渔服务业项目

　　6. 企业为开发新技术、新产品、新工艺发生的研究开发费用(　　)。

　　　　A. 未形成无形资产计入当期损益的,可以据实扣除,但不能享受按照研究开发费用的 75% 加计扣除

　　　　B. 未形成无形资产计入当期损益的,可在据实扣除的基础上享受再按照研究开发费用的 75% 加计扣除

C. 形成无形资产的,按照无形资产成本的 150% 摊销

D. 形成无形资产的,按照无形资产成本的 175% 摊销

7. 下列关于企业所得税扣除项目标准说法正确的是（　　）。

A. 企业发生的工资都可全额扣除

B. 广告费和业务宣传费的扣除标准为不超过当年销售（营业）收入 15% 的部分

C. 企业发生的合理的劳动保护支出,准予扣除

D. 企业发生的公益性捐赠支出,不超过年度利润总额的 12% 的部分,准予扣除

8. 企业所得税法所称关联方,是指与企业有（　　）关联关系之一的企业、其他组织或个人。

A. 在资金、经营、购销等方面存在直接的控制关系

B. 在资金、经营、购销等方面存在间接的控制关系

C. 直接地同为第三者控制

D. 间接地同为第三者控制

9. 企业租赁固定资产发生的下列费用中,符合企业所得税法规定的有（　　）。

A. 企业以经营租赁方式租入固定资产发生的租金应按受益时间均匀扣除

B. 企业以融资租赁方式租入固定资产发生的租金应按受益时间均匀扣除

C. 企业因经营租赁固定资产而计提的固定资产折旧可以扣除

D. 企业因融资租赁固定资产而计提的固定资产折旧可以扣除

10. 企业可以缩短折旧年限的固定资产包括（　　）。

A. 由于技术进步,产品更新换代较快的固定资产

B. 购买的固定资产

C. 租入的固定资产

D. 常年处于强震动、高腐蚀状态的固定资产

五、案例分析

1. 建邦服装公司 2021 年所得税缴纳情况如下:

第一季度累计所得 25 万元,第二季度累计所得 40 万元,第三季度累计所得 70 万元,第四季度累计所得 90 万元,一至四季度已预缴企业所得税。年终纳税调整项目有以下 3 项:

（1）2021 年 8 月因隐瞒产品销售收入 20 万元（含税）,被处少缴增值税 2 倍罚款已在税前扣除（隐瞒的收入后来已入账）。

（2）向某单位临时借款 100 万元,支付利息 8 万元（银行同类贷款利率为 5%）。

（3）支付非广告性质的赞助费 12 万元。

要求:根据上述资料,计算该服装企业各季预缴和年终汇算清缴的企业所得税税额（不考虑税收优惠政策）。

2. 某国有工业企业,2021 年度生产经营情况如下:

（1）产品销售收入 5 000 万元,其他业务收入 300 万元。

（2）产品销售成本 4 000 万元,缴纳增值税 80 万元,城市维护建设和教育费附加、地方

教育费附加 9.6 万元。

（3）销售费用 120 万元，财务费用 30 万元，管理费用 200 万元，其中业务招待费 30 万元。

（4）营业外支出 30 万元，其中，通过当地民政部门向希望小学捐款 20 万元，向技术监督部门缴纳罚款 10 万元。

（5）计入成本、费用中的实发工资总额 600 万元，发生职工福利费 90 万元、职工教育经费 23 万元、职工工会经费 15 万元。

要求：计算该企业 2021 年应缴纳企业所得税额。

六、实践训练

（一）企业概况（虚构）

企业名称：深圳威捷机电科技有限公司

企业性质：私营企业

企业法人代表：涂飞隆

企业地址：深圳市龙华区威捷科技园

企业联系电话：0755-85897222

开户银行：中国建设银行深圳分行龙华支行

银行账号：6222803191121553018

统一社会信用代码：914513025625779412

（二）业务模拟

深圳威捷机电科技有限公司的主要经营产品为智能机电一体化门控。2021 年该公司总股本为 800 万元，固定资产原值为 480 万元，在职人员 280 人。该企业被认定为增值税一般纳税人，会计核算健全，企业所得税适用查账征收方式，生产经营状况良好。该企业执行《企业会计制度》与现行税收政策，采用应付税款法核算所得税。

其他企业资料如下：该企业的所得税税率为 25%，采用按季方式预缴所得税。2021 年每季度终了 15 日内预缴所得税，截至 12 月 31 日共计预缴 60 万元。年度终了后 5 个月进行所得税汇算清缴。企业的损益项目见表 5.9。

表 5.9 企业的损益项目

序 号	项 目	金额/万元
1	营业收入	1 000
2	营业成本	420
3	税金及附加	120
4	营业费用	80
5	管理费用	130
6	财务费用	60

续表

序　号	项　目	金额/万元
7	投资收益	20
8	营业外收入	50
9	营业外支出	18
10	利润总额	242
11	所得税	60
12	净利润	182

1.企业城市维护建设税适用7%税率,教育费附加费率为3%。

2.进行汇算清缴时发现以下差异:

(1)投资收益中包括国债利息收入10万元。

(2)营业外支出中有12万元是税收罚款,6万元是直接捐赠支出。

(3)财务费用中,向非银行金融机构借款300万元,借款年利率为6%(银行同类贷款利率为5%),银行罚息10万元。

(4)管理费用130万元(其中业务招待费20万元)。

（三）实训要求

1.根据上述资料计算深圳威捷机电科技有限公司2021年应缴纳的企业所得税并进行汇算清缴。

2.填制企业所得税纳税申报表,见表5.7。

知识运用与实训标准答案

第六章　个人所得税法

【知识点拨】

　　个人所得税法是所得税法的重要组成部分,在我国税法体系中地位逐年提高。个人所得税是世界各国普遍征收的一个税种,在有的国家已成主体税种。个人所得税的征收从世界范围来看已有 200 余年历史,在我国也有 40 多年历史,是我国财政收入的重要来源之一,也是国家进行收入再分配的重要手段之一。本章的重点是个人所得税的构成要素及应纳税额的计算,难点是纳税义务人的界定及税目的确定和个人所得税应纳税额的计算。

【知识引读】

标注个人所得税改革新高度

　　期盼已久的个人所得税改革由分类税制向综合税制迈出了关键一步。自 2019 年 1 月 1 日起以 6 项专项附加扣除落地见效为标志,我国个人所得税改革成为全面实施营改增之后财税改革的重要突破口。自 1980 年 9 月 10 日第五届全国人民代表大会第三次会议通过《个人所得税法》至 2018 年 38 年的时间里,我国个人所得税历经六次大的调整,但总体框架一直围绕基本减除费用(俗称起征点)的分类税制,征管方式一直采用代扣代缴模式。而此次个人所得税改革具有以下两个鲜明特点:一是个人所得税改革聚焦民生、体现公平。本次个人所得税改革涉及 6 项专项附加扣除,即子女教育、继续教育、大病医疗、住房贷款利息、住房租金、赡养老人。二是个人所得税改革牵引征管、促进消费,让个人所得税制度更加成熟、更加定型,增强纳税人获得感、幸福感。对于大多数纳税人而言,减税效果和税后收入都会有明显改善。专项附加扣除的顺利实施要以获取相关涉税信息为保障,这实际上倒逼税务系统加快个人所得税征管信息化、一体化、现代化步伐。对企业而言,个人所得税扣缴工作也将发生诸多变化,随之而来的则是税务机关征管能力和服务水平的提升。未来,"税"不再是停留于纳税人工资单上的一个数字,而是集合纳税人生活信息、引导消费决策的重要因素。建立更加成熟、更加定型的综合与分类相结合的个人所得税制度,标注了新时代税制改革的新坐标、新方位!

　　从上面的引读中我们可以思考:什么是个人所得税? 个人所得税的特点是什么? 它的优惠政策有哪些? 个人所得税的应纳税额又是如何计算的? 本章将对这些问题进行阐述。

第一节　个人所得税概述

一、个人所得税的含义

个人所得税是以个人(自然人)取得的各项应税所得为征税对象所征收的一种税。

个人所得税是国家财政收入的重要来源,对调节社会收入分配具有重要作用。个人所得税法用法律规范系统保障个人所得税的征收,其内容随着社会经济的发展而不断变化。1980年9月,第五届全国人大制定、公布了《中华人民共和国个人所得税法》,我国始征个人所得税;现行新修订后的《中华人民共和国个人所得税法》及《中华人民共和国个人所得税法实施条例》(简称《个人所得税法实施条例》)于2019年1月1日正式实施。

【知识卡片6.1】

潜力巨大的个税征收

个人所得税在1799年由英国最早开征,距今已有220余年的历史。在西方发达资本主义国家个人所得税对政府收入的贡献很大,地位十分重要,许多国家个人所得税占中央政府全部税收的比重都在20%~40%,如英国、西班牙等。在美国和新西兰等国,个人所得税甚至占到中央政府收入的50%左右。在发展中国家,目前个人所得税占政府收入的比重并不高,但作为一个新型的税种,其发展潜力不可低估。

二、个人所得税的特点

(一)混合征收

世界各国的个人所得税制大体可分为3种类型:分类所得税制、综合所得税制和混合所得税制。目前我国已经初步建立了分类与综合相结合的征收模式,即混合征收制。

(二)累进税率与比例税率并用

分类所得税制一般采用比例税率,综合所得税制通常采用累进税率。比例税率计算简便,便于实行源泉扣缴;累进税率可以合理调节收入分配,体现公平。我国现行个人所得税根据各类个人所得的不同性质和特点,将这两种形式的税率综合运用于个人所得税制。

(三)费用扣除额较宽

各国的个人所得税均有费用扣除的规定,只是扣除的方法及额度不尽相同。我国本着费用扣除从宽、从简的原则,采用费用定额扣除和定率扣除两种方法。

(四)计算较为复杂

现行的《个人所得税法》将居民个人工资、薪金所得,劳务报酬所得,稿酬所得以及特许权使用费所得在计算缴纳的过程中进行合并。其中工资、薪金所得按月"累计预扣",年度"汇算清缴";劳务报酬所得、稿酬所得、特许权使用费所得按次或者按月"预扣预缴"税款,年度"汇算清缴"。

（五）采取扣缴制和申报制两种征纳方法

我国《个人所得税法》规定,对纳税人的应纳税额分别采取由支付单位源泉扣缴和纳税人自行申报两种方法。此外,我国个人所得税目前以个人作为纳税单位,不实行家庭(夫妻联合)申报纳税。

【知识卡片 6.2】

网络主播薇娅被追缴税款、加收滞纳金并处罚款共计 13.41 亿元

2021 年 12 月 20 日,国家税务总局浙江省税务局公布黄薇(网名:薇娅)偷逃税案件:在 2019 年至 2020 年期间,通过隐匿个人收入、虚构业务转换收入性质虚假申报等方式偷逃税款 6.43 亿元,其他少缴税款 0.6 亿元,依法对黄薇做出税务行政处理处罚决定,追缴税款、加收滞纳金并处罚款共计 13.41 亿元。该事件引发社会各界关注。近几年以来,资本快速介入等诸多利好将直播市场推向风口,也让国内各大直播平台的主播迎来身价三级跳,动辄年收入几千万上亿元已不鲜见。说起是如何被追缴个税的,相关负责人解密:"是大数据。新兴业态绝非法外之地,我们在信息分析中寻求突破,促进对网红经济的税收问题也能准确核查。"

三、纳税义务人与征税范围

个人所得税的纳税义务人是指取得各项应纳税所得的个人,包括中国公民,个体工商户,外籍个人,香港、澳门、台湾同胞等,包括居民个人和非居民个人。

（一）居民个人

居民个人指在中国境内有住所,或者无住所而在一个纳税年度内在中国境内居住累计满 183 天的个人。居民个人承担无限纳税义务,应就其来源于境内、境外的全部所得缴纳个人所得税。

所谓的在中国境内有住所的个人,是指因户籍、家庭、经济利益关系而在中国境内习惯性居住的个人。这里所说的习惯性居住,是判定纳税义务人是居民或非居民一个法律意义上的标准,不是指实际居住或在某一特定时期内的居住地。例如,个人因学习、工作、探亲、旅游等而在中国境外居住的,当其在境外居住的原因消除之后,则必须回到中国境内居住。

所谓一个纳税年度内,即公历 1 月 1 日起至 12 月 31 日止,在中国境内累计住满 183 天。在中国境内居住累计满 183 天的任一年度中有一次离境超过 30 天,其在中国境内居住累计满 183 天的年度的连续年限重新起算。

【知识卡片 6.3】

我没心脏,我不纳税

雷弗先生是瑞典的一名实业家。他因拒缴税款而被税务局推上法庭。雷弗是一名长期依靠人工心脏的病人,按照瑞典法律,"当一个瑞典公民的心脏或大脑停止工作后,此人即被认为死亡者""死亡者无须纳税"。凭借上述有关法律,雷弗在法庭上慷慨陈词:"我的心脏已停止跳动,试问,我在纳税者之列吗?"原告的律师和参加庭审的法官都对这桩讼事头疼不已。

（二）非居民个人

非居民个人指在中国境内无住所又不居住或者无住所而在境内居住累计不满 183 天的个人。非居民个人承担有限纳税义务,仅就其来源于境内的所得缴纳个人所得税。

上述具体情况见表 6.1。

表 6.1　纳税人与征税范围关系表

纳税人		征税范围
居　民	有住所	境内、境外所得
	累计满 183 天的年度连续满 6 年	
	累计满 183 天的年度连续不满 6 年	境内所得、境外所得境内支付部分
非居民	连续或累计超过 90 天不满 183 天	境内所得
	连续或累计不超过 90 天	境内所得境内支付部分

注:文中"境内"均指中国大陆,不包括中国港、澳、台地区。

【知识卡片 6.4】

冈比亚:"外国人税"吓跑老外

西非国家冈比亚推出了一项新规定,开始向长期居住在该国的外国人征收税费。根据这项规定,冈比亚的外国居民每人每年需要缴纳 1 000 达拉西(约合 40 美元)的费用,以换取一张"外国人证件"。一位高层政府官员表示,鉴于目前外国居民在冈比亚人口中所占比重越来越大,加上许多外国人都已经在这里发家致富,所以仅仅向冈比亚人征收税费就说不过去了。这一新的税费政策却引起了很大的争议,许多在冈比亚长期居住的外国侨民,已经纷纷离开冈比亚回国。一名在冈比亚住了大半辈子的塞内加尔人表示,他无力支付自己以及 4 个亲戚的"外国人税",这一税收制度应只适用于那些有钱的外国人。而许多父母更是为这一制度叫苦不迭,由于冈比亚中小学的教师大都为外国人,这些教师一走,孩子们的教育又成了一大难题。

四、征税对象

个人所得税以纳税人取得的应税所得为征税对象,具体包括以下项目。

（一）工资、薪金所得

工资、薪金所得是指个人因任职或者受雇而取得的工资、薪金、奖金、年终加薪、劳动分红、津贴、补贴以及与任职或者受雇有关的其他所得。

一般来说,工资、薪金所得指非独立个人劳动所得。所谓非独立个人劳动,是指个人所从事的是由他人指定、安排并接受管理的劳动,工作或服务于公司、工厂、行政、事业单位的人员(私营企业主除外)均为非独立劳动者。他们从上述单位取得的劳动报酬,是以工资、薪金的形式体现的。

除工资、薪金以外的奖金、年终加薪、劳动分红、津贴、补贴以及与任职、受雇有关的其他所得同视为工资、薪金范畴。其中,年终加薪、劳动分红不分种类和取得情况,一律按工资、薪金所得课税。津贴、补贴等则有例外。根据我国目前个人收入的构成情况,规定对于一些不属于工资、薪金性质的补贴、津贴或者不属于纳税人本人工资、薪金所得项目的收入,不予征税。这些项目包括:

(1)独生子女补贴。

(2)执行公务员工资制度未纳入基本工资总额的补贴、津贴差额和家属成员的副食品补贴。

(3)托儿补助费。

(4)差旅费津贴、误餐补助。

(二)劳务报酬所得

劳务报酬所得,是指个人从事设计、装潢、安装、制图、化验、测试、医疗、法律、会计、咨询、讲学、新闻、广播、翻译、审稿、书画、雕刻、影视、录音、录像、演出、表演、广告、展览、技术服务、介绍服务、经纪服务、代办服务以及其他劳务取得的所得。

【案情设定6.1】

任职单位给从事专项工作的人员发放劳务费到底该怎样缴纳个税?

曹先生任职于广州一家防盗器材生产企业,因他会3D动画制作,日前帮助企业制作了一个新产品的3D宣传片。企业为此支付了6 000元劳务费,会计将这笔收入并入他的工资代扣了个税,他很不理解。明明是劳务报酬为什么要按工资薪金扣个税?因此,曹先生拨通了广州税务12366服务热线,相关人员告诉他,个人所得税中的劳务报酬是指个人独立从事各种非雇用的劳务所取得的所得,它与工资薪金所得的区别在于劳务报酬是独立个人从事自由职业取得的所得,而工资薪金所得属于非独立个人劳务活动。即在机关和企事业单位中任职、受雇而得到的报酬,存在雇用与被雇用关系。因此,这笔劳务费实际是工资、薪金的组成部分,应与工资、薪金所得合并计算缴纳个人所得税。

(三)稿酬所得

稿酬所得,是指个人因其作品以图书、报刊形式出版、发表而取得的所得。作品包括文字、字画、摄影以及其他作品。稿酬所得还包括作者去世后,财产继承人取得的遗作稿酬。

(四)特许权使用费所得

特许权使用费所得,是指个人提供专利权、商标权、著作权、非专利技术以及其他特许权的使用权取得的所得;提供著作权的使用权取得的所得,不包括稿酬所得。

居民个人取得上述4项所得称为综合所得,按纳税年度合并计算个人所得税;非居民个人取得上述4项所得,按月或者按次分项计算个人所得税。

(五)经营所得

经营所得,是指:

(1)个体工商户从事工业、手工业、建筑业、交通运输业、商业、饮食业、服务业、修理业以及其他行业生产、经营取得的所得。

（2）个人从事办学、医疗、咨询以及其他有偿服务活动取得的所得。

（3）个人对企业、事业单位的承包经营、承租经营以及转包、转租取得的所得，包括个人按月或者按次取得的工资、薪金性质的所得。

（4）个人从事其他生产、经营活动取得的所得。

（六）利息、股息、红利所得

利息、股息、红利所得，是指个人拥有债权、股权而取得的利息、股息、红利所得。

利息，是指个人拥有债权而取得的利息，包括存款利息、贷款利息和各种债券的利息。

（七）财产租赁所得

财产租赁所得，是指个人出租建筑物、土地使用权、机器设备、车船以及其他财产取得的所得。

（八）财产转让所得

财产转让所得，是指个人转让有价证券、股权、建筑物、土地使用权、机器设备、车船以及其他财产取得的所得。境内股票转让所得暂不征收个人所得税。

个人转让财产主要是转让个人财产的所有权。我国土地所有权归国家，个人只有使用权，但土地的使用权可以出租、转让，其中出租所得属财产租赁所得，转让属本项目。

【知识卡片6.5】

为买卖房屋避税，夫妻俩离婚7次复婚7次

有人为了"12·12"扎堆结婚忙，有人为了"政策购房""供暖报销"离婚忙，甚至有人为了享受政策，离婚7次又复婚7次。随着各地出台房产限购令，为了钻政策空子，"政策性离婚"现象有所增多。有些夫妻在办理离婚时直接表示，离婚就是为了买房，能少缴税。沈阳一对夫妻为买卖房屋避税，离婚7次复婚7次。假离婚、假官司、假合同、假赠房四大避税招数。鉴于此，专家建议国家在制定政策时应减少和婚姻"挂钩"，同时专家提醒假离婚貌似占便宜也可能使财产受损，因为假离婚是因利而生，但感情最终也可能为利所毁。

（九）偶然所得

偶然所得，是指个人得奖、中奖、中彩以及其他偶然性质的所得。

【知识卡片6.6】

网上购物中奖也须缴个税

随着电子商务的发展，喜欢网上购物的消费者越来越多。税务部门提醒消费者，网上购物中了奖，也要缴纳个人所得税。王先生在网上购买东西时参加了抽奖，中得一个1 000多元的手机，网站的工作人员随后通知王先生交20%的个人所得税。工作人员表示，按照《个人所得税法》，这种情况属于偶然所得，虽然网站没有提前说明，但仍须由中奖的王先生缴纳20%的个人所得税。

【案例6.1】

分析确定下列所得应按何种所得缴纳个人所得税?

A. 王某2021年7月将其已居住6年的两处住房中的一处转让给李某取得的所得。

B. 张某2021年1月购入中兴通讯上市的股票,当年10月卖出获得的所得。

C. 个体工商户吴某2021年投资一科技公司取得20万股股权,本月将该股权转让给另一家企业,取得的股权转让所得。

D. 工程师丁某将其发明的一项专利特许给一家公司使用取得的所得。

E. 居民赵某将一门面出租给一个体工商户所取得的所得。

F. 某摄影师2021年有以下所得项目:出版影集所得,开办照相馆所得,为少年宫少年摄影班授课所得,摄像制作婚礼CD光盘所得。

分析:

A. 王某转让的住房不是唯一住房,应按财产转让所得征收个人所得税。

B. 境内股票转让暂不征收个人所得税。

C. 股权转让属于财产转让按财产转让所得征收个人所得税。

D. 属于特许权使用费所得,而不是财产转让所得。

E. 应按财产租赁所得征收个人所得税。

F. 出版影集所得为稿酬所得,照相馆、制作CD光盘所得为生产所得,授课所得为劳务报酬所得。

【知识卡片6.7】

月饼票也须缴纳个人所得税

根据《个人所得税法》的有关规定,单位、企业在发放实物或其他有价证券如月饼票给员工时,应按规定扣缴税款。计税依据应当按照取得的凭证上所注明的价格,无凭证的实物或者凭证上所注明的价格明显偏低的,由主管税务机关参照当地的市场价格核定。事实上,不只是月饼票,企事业单位发放给员工的交通卡、购物卡等,也在扣缴个税的范畴。但是,实际上由于目前该规定尚无明确的操作实施细则,加之对于发放行为、发放内容价值的界定比较复杂,在具体操作过程中有不小难度。

五、税率

个人所得税区分不同个人所得项目,规定了超额累进税率和比例税率两种形式。

(一)综合所得

综合所得适用3%~45%的七级超额累计税率,见表6.2。

表6.2　综合所得适用税率表

级数	全年应纳税所得额	税率/%	速算扣除数
1	不超过36 000元的部分	3	0
2	超过36 000元至144 000元的部分	10	2 520

续表

级数	全年应纳税所得额	税率/%	速算扣除数
3	超过 144 000 元至 300 000 元的部分	20	16 920
4	超过 300 000 元至 420 000 元的部分	25	31 920
5	超过 420 000 元至 660 000 元的部分	30	52 920
6	超过 660 000 元至 960 000 元的部分	35	85 920
7	超过 960 000 元的部分	45	181 920

注:1. 本表所称全年应纳税所得额是指依照《个人所得税法》第六条规定,居民个人取得综合所得以每一纳税年度收入额减除费用 6 万元以及专项扣除、专项附加扣除和依法确定的其他扣除后的余额。

  2. 非居民个人取得工资、薪金所得,劳务报酬所得,稿酬所得和特许权使用费所得,依照本表按月换算后计算应纳税额。

(二)经营所得

经营所得适用 5% ~ 35% 的五级超额累计税率,见表 6.3。

表 6.3　经营所得适用税率表

级数	全年应纳税所得额	税率/%	速算扣除数
1	不超过 30 000 元的部分	5	0
2	超过 30 000 元至 90 000 元的部分	10	1 500
3	超过 90 000 元至 300 000 元的部分	20	10 500
4	超过 300 000 元至 500 000 元的部分	25	40 500
5	超过 500 000 元的部分	35	65 500

注:本表所称全年应纳税所得额是指依照《个人所得税法》第六条的规定,以每一纳税年度的收入总额减除成本、费用以及损失后的余额。

(三)利息、股息、红利所得,财产租赁所得,财产转让所得和偶然所得

利息、股息、红利所得,财产租赁所得,财产转让所得,偶然所得,适用 20% 的比例税率。从 2008 年 3 月 1 日起,对个人出租居民住房取得的所得暂减按 10% 的税率征收个人所得税。

【知识卡片6.8】

世界各国(地区)个税税率比较

根据哥斯达黎加媒体公布的一份调查报告,在全世界 35 个主要国家和地区中,中国香港的个人所得税税率最低。在香港,一个年工资为 4.58 万美元、抚养 4 口人之家的职员,在缴纳所得税和其他税金后,其年总收入为全年工资总额的 95.7%。而在美国(纽约除外),同样是年工资 4.58 万美元、抚养 4 口人之家的职员的年总收入为全年工资总额的 81.9%;瑞士为 81.8%;阿根廷为 79.9%;巴西为 78.8%;西班牙为 74.8%;墨西哥为 71.9%。而在瑞典仅为 57.2%;意大利为 57.3%;比利时为 57.8%。

六、税收优惠

（一）免税项目

（1）省级人民政府、国务院部委和中国人民解放军军以上单位，以及外国组织、国际组织颁发的科学、教育、技术、文化、卫生、体育、环境保护等方面的奖金。

（2）国债和国家发行的金融债券利息。

（3）按照国家统一规定发给的补贴、津贴。即指按照国务院规定发给的政府特殊津贴、院士津贴、资深院士津贴和国务院规定免纳个人所得税的补贴、津贴。

（4）福利费、抚恤金、救济金。

（5）保险赔款。

（6）军人的转业安置费、复员费。

（7）按照国家统一规定发给干部、职工的安家费、退职费、退休工资、离休工资、离休生活补助费。

（8）按照国家有关城镇房屋拆迁管理办法规定的标准被拆迁人取得的拆迁补偿款。

（9）生育妇女按照县级以上人民政府根据国家有关规定制定的生育保险办法，取得的生育津贴、生育医疗费或其他属于生育保险性质的津贴、补贴，免征个人所得税。

（10）经国务院财政部门批准免税的所得。

（二）减税项目

有下列情形之一的，经批准可以减征个人所得税：

（1）残疾、孤老人员和烈属的所得。

（2）因严重自然灾害造成重大损失的。

（3）其他经国务院财政部门批准减税的。

上述减税项目的减征幅度和期限，由省、自治区、直辖市人民政府规定。

对残疾人个人取得的劳动所得才适用减税规定，具体所得项目为：工资薪金所得、个体工商户的生产经营所得和经营所得、对企事业单位的承包和承租经营所得、劳务报酬所得、稿酬所得和特许权使用费所得。

（三）暂免征税项目

（1）外籍个人以非现金形式或实报实销形式取得的住房补贴、伙食补贴、搬迁费、洗衣费。

（2）外籍个人按合理标准取得的境内、境外出差补贴。

（3）外籍个人取得的语言训练费、子女教育费等经当地税务机关审核批准为合理的部分。2019年1月1日至2021年12月31日期间，外籍个人符合居民条件的，可以选择享受个人所得税专项附加扣除，也可以选择按照规定，享受住房补贴、语言训练费、子女教育费等津补贴免税优惠政策，但不得同时享受。外籍个人一经选择，在一个纳税年度内不得变更。自2022年1月1日起，外籍个人不再享受住房补贴、语言训练费、子女教育费津补贴免税优惠政策，应按规定享受专项附加扣除。

（4）外籍个人从外商投资企业取得的股息、红利所得。

（5）凡符合下列条件之一的外籍专家取得的工资、薪金所得,可免征个人所得税:

①根据世界银行专项贷款协议,由世界银行直接派往我国工作的外国专家。

②联合国组织直接派往我国工作的专家。

③为联合国援助项目来华工作的专家。

④援助国派往我国专为该国援助项目工作的专家。

⑤根据两国政府签订的文化交流项目来华工作两年以内的文教专家,其工资、薪金所得由该国负担的。

⑥根据我国大专院校国际交流项目来华工作两年以内的文教专家,其工资、薪金所得由该国负担的。

⑦通过民间科研协定来华工作的专家,其工资、薪金所得由该国政府机构负担的。

【知识卡片6.9】

对在大湾区工作的境外高端人才和紧缺人才可享受个税优惠政策

根据《财政部 税务总局关于粤港澳大湾区个人所得税优惠政策的通知》（财税〔2019〕31号）,经广东省人民政府同意,对在大湾区工作的境外高端人才和紧缺人才,其在珠三角九市缴纳的个人所得税已缴税额超过其按应纳税所得额的15%计算的税额部分,由珠三角九市人民政府给予财政补贴,该补贴免征个人所得税。

（6）个人举报、协查各种违法、犯罪行为而获得的奖金。

（7）个人办理代扣代缴手续,按规定取得的扣缴手续费。

（8）个人转让自用达5年以上,并且是唯一的家庭生活用房取得的所得。

（9）对个人购买福利彩票、赈灾彩票、体育彩票,一次中奖收入在1万元以下的（含1万元）暂免征收个人所得税,超过1万元的,全额征收个人所得税。

（10）个人取得单张有奖发票奖金所得不超过800元（含800元）的,暂免征收个人所得税;个人取得单张有奖发票奖金所得超过800元的,应全额项目征收个人所得税。

（11）达到离休、退休年龄,但确因工作需要,适当延长离休、退休年龄的高级专家（指享受国家发放的政府特殊津贴的专家、学者）,其在延长离休、退休期间的工资、薪金所得,视同离休、退休工资免征个人所得税。

（12）对国有企业职工,因企业依照《中华人民共和国企业破产法（试行）》宣告破产,从破产企业取得的一次性安置费收入,免予征收个人所得税。

（13）职工与用人单位解除劳动关系取得的一次性补偿收入（包括用人单位发放的经济补偿金、生活补助费和其他补助费用）,在当地上年职工年平均工资3倍数额内的部分,可免征个人所得税。

（14）城镇企业事业单位及其职工个人按照《失业保险条例》规定的比例,实际缴付的失业保险费,均不计入职工个人当期的工资、薪金收入,免予征收个人所得税。

（15）企业和个人按照国家或地方政府规定的比例,提取并向指定金融机构实际缴付的住房公积金、医疗保险金、基本养老保险金,免予征收个人所得税。

（16）个人领取原提存的住房公积金、医疗保险金、基本养老保险金，以及具备《失业保险条例》规定条件的失业人员领取的失业保险金，免予征收个人所得税。

（17）个人取得的教育储蓄存款利息所得和按照国家或省级地方政府规定的比例缴付的住房公积金、医疗保险金、基本养老保险金、失业保险金存入银行个人账户所取得的利息所得，免予征收个人所得税。

（18）自 2008 年 10 月 9 日（含）起，对储蓄存款利息所得暂免征收个人所得税。

第二节 个人所得税应纳税额的计算

一、居民个人综合所得应纳税额的计算

（一）应纳税所得额的计算

居民个人综合所得实行按年计征的办法，以每一纳税年度的收入额减除费用 60 000 元（5 000 元/月）以及专项扣除、专项附加扣除和依法确定的其他扣除后的余额，为应纳税所得额。

劳务报酬所得、稿酬所得、特许权使用费所得以收入减除 20% 的费用后的余额为收入额。稿酬所得的收入额减按 70% 计算。

1. 减除费用

60 000 元。

2. 专项扣除

专项扣除包括居民个人按照国家规定的范围和标准缴纳的基本养老保险、基本医疗保险、失业保险等社会保险费和住房公积金等。

3. 专项附加扣除

专项附加扣除包括子女教育、继续教育、大病医疗、住房贷款利息或者住房租金、赡养老人。

（1）子女教育专项附加扣除。

纳税人的子女接受学前教育和学历教育的相关支出，按照每个子女每年 12 000 元（每月 1 000 元）的标准定额扣除。

学前教育包括年满 3 岁至小学入学前教育。学历教育包括义务教育（小学和初中教育）、高中阶段教育（普通高中、中等职业教育）、高等教育（大学专科、大学本科、硕士研究生、博士研究生教育）。

受教育子女的父母分别按扣除标准的 50% 扣除；经父母约定，也可以选择由其中一方按扣除标准的 100% 扣除。具体扣除方式在一个纳税年度内不得变更。纳税人子女在中国境外接受教育的，纳税人应当留存境外学校录取通知书、留学签证等相关教育的证明资料备查。

（2）继续教育专项附加扣除。

纳税人接受学历继续教育的支出，在学历教育期间按照每年 4 800 元（每月 400 元）定额扣除。纳税人接受技能人员职业资格继续教育、专业技术人员职业资格继续教育支出，在

取得相关证书的年度,按照每年3 600元定额扣除。

个人接受同一学历教育事项,符合规定扣除条件的,该项教育支出可以由其父母按照子女教育支出扣除,也可以由个人按照继续教育支出扣除,但不得同时扣除。

纳税人接受技能人员职业资格继续教育、专业技术人员职业资格继续教育的,应当留存相关证书等资料备查。

(3)大病医疗专项附加扣除。

在一个纳税年度内,纳税人发生的与基本医保相关的医药费用支出,扣除医保报销后个人负担(指医保目录范围内的自付部分)累计超过15 000元的部分,由纳税人在办理年度汇算清缴时,在80 000元限额内据实扣除。

纳税人发生的医药费用支出可以选择由本人或者其配偶扣除,未成年子女发生的医药费用支出可以选择由其父母一方扣除。

纳税人及其配偶、未成年子女发生的医药费用支出,按规定分别计算扣除额。

纳税人应当留存医药服务收费及医保报销相关票据原件(或者复印件)等资料备查。

(4)住房贷款利息专项附加扣除。

纳税人本人或者配偶单独或者共同使用商业银行或者住房公积金个人住房贷款为本人或者其配偶购买中国境内住房,发生的首套住房贷款利息支出,在实际发生贷款利息的年度,按照每月1 000元的标准定额扣除,扣除期限最长不超过240个月。纳税人只能享受一次首套住房贷款的利息扣除。首套住房贷款是指购买住房享受首套住房贷款利率的住房贷款。

经夫妻双方约定,可以选择由其中一方扣除,具体扣除方式在一个纳税年度内不能变更。夫妻双方婚前分别购买住房发生的首套住房贷款,其贷款利息支出,婚后可以选择其中一套购买的住房,由购买方按扣除标准的100%扣除,也可以由夫妻双方对各自购买的住房分别按扣除标准的50%扣除,具体扣除方式在一个纳税年度内不能变更。

纳税人应当留存住房贷款合同、贷款还款支出凭证备查。

(5)住房租金专项附加扣除。

纳税人在主要工作城市没有自有住房而发生的住房租金支出,可以按照以下标准定额扣除:

①直辖市、省会(首府)城市、计划单列市以及国务院确定的其他城市,扣除标准为每月1 500元。

②除第一项所列城市以外,市辖区户籍人口超过100万的城市,扣除标准为每月1 100元;市辖区户籍人口不超过100万的城市,扣除标准为每月800元。市辖区户籍人口,以国家统计局公布的数据为准。

纳税人的配偶在纳税人的主要工作城市有自有住房的,视同纳税人在主要工作城市有自有住房。

夫妻双方主要工作城市相同的,只能由一方扣除住房租金支出。住房租金支出由签订租赁住房合同的承租人扣除。夫妻双方主要工作城市不同的,双方在主要工作城市均无自有住房,租房均符合住房租金专项附加扣除条件,双方均可享受住房租金专项附加扣除。

纳税人及其配偶在一个纳税年度内不能同时分别享受住房贷款利息和住房租金专项附加扣除。

纳税人应当留存住房租赁合同、协议等有关资料备查。

（6）赡养老人专项附加扣除。

纳税人赡养60岁（含）以上父母以及其他法定赡养人的赡养支出，可以按照以下标准定额扣除：

①纳税人为独生子女的，按照每年24 000元（每月2 000元）的标准定额扣除。

②纳税人为非独生子女的，应当与其兄弟姐妹分摊每年24 000元（每月2 000元）的扣除额度，分摊方式包括平均分摊、被赡养人指定分摊或者赡养人约定分摊，具体分摊方式在一个纳税年度内不得变更。采取指定分摊或约定分摊方式的，每一纳税人分摊的扣除额最高不得超过12 000元（每月1 000元），并签订书面分摊协议。指定分摊与约定分摊不一致的，以指定分摊为准。纳税人赡养2个及以上老人的，不按老人人数加倍扣除。

③其他法定赡养人是指祖父母、外祖父母的子女已经去世，实际承担对祖父母、外祖父母赡养义务的孙子女、外孙子女。

【知识卡片6.10】

表6.4　专项附加扣除标准简表

子女学前和学历教育	个人学历/职业资格教育	大病医疗	首套住房贷款利息支出	住房租金	赡养老人
1 000元/月	400元/月3 600元/年	80 000元/年	1 000元/月	800～1 200元/月	2 000元/月

注：房贷利息和租房租金只能扣除一项。

4.计算公式

应纳税所得额 = 收入额 - 60 000元 - 专项扣除 - 专项附加扣除

【知识卡片6.11】

3岁以下婴幼儿照护费用将纳入个人所得税专项附加扣除

《中国妇女发展纲要（2021—2030年）》和《中国儿童发展纲要（2021—2030年）》明确：完善三孩生育政策配套支持措施，落实产假制度和生育津贴，探索实施父母育儿假，依托社区发展普惠托育服务，推动将3岁以下婴幼儿照护服务费用纳入个人所得税专项附加扣除，加强住房等支持政策，多措并举减轻家庭生育、养育、教育负担。

（二）应纳所得税额的计算

1.一般计算方法

应纳税额 = 应纳税所得额 × 适用税率 - 速算扣除数

= （收入额 - 60 000元 - 专项扣除 - 专项附加扣除）×

适用税率 - 速算扣除数

【案例6.2】

居民个人王某 2021 年每月取得工资收入 9 200 元,每月个人承担住房公积金、基本养老保险金、医疗保险金、失业保险金共计 1 600 元,符合规定的专项附加费用扣除 1 200 元/月。请计算王某 2021 年应纳个人所得税额。

解析:王某当年应纳税所得额 = (9 200 × 12 − 60 000 − 1 600 × 12 − 1 200 × 12) = 16 800(元)

王某应纳个人所得税额 = 16 800 × 3% = 504(元)

【知识卡片6.12】

个税费用扣除标准被误读为"起征点""免征额"

所谓起征点是指税法规定对征税对象开始征税的起点数额。征税对象的数额达到起征点的就全部数额征税,未达到起征点的不征税。

所谓免征额是在征税对象总额中免予征税的数额。它是按照一定标准从征税对象总额中预先减除的数额。免征额部分不征税,只对超过免征额部分征税。

个人薪酬中扣除的费用,是对个人在提供劳务过程中所消耗的时间、精力等的一种补偿,是在劳动过程中放弃的其他一切所具有的价值,就如企业所得税在计算前需扣除成本一样的道理。

2. 工资、薪金所得的累计预扣法

扣缴义务人向居民个人支付工资、薪金所得时,应当按照累计预扣法预扣预缴税款,并按月办理全额扣缴申报,另有规定的除外。

累计预扣法是指扣缴义务人在一个纳税年度内,预扣预缴税款时,以纳税人截至当前月份累计工资、薪金所得收入额减除纳税人申报的累计基本减除费用、专项扣除、专项附加扣除和依法确定的其他扣除后的余额为累计预缴应纳税所得额,适用工资、薪金所得预扣预缴税率表,见表6.5,计算累计应预扣预缴税额,再减除已预扣预缴税额,余额作为本期应预扣预缴税额。

具体计算公式如下:

本期应预扣预缴税额 = (累计预扣预缴应纳税所得额 × 税率 − 速算扣除数) −
已预扣预缴税额

累计预扣预缴应纳税所得额 = 累计收入 − 累计免税收入 − 累计基本减除费用 −
累计专项扣除 − 累计专项附加扣除 −
累计依法确定的其他扣除

表6.5　个人所得税预扣率表(居民个人工资、薪金所得预扣预缴适用)

级数	累计预扣预缴应纳税所得额	预扣率/%	速算扣除数
1	不超过 36 000 元的部分	3	0
2	超过 36 000 元至 144 000 元的部分	10	2 520
3	超过 144 000 元至 300 000 元的部分	20	16 920
4	超过 300 000 元至 420 000 元的部分	25	31 920

续表

级数	累计预扣预缴应纳税所得额	预扣率/%	速算扣除数
5	超过 420 000 元至 660 000 元的部分	30	52 920
6	超过 660 000 元至 960 000 元的部分	35	85 920
7	超过 960 000 元的部分	45	181 920

【案例 6.3】

居民个人王某 2021 年 3 月取得工资收入 7 800 元(1 月、2 月均为 7 800 元),当月个人承担住房公积金、基本养老保险金、医疗保险金、失业保险金共计 1 200 元(1 月、2 月均为 1 200 元),符合规定的专项附加费用扣除 1 200 元/月(1 月、2 月均为 1 200 元)。1 月、2 月累计预扣预缴税额 24 元,请计算王某所在单位 3 月需要替王某预扣预缴的个人所得税额。

解析: 王某累计预扣预缴应纳税所得额 = 7 800 × 3 − 5 000 × 3 − 1 200 × 3 − 1 200 × 3 = 1 200(元)

王某所在单位 3 月需要替王某预扣预缴的个人所得税额 = (1 200 × 3%) − 24 = 12(元)

3. 劳务报酬所得、稿酬所得、特许权使用费所得的预扣预缴法

劳务报酬所得、稿酬所得、特许权使用费所得,以每次收入额为预扣预缴应纳税所得额。劳务报酬所得适用 20% ~40% 的超额累进预扣率,见表 6.6。稿酬所得、特许权使用费所得适用 20% 的比例预扣率。

表 6.6 个人所得税预扣率表(居民个人劳务报酬所得预扣预缴适用)

级数	预扣预缴应纳税所得额	预扣率/%	速算扣除数
1	不超过 20 000 元的	20	0
2	超过 20 000 元至 50 000 元的部分	30	2 000
3	超过 50 000 元的部分	40	7 000

劳务报酬所得应预扣预缴税额 = 预扣预缴应纳税所得额 × 预扣率 − 速算扣除数

稿酬所得、特许权使用费所得应预扣预缴税额 = 预扣预缴应纳税所得额 × 20%

【案例 6.4】

专家郑某受邀为某企业培训一次性所得 30 000 元(不含增值税),请问该企业需要替郑某预扣预缴的个人所得税额。

解析: 该企业需要替郑某预扣预缴的个人所得税额 = 30 000 × (1 − 20%) × 30% − 2 000 = 5 200(元)。

【知识卡片 6.13】

关于计算个税时"每次收入"中"次"的规定

劳务报酬所得,稿酬所得,特许权使用费所得,利息、股息、红利所得,财产租赁所得,偶

然所得按"次"计算征税。《个人所得税法实施条例》对"次"做出了明确规定。具体是：

1. 劳务报酬所得,属于一次性收入的,以取得该项收入为一次;属于同一项目连续性收入的,以一个月内取得的收入为一次。

2. 稿酬所得,以每次出版、发表取得的收入为一次。

3. 特许权使用费所得,以一项特许权的一次许可使用所取得的收入为一次。

4. 财产租赁所得,以一个月内取得的收入为一次。

5. 利息、股息、红利所得,以支付利息、股息、红利时取得的收入为一次。

6. 偶然所得,以每次取得该项收入为一次。

【案例6.5】

作家李某的一篇小说在一家日报上连载两个月,第一个月月末报社支付稿酬3 000元(不含增值税);第二个月月末报社支付稿酬15 000元(不含增值税)。请问该日报需要替李某预扣预缴的个人所得税额。

解析: 该日报需要替李某预扣预缴的个人所得税额 = [(3 000 + 15 000) × (1 - 20%) × 70%] × 20% = 2 016(元)。

【知识卡片6.14】

关于稿酬"次"的判定

1. 个人每次以图书、报刊方式出版、发表同一作品(文学作品、书画作品、摄影作品以及其他作品),不论出版单位是预付还是分笔支付稿酬,或者加印该作品后再付稿酬,均应合并其所得视为一次稿酬所得。

2. 个人同一作品在报刊上连载,应合并其因连载而取得的所有稿酬所得为一次所得。

3. 个人同一作品先连载,再出版,或先出版,再连载,视为两次稿酬所得。即连载作为一次,出版作为一次。

【案情设定6.2】

杨先生的疑问

杨先生酷爱写作,平时靠为各报纸、杂志供稿,赚稿费维持生活。近3个月来,杨先生将自己真实的网恋故事编成小说,并将初稿送至某报刊审阅。该报刊领导看后,当即表示可在该报连载刊登,并同意分期给付稿酬。杨先生的好友得知此事后提醒他,不能同意报社分期付稿酬,因为那样,杨先生要分期缴个人所得税,不但麻烦而且不合算。杨先生听后半信半疑。那么,他朋友的说法究竟对不对呢?

根据有关规定,对个人每次以图书、报刊方式出版、发表同一作品,不论出版单位是预付还是分笔支付稿酬,均应合并其稿酬所得按一次计征个人所得税。另外,个人的同一作品在报刊上连载,应合并其因连载而取得的所有稿酬所得视为一次,按税法规定计征个人所得税。因此,杨先生的作品若在报刊上连载,不管是一次性拿到所有稿酬,还是分期拿到稿酬,都是按稿酬总额计算缴纳个人所得税的。

【案例6.6】

居民个人王某2022年1月取得两项特许权使用费收入8 000元(不含增值税),请问支付特许权使用费的单位需要替王某预扣预缴个人所得税吗?

解析: 支付特许权使用费的单位需要替王某预扣预缴个人所得税额 = 8 000 × (1 − 20%) × 20% = 1 280(元)。

4.汇算清缴

居民个人取得综合所得,按年计算个人所得税;有扣缴义务人的,由扣缴义务人按月或者按次预扣预缴税款;需要办理汇算清缴的,应当在取得所得的次年 3 月 1 日至 6 月 30 日内办理汇算清缴。

【案例 6.7】

某高校教师李老师 2021 年收支明细如下:1.每月工资 8 300 元,个人承担的三险一金700 元,每月预扣预缴符合规定的专项附加:扣除首套住房贷款利息支出 1 000 元/月,赡养老人 1 000 元/月,子女学历教育 1 000 元/月,每月已经预扣预缴个人所得税 18 元;2.兼职讲学课酬 21 000 元;3.出版教材取得稿酬 16 000 元;4.取得特许权使用费 12 000 元。请计算李老师 2021 年汇算清缴应补缴的个人所得税(假设课酬、稿酬、特许权使用费均为不含增值税且支付单位均未履行预扣预缴义务)。

解析: (1)兼职讲学课酬属于劳务报酬所得,计税收入 = 21 000 × (1 − 20%) = 16 800(元)

(2)出版教材属于稿酬所得,计税收入 = 16 000 × (1 − 20%) × 70% = 8 960(元)

(3)特许权使用费计税收入 = 12 000 × (1 − 20%) = 9 600(元)

(4)李老师 2021 年综合所得应纳税所得额 = (8 300 × 12 + 16 800 + 8 960 + 9 600) − 60 000 − 700 × 12 − (1 000 + 1 000 + 1 000) × 12 = 30 560(元)

(5)李老师 2021 年应纳税额 = 30 560 × 3% = 916.8(元)

(6)李老师 2021 年汇算清缴应补缴的个人所得税 = 916.8 − 18 × 12 = 700.8(元)

5.居民个人全年一次性奖金应纳税额的计算

全年一次性奖金,是指行政机关、企事业单位等扣缴义务人根据其全年经济效益和对雇员全年工作业绩的综合考核情况,向雇员发放的一次性奖金。一次性奖金也包括年终加薪、实行年薪制和绩效工资办法的单位根据考核情况兑现的年薪和绩效工资。

居民个人取得全年一次性奖金,在 2023 年 12 月 31 日前,可选择不并入当年综合所得,按以下计税方法,由扣缴义务人发生时代扣代缴。

第一步:找税率,全年一次性奖金除以 12 个月,按其商数依据"按月换算后的综合税率表"(表 6.7)确定适用税率和速算扣除数。

第二步:算税额,应纳税额 = 全年一次性奖金 × 适用税率 − 速算扣除数

表 6.7　按月换算后的综合所得税率表

级数	全月应纳税所得额	税率/%	速算扣除数
1	不超过 3 000 元的	3	0
2	超过 3 000 元至 12 000 元的部分	10	210

续表

级数	全月应纳税所得额	税率/%	速算扣除数
3	超过 12 000 元至 25 000 元的部分	20	1 410
4	超过 25 000 元至 35 000 元的部分	25	2 660
5	超过 35 000 元至 55 000 元的部分	30	4 410
6	超过 55 000 元至 80 000 元的部分	35	7 160
7	超过 80 000 元的部分	45	15 160

【案例 6.8】

假定中国居民个人李某 2021 年在我国境内一次性领取年终含税奖金 60 000 元。请计算李某取得年终奖金应缴纳的个人所得税。

解析:第一步:找税率,年终奖金适用的税率和速算扣除数按 12 个月分摊后,每月的奖金 = 60 000 ÷ 12 = 5 000(元),根据按月换算后的综合税率表,适用的税率和速算扣除数分别为 10% , 210 元。

第二步:算税额,年终奖应缴纳个人所得税 = 全年一次性奖金 × 适用税率 − 速算扣除数 = 60 000 × 10% − 210 = 5 790(元)

该方法不是唯一选择,居民个人也可选择并入当年综合所得计算纳税。如果选择了上述方法,一个纳税年度内,对每一个纳税人该纳税方法只允许采用一次。

二、经营所得应纳税额的计算

（一）应纳税所得额

对于实行查账征收的个体工商户,其应纳税所得额是每一纳税年度的收入总额,减除成本、费用以及损失后的余额。这是采用会计核算办法归集或计算得出的应纳税所得额。计算公式为:

应纳税所得额 = 收入总额 −(成本 + 费用 + 损失 + 准予扣除的税金)

1. 收入总额

个体工商户的收入总额,是指个体工商户从事生产、经营以及与生产、经营有关的活动所取得的各项收入,包括商品(产品)销售收入、营运收入、劳务服务收入、工程价款收入、财产出租或转让收入、利息收入、其他收入和营业外收入。

以上各项收入应当按照权责发生制原则确定。

2. 准予扣除的项目

在计算应纳税所得额时,准予从收入总额中扣除的项目包括成本、费用、损失和准予扣除的税金。

（1）成本、费用,是指个体工商户从事生产、经营所发生的各项直接支出和分配计入成本的间接费用以及销售费用、管理费用、财务费用。

（2）损失，是指个体工商户在生产、经营过程中发生的各项营业外支出。包括：固定资产盘亏、报废、毁损和出售的净损失，自然灾害或意外事故损失，公益救济性捐赠，赔偿金，违约金等。

（3）税金，是指个体工商户按规定缴纳的消费税、城市维护建设税、资源税、土地使用税、土地增值税、房产税、车船税、印花税、耕地占用税以及教育费附加。

纳税人不能提供有关的收入、成本、费用、损失等的完整、准确的纳税资料，不能正确计算应纳税所得额的，应由主管税务机关核定其应纳税所得额。

3. 需要注意的准予在税前列支项目及列支标准

（1）个体工商户在生产经营中的借款利息支出，未超过中国人民银行规定的同类、同期贷款利率计算的数额部分，准予扣除。

（2）个体工商户发生的与生产经营有关的财产保险、运输保险以及从业人员的养老、医疗保险及其他保险费用支出，按国家规定的标准计算扣除。

（3）个体工商户发生的与生产经营有关的修理费用，可以据实扣除。修理费用发生不均衡或数额较大的，应分期扣除。

（4）个体工商户按规定缴纳的工商管理费、个体劳动者协会会费、摊位费，按实际发生数扣除。缴纳的其他规费，其扣除项目和扣除标准，由省、自治区、直辖市地方税务局根据当地实际情况确定。

（5）个体工商户向其从业人员实际支付的合理的工资、薪金支出，允许在税前据实扣除。

（6）个体工商户拨缴的工会经费、发生的职工福利费、职工教育经费支出分别在工资、薪金总额2%，14%，2.5%的标准内据实扣除。

（7）个体工商户每一纳税年度发生的广告费和业务宣传费用不超过当年销售（营业）收入15%的部分，可据实扣除；超过部分，准予在以后纳税年度结转扣除。

（8）个体工商户每一纳税年度发生的与其生产经营业务直接相关的业务招待费支出，按照发生额的60%扣除，但最高不得超过当年销售（营业）收入的5‰。

（9）个体工商户将其所得通过中国境内的社会团体、国家机关向教育和其他社会公益事业以及遭受严重自然灾害地区、贫困地区的捐赠，捐赠额不超过其应纳税所得额30%的部分可以据实扣除。纳税人直接给受益人的捐赠不得扣除。

（10）个体工商户在生产经营过程中发生的与家庭生活混用的费用，由主管税务机关核定分摊比例，据此计算确定的属于生产经营过程中发生的费用，准予扣除。

4. 不得在所得税前列支的项目

（1）资本性支出，包括：为购置和建造固定资产、无形资产以及其他资产的支出，对外投资的支出。

（2）被没收的财物、支付的罚款。

（3）缴纳的个人所得税、税收滞纳金、罚金和罚款。

（4）各种赞助支出。

（5）自然灾害或者意外事故损失有赔偿的部分。

（6）分配给投资者的股利。

（7）用于个人和家庭的支出。

（8）个体工商户业主的工资支出。

（9）与生产经营无关的其他支出。

（10）国家税务总局规定不准扣除的其他支出。

（二）应纳税额的计算

计算公式为：

应纳税额 = 应纳税所得额 × 适用税率 － 速算扣除数

　　　　 = （全年收入总额 － 成本、费用以及损失）× 适用税率 － 速算扣除数

取得经营所得的个人，没有综合所得的，计算其每一纳税年度的应纳税所得额时，应当减除费用 60 000 元、专项扣除、专项附加扣除以及依法确定的其他扣除（专项附加扣除在办理汇算清缴时减除）。

【案例 6.9】

某个体工商户 2021 年全年收入 900 000 元，税法允许扣除的费用为 420 000 元（不包括工资费用）；雇工 3 人，雇工每人每月 5 500 元。该个体户个人全年符合规定的专项扣除为 12 000 元，专项附加扣除为 24 000 元。请计算该个体工商户全年应纳的个人所得税。

解析： 应纳税所得额 = 900 000 － 420 000 － 5 500 × 12 × 3 － 60 000 － 12 000 － 24 000 = 186 000（元）

应纳税额 = 186 000 × 20% － 10 500 = 26 700（元）

由于经营所得的应纳税额实行按年计算、分月或分季预缴、年终汇算清缴、多退少补的方法，因此，在实际工作中，需要分别计算按月预缴税额和年终汇算清缴税额。其计算公式为：

本月应预缴税额 = 本月累计应纳税所得额 × 适用税率 － 速算扣除数 － 上月累计已预缴税额

公式中的适用税率，是指与计算应纳税额的月份累计应纳税所得对应的税率，该税率从"五级超额累进所得税税率表"（年换算成月）中查找确定。

全年应纳税额 = 全年应纳税所得额 × 适用税率 － 速算扣除数

汇算清缴税额 = 全年应纳税额 － 全年累计已预缴税额

【案例 6.10】

小李是一个体工商户，平时除了经营自己在 A 市 B 区的服装店外，没有其他收入来源。2021 年小李全年营业收入为 680 000 元，与经营有关的可在税前扣除的成本为 350 000 元、费用为 20 000 元、营业外支出为 5 000 元，本年度已预缴个人所得税 35 750 元。小李全年符合规定的专项扣除为 12 000 元，专项附加扣除为 12 000 元。请计算小李 2021 年年度终了应该汇算清缴的个人所得税。

解析： 全年应纳税所得额 = 680 000 － （350 000 + 20 000 + 5 000）－ 60 000 － 12 000 － 12 000

　　　　　　　　　　　 = 221 000（元）

全年应纳税额 = 应纳税所得额 × 税率 － 速算扣除数

$$= 221\,000 \times 20\% - 10\,500 = 33\,700(元)$$

汇算清缴应补退税额 $= 33\,700 - 35\,750 = -2050(元)$，所以汇算清缴时应退税 2 050 元。

三、财产租赁所得应纳税额的计算

（一）应纳税所得额

个人出租财产取得的财产租赁收入，在计算缴纳个人所得税时，应依次扣除以下费用：

（1）财产租赁过程中缴纳的税费。

（2）由纳税人负担的该出租财产实际开支的修缮费用。

（3）税法规定的费用扣除标准。

个人出租房屋的个人所得税应税收入不含增值税，计算房屋出租所得可扣除的税费不包括本次出租缴纳的增值税。个人转租房屋的，其向房屋出租方支付的租金及增值税税额，在计算转租所得时予以扣除。

（二）应纳税额的计算

（1）每次（月）收入不超过 4 000 元的：

$$应纳税额 = 应纳税所得额 \times 适用税率$$
$$= [每次（月）收入额 - 准予扣除项目 - 修缮费用（800 元为限） - 800 元] \times 20\%$$

（2）每次（月）收入超过 4 000 元的：

$$应纳税额 = 应纳税所得额 \times 适用税率$$
$$= [每次（月）收入额 - 准予扣除项目 - 修缮费用（800 元为限）] \times (1 - 20\%) \times 20\%$$

【知识问答 6.1】

个人出租住房应缴纳哪些税费？

答：个人出租住房应缴纳以下税款：

1. 增值税：按照 5% 的征收率减按 1.5% 计算应纳税额。

2. 房产税：对个人按市场价格出租的居民住房，可暂减按 4% 的税率征收房产税。

3. 城市维护建设税及教育费附加。

4. 个人所得税：对个人出租住房取得的所得暂减按 10% 的税率征收个人所得税。

5. 免征城镇土地使用税。

6. 免征印花税。

【案例 6.11】

李某出租商铺，本月取得不含税租金收入 6 000 元，租赁过程中缴纳的税费合计为 400 元，发生由纳税人负担的租赁财产实际开支的修缮费用为 1 000 元，均取得合法票据。请计算李某当月应缴纳的个人所得税。

解析：李某当月应缴纳的个人所得税 $= (6\,000 - 400 - 800) \times (1 - 20\%) \times 20\% = 768(元)$

四、财产转让所得应纳税额的计算

（一）应纳税所得额

财产转让所得以个人每次转让财产取得的收入额减除财产原值、相关税费和合理费用后的余额为应纳税所得额。其中，"每次"是指以一次转让财产取得的收入为一次；"财产原值"的确定如下：

（1）有价证券，为买入价以及买入时按照规定交纳的有关费用。

（2）建筑物，为建造费或者购进价格以及其他有关费用。

（3）土地使用权，为取得土地使用权所支付的金额、开发土地的费用以及其他有关费用。

（4）机器设备、车船，为购进价格、运输费、安装费以及其他有关费用。

（5）其他财产，参照以上方法确定。

（二）应纳税额的计算

$$应纳税额 = 应纳税所得额 \times 适用税率$$
$$= （收入总额 - 财产原值 - 合理税费） \times 20\%$$

个人转让房屋的个人所得税应税收入不含增值税，其取得房屋时所支付价款中包含的增值税计入财产原值，计算转让所得时可扣除的税费不包括本次转让缴纳的增值税。

【案例 6.12】

李某将 4 年前以 200 万元购入的一处临街商铺出售，不含税售价为 450 万元，支付各种合理税费合计 5 万元（均取得合法票据）。请计算李某的应纳个人所得税。

解析：李某出售该商铺应纳个人所得税 = （450 - 200 - 5） × 20% = 49（万元）。

五、利息、股息、红利应纳税额的计算

利息、股息、红利所得以个人每次取得的收入额为应纳税所得额，不得从收入额中扣除任何费用。其中，每次收入是指支付单位或个人每次支付利息、股息、红利时，个人所取得的收入。对于股份制企业在分配股息、红利时，以股票形式向股东个人支付应得的股息、红利（即派发红股），应以派发红股的股票票面金额为收入额，计算缴纳个人所得税。

$$应纳税额 = 应纳税所得额 \times 适用税率$$
$$= 每次收入额 \times 20\%$$

个人从公开发行和转让市场取得的上市公司股票，持股期限在 1 个月以内（含）的，其股息红利所得全额计入应纳税所得额；持股期限在 1 个月以上至 1 年（含）的，暂减按 50% 计入应纳税所得额；持股期限超过 1 年的，暂减按 25% 计入应纳税所得额。

六、偶然所得应纳税额的计算

偶然所得以收入全额为应纳税所得额，适用税率是 20% 的比例税率。偶然所得应纳税额的计算公式为：

$$应纳税额 = 应纳税所得额 × 适用税率 = 每次收入额 × 20\%$$

七、特殊情形应纳税额的计算

（一）扣除捐赠款的计税方法

1. 全额扣除

个人通过非营利的社会团体和国家机关向"红十字事业、农村义务教育、公益性青少年活动场所（包括新建）"等捐赠，在计算缴纳个人所得税时，准予在税前的所得额中全额扣除。

2. 限额扣除

个人将其所得对教育事业和其他公益事业捐赠的部分，允许从应纳税所得额中扣除。上述捐赠是指个人将其所得通过中国境内的社会团体、国家机关向教育和其他社会公益事业以及遭受严重自然灾害地区、贫困地区的捐赠。一般捐赠额的扣除以不超过纳税人申报应纳税所得额的30%为限。计算公式为：

$$捐赠扣除限额 = 申报的应纳税所得额 × 30\%$$

允许扣除的捐赠额 = 捐赠扣除限额的部分；实际捐赠额大于捐赠扣除限额时，只能按捐赠扣除限额扣除。

$$应纳税额 = （应纳税所得额 - 允许扣除的捐赠额）× 适用税率 - 速算扣除数$$

【案例6.13】

某歌星参加某单位举办的演唱会，取得出场费收入80 000元，将其中30 000元通过当地政府部门捐赠给某希望小学。请计算该歌星取得的出场费收入应由支付单位预扣预缴的个人所得税。

解析：1. 未扣除捐赠的预扣预缴应纳税所得额 = 80 000 × （1 - 20%） = 64 000（元）

2. 捐赠的扣除标准 = 64 000 × 30% = 19 200（元），由于实际捐赠额大于扣除标准，税前只能按扣除标准扣除。

3. 支付单位预扣预缴的个人所得税 = （64 000 - 19 200）× 30% - 2 000 = 11 440（元）

（二）境外缴纳税额抵免的计税方法

在中国境内有住所，或者虽无住所，但在中国境内累计居住满183天以上的个人，从中国境内和境外取得的所得，都应缴纳个人所得税。但纳税人的境外所得一般均已缴纳或负担了有关国家的所得税额，为了避免发生国家间对同一所得的重复征税，税法规定，纳税人从中国境外取得的所得，准予其在应纳税额中扣除已在境外实缴的个人所得税税款，但扣除额不得超过该纳税人境外所得依照税法规定计算的应纳税额。

1. 扣除范围

适用于有境外所得的居民纳税人。非居民纳税人的境外所得我国政府不对之征税，无须对其境外已纳税额进行扣除。

2. 扣除方法

分国分项计算限额，分国扣除。

（1）来自多国的应税所得，分国计算扣除限额，分国扣除在境外已纳的税额。

（2）来自一国的多项所得，分项计算扣除限额，合并扣除在该国已纳的税额。

3. 限额计算

在某国的某项所得按我国现行税法计算的应纳税额，即为该项所得的扣除限额。该国各项所得的扣除限额之和即为该国的扣除限额。

（1）小于限额补税。在境外某国的已纳税额小于该国的扣除限额，小于部分为应补缴的税额。

（2）大于限额结转。在境外某国的已纳税额超过该国的扣除限额，超过部分向以后年度结转，在以后年度该国扣除限额的余额中补扣，补扣期限最长不超过5年。

4. 应纳税额的计算

在计算出抵免限额和确定了允许抵免额之后，便可对纳税人的境外所得计算应纳税额。其计算公式为：

应纳税额 $= \sum$（来自某国或地区的所得 − 费用减除标准）× 适用税率 − 速算扣除数 − 允许抵免额

或 $= \sum$（来自某国或地区的某一种应税项目的净所得 + 境外实缴税款 − 费用减除标准）× 适用税率 − 速算扣除数 − 允许抵免额

【案例6.14】

某美国籍来华人员已在中国境内居住7年，2021年取得美国一家公司净支付的薪金所得249 600元(折合成人民币，下同)，已被扣缴所得税14 400元。同年还从加拿大取得净股息所得28 500元，已被扣缴所得税5 000元。经核查，境外完税凭证无误。请计算境外所得在我国境内应补缴的个人所得税(假设无其他综合所得，无其他扣除项目)。

解析：该纳税人上述来源于两国的所得应分国计算抵免限额。

1. 来自美国所得的抵免限额 = (249 600 + 14 400 − 60 000) × 20% − 16 920 = 23 880(元)

2. 来自加拿大所得抵免限额 = (28 500 + 5 000) × 20% = 6 700(元)

3. 由于该纳税人在美国和加拿大已被扣缴的所得税额均不超过各自计算的抵免限额，故来自美国和加拿大所得的允许抵免额分别为14 400元和5 000元，可全额抵扣，并需在中国补缴税款。

4. 应补缴个人所得税 = (23 880 − 14 400) + (6 700 − 5 000) = 11 180(元)

（三）对从事建筑安装业个人取得所得的征税方法

对从事建筑安装业的个体户或未领取营业执照承揽建筑安装业工程作业的建筑安装队和个人，以及建筑安装企业实行个人承包后，工商登记改变为个体经济性质的，其从事建筑安装业取得的收入，应按照"经营所得"项目征收个人所得税。

对从事建筑安装业工程作业的其他人员取得的所得，分别按照"工资、薪金所得"项目和"劳务报酬所得"项目计征个人所得税。

（四）个人独资企业、合伙企业的计税方法

根据国务院的决定，从2000年1月1日起，个人独资企业和合伙企业不再缴纳企业所

得税,只对投资者个人取得的生产经营所得征收个人所得税。

个人独资企业以投资者为纳税义务人,合伙企业以每一个合伙人为纳税义务人。

对个人独资企业和合伙企业生产经营所得,其个人所得税应纳税额的计算有以下两种办法:

第一种:查账征收。

实行查账征收的个人独资企业和合伙企业以每一纳税年度的收入总额减除成本、费用以及损失后的余额,作为投资者的生产经营所得,比照"经营所得"应税项目,适用5% ~ 35%的五级超额累进税率,计征个人所得税。

实行查账征收的个人独资企业投资者以全部生产经营所得为应纳税所得额;合伙企业的投资者按照合伙企业的全部生产经营所得和合伙协议约定的分配比例确定应纳税所得额。合伙协议没有约定分配比例的,以全部生产经营所得和合伙人数量平均计算每个投资者的应纳税所得额。上述生产经营所得,包括企业分配给投资者个人的所得和企业当年留存的所得(利润)。

凡实行查账征税办法的,经营所得按照《个体工商户个人所得税计税办法(试行)》的规定确定。但下列项目的扣除,依照以下规定执行:

(1)投资者的费用扣除标准。取得经营所得的个人,没有综合所得的,计算其每一纳税年度的应纳税所得额时,应当减除费用60 000元、专项扣除、专项附加扣除以及依法确定的其他扣除(专项附加扣除在办理汇算清缴时减除)。

投资者兴办两个或两个以上企业的,其费用扣除标准由投资者选择在其中一个企业的生产经营所得中扣除。

(2)投资者及其家庭发生的生活费用不允许在税前扣除。投资者及其家庭发生的生活费用与企业生产经营费用混合在一起,并且难以划分的,全部视为投资者个人及其家庭发生的生活费用,不允许在税前扣除。

(3)企业生产经营和投资者及其家庭生活共用的固定资产,难以划分的,由主管税务机关根据企业的生产经营类型、规模等具体情况,核定准予在税前扣除的折旧费用的数额或比例。

(4)个人独资企业和合伙企业向其从业人员实际支付的合理的工资、薪金支出,允许在税前据实扣除。

(5)个人独资企业和合伙企业拨缴的工会经费、发生的职工福利费、职工教育经费支出分别在工资薪金总额2%,14%,2.5%的标准内据实扣除。

(6)个人独资企业和合伙企业每一纳税年度发生的广告费和业务宣传费用不超过当年销售(营业)收入15%的部分,可据实扣除;超过部分,准予在以后纳税年度结转扣除。

(7)个人独资企业和合伙企业每一纳税年度发生的与其生产经营业务直接相关的业务招待费支出,按照发生额的60%扣除,但最高不得超过当年销售(营业)收入的5‰。

(8)计提的各种准备金不得扣除。

(9)企业与其关联企业之间的业务往来,应当按照独立企业之间的业务往来收取或者支付价款、费用。不按照独立企业之间的业务往来收取或者支付价款、费用,而减少其应纳税所得额的,主管税务机关有权进行合理调整。

所称关联企业,其认定条件及税务机关调整其价款、费用的方法,按照《中华人民共和国税收征收管理法》及其实施细则的有关规定执行。

(10)投资者兴办两个或两个以上企业应纳税额的计算方法。

应纳税额的具体计算方法为:汇总其投资兴办的所有企业的经营所得作为应纳税所得额,以此确定适用税率,计算出全年经营所得的应纳税额,再根据每个企业的经营所得占所有企业经营所得的比例,分别计算出每个企业的应纳税额和应补缴税额。计算公式如下:

$$应纳税所得额 = \sum 各个企业的经营所得$$

$$应纳税额 = 应纳税所得额 \times 税率 - 速算扣除数$$

$$本企业应纳税额 = 应纳税额 \times 本企业的经营所得 \div \sum 各个企业的经营所得$$

$$本企业应补缴的税额 = 本企业应纳税额 - 本企业预缴的税额$$

第二种:核定征收。

核定征收方式,包括定额征收、核定应税所得率征收以及其他合理的征收方式。

实行核定应税所得率征收方式的,应纳所得税额的计算公式如下:

$$应纳所得税额 = 应纳税所得额 \times 适用税率$$

$$应纳税所得额 = 收入总额 \times 应税所得率$$

$$或 = 成本费用支出额 \div (1 - 应税所得率) \times 应税所得率$$

应税所得率见表6.8。

表6.8 应税所得率表

行 业	应税所得率/%
工业、交通运输业、商业	5～20
建筑业、房地产开发业	7～20
饮食服务业	7～25
娱乐业	20～40
其他行业	10～30

企业经营多业的,无论其经营项目是否单独核算,均应根据其主营项目确定其适用的应税所得率。

实行核定征税的投资者,不能享受个人所得税的优惠政策。

实行查账征税方式的个人独资企业和合伙企业改为核定征税方式后,在查账征税方式下认定的年度经营亏损未弥补完的部分,不得再继续弥补。

八、非居民个人应纳税额的计算

非居民个人取得工资、薪金所得,劳务报酬所得,稿酬所得和特许权使用费所得,有扣缴义务人的,由扣缴义务人按月或者按次代扣代缴税款,不办理汇算清缴。

扣缴义务人向非居民个人支付工资、薪金所得,劳务报酬所得,稿酬所得和特许权使用费所得时,应当按照以下方法按月或者按次代扣代缴税款。

(1)工资、薪金所得应纳税所得额 = 每月收入额 − 5 000

(2)劳务报酬所得、稿酬所得、特许权使用费所得,以每次收入额为应纳税所得额,其中:

①劳务报酬所得应纳税额 = 收入 × (1 − 20%) × 税率 − 速算扣除数

②稿酬所得应纳税额 = 收入 × (1 − 20%) × 70% × 税率 − 速算扣除数

③特许权使用费所得应纳税额 = 收入 × (1 − 20%) × 税率 − 速算扣除数

以上适用的税率见表6.9。

表6.9　非居民个人所得税税率表

(非居民个人工资、薪金所得,劳务报酬所得,稿酬所得,特许权使用费所得适用)

级数	应纳税所得额	税率/%	速算扣除数
1	不超过3 000元的	3	0
2	超过3 000元至12 000元的部分	10	210
3	超过12 000元至25 000元的部分	20	1 410
4	超过25 000元至35 000元的部分	25	2 660
5	超过35 000元至55 000元的部分	30	4 410
6	超过55 000元至80 000元的部分	35	7 160
7	超过80 000元的部分	45	15 160

非居民个人在一个纳税年度内税款扣缴方法保持不变,达到居民个人条件时,应当告知扣缴义务人基础信息变化情况,年度终了后按照居民个人有关规定办理汇算清缴。

【知识卡片6.15】

权益性投资经营所得个人所得税征收管理事项

为深化“放管服”改革,自2022年1月1日起,持有股权、股票、合伙企业财产份额等权益性投资的个人独资企业、合伙企业,一律适用查账征收方式计征个人所得税。

第三节　个人所得税的征收管理

一、纳税申报

(1)个人所得税以所得人为纳税人,以支付所得的单位或者个人为扣缴义务人。扣缴义务人向个人支付应税款项时,应当依照个人所得税法规定预扣或代扣税款,按时缴库,并专项记载备查。支付,包括现金支付、汇拨支付、转账支付和以有价证券、实物以及其他形式支付。

税务机关应根据扣缴义务人所扣缴的税款,付给2%的手续费。

扣缴义务人应当按照国家规定办理全员全额扣缴申报,并向纳税人提供其个人所得和已扣缴税款等信息。全员全额扣缴申报,是指扣缴义务人在代扣税款的次月15日内,向主管税务机关报送其支付所得的所有个人的有关信息、支付所得数额、扣除事项和数额、扣缴税款的具体数额和总额以及其他相关涉税信息资料。

（2）有下列情形之一的，纳税人应当依法办理纳税申报：

①取得综合所得需要办理汇算清缴。

②取得应税所得没有扣缴义务人。

③取得应税所得，扣缴义务人未扣缴税款。

④取得境外所得。

⑤因移居境外注销中国户籍。

⑥非居民个人在中国境内从两处以上取得工资、薪金所得。

⑦国务院规定的其他情形。

【知识问答6.2】

取得综合所得需要办理汇算清缴的情形有哪些？

根据《中华人民共和国个人所得税法实施条例》第二十五条的规定，取得综合所得需要办理汇算清缴的情形包括：

①从两处以上取得综合所得，且综合所得年收入额减除专项扣除的余额超过6万元。

②取得劳务报酬所得、稿酬所得、特许权使用费所得中一项或者多项所得，且综合所得年收入额减除专项扣除的余额超过6万元。

③纳税年度内预缴税额低于应纳税额。

④纳税人申请退税。纳税人申请退税，应当提供其在中国境内开设的银行账户，并在汇算清缴地就地办理税款退库。

（3）居民个人取得工资、薪金所得时，可以向扣缴义务人提供专项附加扣除有关信息，由扣缴义务人扣缴税款时减除专项附加扣除。纳税人同时从两处以上取得工资、薪金所得，并由扣缴义务人减除专项附加扣除的，对同一专项附加扣除项目，在一个纳税年度内只能选择从一处取得的所得中减除。

居民个人取得劳务报酬所得、稿酬所得、特许权使用费所得，应当在汇算、清缴时向税务机关提供有关信息，减除专项附加扣除。

（4）纳税人可以委托扣缴义务人或者其他单位和个人办理汇算清缴。纳税人发现扣缴义务人提供或者扣缴申报的个人信息、所得、扣缴税款等与实际情况不符的，有权要求扣缴义务人修改。扣缴义务人拒绝修改的，纳税人应当报告税务机关，税务机关应当及时处理。

纳税人、扣缴义务人应当按照规定保存与专项附加扣除相关的资料。税务机关可以对纳税人提供的专项附加扣除信息进行抽查，具体办法由国务院税务主管部门另行规定。税务机关发现纳税人提供虚假信息的，应当责令改正并通知扣缴义务人；情节严重的，有关部门应当依法予以处理，纳入信用信息系统并实施联合惩戒。

（5）纳税人申请退税时提供的汇算清缴信息有错误的，税务机关应当告知其更正；纳税人更正的，税务机关应当及时办理退税。

扣缴纳税人未将扣缴的税款解缴入库的，不影响纳税人按照规定申请退税，税务机关应当凭纳税人提供的有关资料办理退税。

【知识卡片 6.16】

居民个人可免于办理个人所得税综合所得汇算清缴的情形

　　根据国家税务总局相关公告,在 2019 年 1 月 1 日至 2023 年 12 月 31 日居民个人取得的综合所得,年度综合所得收入不超过 12 万元且需要汇算清缴补税的,或者年度汇算清缴补税金额不超过 400 元的,居民个人可免于办理个人所得税综合所得汇算清缴。其实,国外一些国家也豁免了较低金额的个税补缴义务,比如荷兰将这个金额设置在 46 欧元,英国定在约 20 英镑。总体来看,这个金额设置都不高,折合成人民币多在 200 元左右。因此我国的免税金额略高于一些发达国家。

二、纳税期限

　　(1)居民个人取得综合所得,按年计算个人所得税;有扣缴义务人的,由扣缴义务人按月或者按次预扣预缴税款;需要办理汇算清缴的,应当在取得所得的次年 3 月 1 日至 6 月 30 日内办理汇算清缴居民个人向扣缴义务人提供专项附加扣除信息的,扣缴义务人按月预扣预缴税款时应当按照规定予以扣除,不得拒绝。

　　非居民个人取得工资、薪金所得,劳务报酬所得,稿酬所得和特许权使用费所得有扣缴义务人的,由扣缴义务人按月或者按次代扣代缴税款,不办理汇算清缴。

　　(2)纳税人取得经营所得,按年计算个人所得税,由纳税人在月度或者季度终了后 15 日内向税务机关报送纳税申报表,并预缴税款;在取得所得的次年 3 月 31 日前办理汇算清缴。

　　(3)纳税人取得利息、股息、红利所得,财产租赁所得,财产转让所得和偶然所得,按月或者按次计算个人所得税,有扣缴义务人的,由扣缴义务人按月或者按次代扣代缴。

　　(4)纳税人取得应税所得没有扣缴义务人的,应当在取得所得的次月 15 日内向税务机关报送纳税申报表,并缴纳税款。

　　(5)纳税人取得应税所得,扣缴义务人扣缴税款的,纳税人应当在取得所得的次年 6 月 30 前,缴纳税款;税务机关通知限期缴纳的,纳税人应当按照期限缴纳税款。

　　(6)居民个人从中国境外取得所得的,应当在取得所得的次年 3 月 1 日至 6 月 30 日内申报纳税。

　　(7)非居民个人在中国境内从两处以上取得工资、薪金所得的,应当在取得所得的次月 15 日内申报纳税。

　　(8)纳税人因移居境外注销中国户籍的,应当在注销中国户籍前办理税款清算。

　　(9)扣缴义务人每月或者每次预扣、代扣的税款,应当在次月 15 日内缴入国库,并向税务机关报送扣缴个人所得税申报表。

　　各项所得的计算,以人民币为单位。所得为人民币以外货币的,按照办理纳税申报或扣缴申报的上一月最后一日人民币汇率中间价,折合成人民币计算应纳税所得额。年度终了后办理汇算清缴的,对已经按月、按季或者按次预缴税款的人民币以外货币所得,不再重新折算;对应当补缴税款的所得部分,按照上一纳税年度最后一日人民币汇率中间价,折合成人民币计算应纳税所得额。

【本章小结】

本章阐述了个人所得税概念、纳税义务人、税目、税率、优惠政策等基本内容,重点介绍了不同类型应纳税额的计算,讲述了个人所得税的征收管理。要正确计算个人所得税应纳税额,必须准确确认应纳税所得额,只有正确计算个人所得税应纳税额,才能正确进行纳税申报,各环节缺一不可,互为体系。

知识运用与实训

一、名词解释

个人所得税　居民个人　非居民个人　累计预扣法

二、简答题

1. 简要说明个人所得税的征税对象。

2. 简要说明申报纳税的情形。

三、单项选择题

1. 我国现行个人所得税采用的是(　　)征税制度。

A. 综合所得税制　B. 分类所得税制　　C. 混合所得税制　　D. 累进所得税率

2. 下列各项中,不属于个人所得税纳税人的是(　　)。

A. 合伙企业中的自然人合伙人　　　　B. 一人有限责任公司

C. 个体工商户　　　　　　　　　　　D. 个人独资企业的投资者个人

3. 以下属于工资薪金所得的项目有(　　)。

A. 托儿补助费　　B. 劳动分红　　　　C. 投资分红　　　　D. 独生子女补贴

4. 下列应税项目中,以一个月为一次确定应纳税所得额的有(　　)。

A. 劳务报酬所得　　　　　　　　　　B. 特许权使用费所得

C. 财产租赁所得　　　　　　　　　　D. 财产转让所得

5. 中国公民郑某 2021 年取得全年一次性奖金 20 000 元。郑某 2021 年应缴纳个人所得税是(　　)元(选择不并入当年综合所得计算)。

A. 530　　　　　　　　B. 552　　　　　　　　C. 600　　　　　　　　D. 2 195

6. 王某从 2021 年 4 月 1 日出租用于居住的住房,每月取得出租住房的租金收入为 3 000 元(不含增值税);7 月份发生房屋的维修费 1 600 元,不考虑其他税费。王某 2021 年出租房屋应纳个人所得税(　　)。

A. 1 820 元　　　　B. 1 800 元　　　　　C. 1 980 元　　　　　D. 2 010 元

7. 根据个人所得税法法律制度规定,受赠人转让无偿受赠房屋取得的所得适用的税目是(　　)。

  A. 偶然所得 B. 劳务报酬所得 C. 财产转让所得 D. 免征个人所得税

  8. 扣缴义务人每月所扣缴的税款,应当于次月(　　)内缴入国库。

  A. 3 日   B. 7 日   C. 15 日   D. 1 个月

  9. 依据个人所得税有关规定,计算财产转让所得时,下列各项准予扣除的是(　　)。

  A. 定额 800 元   B. 财产净值

  C. 定额 800 元或定率 20%   D. 财产原值和合理费用

  10. 王某取得劳务报酬 50 000 元,将其中 6 000 元、10 000 元通过国家机关分别捐赠给公益性青少年活动中心和受灾地区。该项劳务报酬支付单位应预扣预缴个人所得税(　　)元。

  A. 4 600   B. 5 200   C. 6 400   D. 7 000

四、多项选择题

  1. 个人所得税是世界各国普遍征收的一个税种,但各国的个人所得税规定有所不同。下列表述中属于我国现行个人所得税特点的有(　　)。

  A. 实行的是综合所得税制   B. 累进税率和定额税率并用

  C. 实行的是混合所得税制   D. 采取源泉扣缴和个人申报制两种征纳方法

  2. 根据个人所得税法律制度的规定,下列关于专项附加扣除说法不正确的是(　　)。

  A. 个人接受同一学历教育事项,符合规定扣除条件的,该项教育支出可以由其父母按照子女教育支出扣除,也可以由本人按照继续教育支出扣除,但不得同时扣除

  B. 纳税人的子女接受全日制学历教育的相关支出,按照每个子女每月 2 000 元的标准定额扣除

  C. 赡养支出采取指定分摊或约定分摊方式的,每一纳税人分摊的扣除额最高不得超过每月 1 000 元,并签订书面分摊协议或口头协议

  D. 受教育子女的教育费父母分别按扣除标准的 50% 扣除,经父母约定,也可以选择由其中一方按扣除标准的 100% 扣除,具体扣除方式在 3 个纳税年度内不得变更

  3. 下列项目中计征个人所得税时,允许从总收入中减除费用 800 元的有(　　)。

  A. 承租、承包所得   B. 外企中方雇员的工资、薪金所得

  C. 提供咨询服务一次取得收入 2 000 元 D. 出租房屋收入 3 000 元

  4. 下列属于个人所得税应税所得项目的有(　　)。

  A. 工资、薪金所得   B. 个体工商户的生产、经营所得

  C. 国家发行的金融债券利息 D. 特许权使用费

  5. 下列人员中,(　　)对依法履行代扣代缴义务负有法律责任。

  A. 扣缴义务人的法人代表

  B. 扣缴义务人的财会部门的负责人

  C. 单位主要负责人

  D. 扣缴义务人具体办理代扣代缴税款的有关人员

6.下列各项中,适用 5% ~35% 的五级超额累进税率征收个人所得税的有( )。

  A.个体工商户的生产经营所得   B.合伙企业的生产经营所得

  C.个人独资企业的生产经营所得   D.对企事业单位的承包经营、承租经营所得

7.下列各项中,以取得的收入为应纳税所得额直接计征个人所得税的有( )。

  A.稿酬所得   B.偶然所得   C.股息所得   D.特许权使用费所得

8.计算个体工商户的生产经营所得时,不得在个人所得税前扣除的项目有( )。

  A.各种赞助支出   B.个体业主的工资支出

  C.财产保险支出   D.缴纳的城市维护建设税

9.根据个人所得税法的有关规定,下列表述正确的有( )。

  A.同一作品分次取得的稿酬应合并为一次纳税

  B.同一作品再版取得的稿酬,应按两次所得纳税

  C.同一作品出版后,添加印数取得的稿酬应按两次所得纳税

  D.同一作品在两处同时出版、发表取得的稿酬所得合并为一次纳税

10.个人取得下列所得不需要缴纳个人所得税的是( )。

  A.个人购买体育彩票中奖 8 000 元

  B.职工领取的原提存的住房公积金 30 000 元

  C.学生参加勤工俭学活动取得劳务报酬 1 500 元

  D.按规定领取的退休工资 4 000 元

五、案例分析

1.中国公民郑某 2021 年度取得下列所得:

(1)全年取得基本工资收入 500 000 元,郑某全年负担的"三险一金"为 39 600 元。

(2)郑某与他的妻子翠花 7 年前(结婚前)分别贷款购买了人生中的第一套住房,夫妻双方商定选择翠花购买的住房作为首套住房贷款利息支出扣除。

(3)郑某的儿子小石头 2018 年 4 月 20 日出生,女儿小苗苗 2021 年春节出生,夫妻双方商定子女教育支出由郑某扣除。

(4)郑某与妻子均为独生子女,郑某的父亲年满 60 岁,母亲年满 56 岁,郑某的父母均有退休工资,不需要郑某支付赡养费,由于郑某的岳父母在农村生活,郑某每月给岳父汇款 2 000 元。

(5)郑某参加了 2020 年税务师考试,购买了某一会计网校的课程共支出 3 000 元,通过努力于 2021 年 3 月拿到税务师证书,并获得某一会计网校颁发的全国状元奖金 5 000 元。

(6)6 月从持有 3 个月的某上市公司股票分得股息 1 500 元,从银行取得银行存款利息 3 000 元,从未上市某投资公司分得股息 2 000 元。

(7)9 月份在境内出版图书取得一次性稿酬 95 000 元。

(8)12 月份取得年度一次性奖金 350 000 元,储蓄存款利息 2 000 元,保险赔偿 5 000 元,省政府颁发的科技创新奖金 120 000 元(假设郑先生取得全年一次性奖金选择不并入当年综合所得计算纳税)。

要求:计算郑某 2021 年应纳的个人所得税。

2.中国公民林某是甲歌舞团的舞蹈演员,2021 年全年收入情况如下:

(1)2021 年全年工资明细表(部分数据)见表 6.10。

表 6.10　2021 年全年工资明细表(部分数据)

| 姓名 | 基本工资 | 岗位工资 | 工龄补贴 | 托儿补助费 | 工资总额 | 代　扣 | | 实发工资 |
						三险一金	个人所得税	
林某	120 000	30 000	8 000	600	158 600	20 000	—	—

(2)受邀出演乙文化公司创作的舞剧,演出四场共获得劳务报酬 20 000 元(不含增值税)。

(3)出版专著取得稿费收入 15 000 元(不含增值税),发生资料费支出 4 000 元。

(4)林某正在偿还首套住房贷款及利息,林某为独生女,林某父母均已年过 60 岁。林某的独生子正在读大学三年级,夫妻约定由林某扣除贷款利息和子女教育费。

(5)林某 2021 年 6 月以个人名义购入境内上市公司股票,同年 9 月出售,持有期间取得股息 1.9 万元;从境内非上市公司取得股息 0.7 万元。

要求:计算林某 2021 年个人所得税税额。

3.某市大华酒家系个体经营户,账证比较健全,2021 年 12 月取得营业额为 160 000 元,购进菜、肉、蛋、面粉、大米等原料费为 60 000 元,缴纳电费、水费、房租、煤气费等 15 000 元,缴纳其他税费合计为 6 600 元。当月支付给 4 名雇员工资共 14 000 元,业主个人费用扣除 5 000 元。1—11 月累计应纳税所得额为 135 600 元,1—11 月累计已预缴个人所得税为 16 620 元。

要求:计算该个体业户 12 月份应缴纳的个人所得税。

六、实践训练

(一)企业概况(虚构)

企业名称:惠州肯尼斯服装有限责任公司

企业性质:私营企业

企业法人代表:杨安

企业地址:惠州市惠城区东江工业园

企业联系电话:0752-2678888

开户银行:中国工商银行惠州分行江北支行

银行账号:4518105888248818

统一社会信用代码:91441302562576941X

(二)业务模拟

该公司于 2022 年 1 月 20 日,汇总本公司应付工资总额为 150 000 元,其中生产工人工资 70 000 元,车间管理人员工资 30 000 元,公司管理人员工资 50 000 元,该公司按税法规定应代扣代缴个人所得税。公司部分员工工资见表 6.11。

表 6.11 公司部分员工工资

序号	员工姓名	身份证号码	1 月工资/元	所属部门	备 注
01	李小明	44520819860823038x	6 800	生产部	
02	吴先波	441628198210110160	7 850	行政部	
03	刘俊涛	441523198109284418	7 400	财务部	
04	迈克·约翰		9 800	设计部	非居民个人

注:李小明 1 月个人承担的基本养老保险 544 元、基本医疗保险 47.12 元、失业保险 3.1 元,符合规定的专项附加扣除子女教育 1 000 元、赡养老人 2 000 元、住房贷款利息 1 000 元;吴先波 1 月个人承担的基本养老保险 628 元、基本医疗保险 47.12 元、失业保险 3.1 元,符合规定的专项附加扣除赡养老人 2 000 元、住房贷款利息 1 000 元、继续教育 400 元;刘俊涛 1 月个人承担的基本养老保险 592 元、基本医疗保险 47.12 元、失业保险 3.1 元,符合规定的专项附加扣除赡养老人 1 000 元、住房贷款利息 1 000 元、继续教育 3 600 元。

(三)实训要求

1. 根据上述资料计算该企业应预扣预缴的部分员工个人所得税。

2. 填制扣缴个人所得税报告表,见表 6.12。

知识运用与实训标准答案

表 6.12 个人所得税扣缴申报表

税款所属期：自 年 月 日至 年 月 日

扣缴义务人名称：

扣缴义务人纳税人识别号（统一社会信用代码）：□□□□□□□□□□□□□□□□□□

金额单位：人民币元（列至角分）

序号	姓名	身份证件类型	身份证件号码	纳税人识别号	是否为非居民个人	所得项目	收入额计算				专项扣除				其他扣除						累计情况（工资、薪金）			累计专项附加扣除					累计其他扣除	减按计税比例	准予扣除的捐赠额	税款计算							备注
							收入	免税收入	费用	减除费用	基本养老保险费	基本医疗保险费	失业保险费	住房公积金	年金	商业健康保险	税延养老保险	财产原值	允许扣除的税费	其他	累计收入额	累计减除费用	累计专项扣除	子女教育	赡养老人	住房贷款利息	住房租金	继续教育	累计其他扣除			应纳税所得额	税率/预扣率	速算扣除数	应纳税额	减免税额	已扣缴税额	应补（退）税额	
1	2	3	4	5	6	7	8	9	10	11	12	13	14	15	16	17	18	19	20	21	22	23	24	25	26	27	28	29	30	31	32	33	34	35	36	37	38	39	40
1																																							
合计																																							

谨声明：本扣缴申报表是根据国家税收法律法规及相关规定填报的，是真实的、可靠的、完整的。

扣缴义务人（签章）：

年 月 日

代理机构签章：

代理机构统一社会信用代码：

经办人签字：

经办人身份证件号码：

受理人：

受理税务机关（章）：

受理日期： 年 月 日

第七章　资源税（类）法

【知识点拨】

资源税（类）法是指以资源为征税对象的各种法律规范的总称，主要包括资源税法、土地增值税法、城镇土地使用税法、耕地占用税法。资源税按其性质可分为一般资源税与级差资源税两类，前者是对使用某种自然资源的单位和个人，为赋予使用权而征收的税收；后者是根据使用的自然资源丰瘠和收入的多少，就其级差收入而征收的税收。本章的重点是资源税、土地增值税、城镇土地使用税、耕地占用税的构成要素及应纳税额的计算，难点是资源税、土地增值税、城镇土地使用税、耕地占用税应纳税额的计算。

【知识引读】

资源税的由来

我国对资源征税有着悠久的历史。春秋时期的"官山海"，就是以专卖之名，行征税之实。以后各个朝代直到中华民国，都以盐资源的专卖收入或征税收入作为主要财政收入之一。1949 年后，在全国统一开征的 14 个税种中，盐税是一个独立的税种。1973 年税制改革时，将盐税并入工商税中征收。1984 年工商税制全面改革时，工商税分为产品税、增值税、营业税和盐税 4 个税种，盐税成为独立的税种，并对原油、天然气、煤炭、金属矿产品和非金属矿产品（后两种暂缓征收）开始征收资源税。1993 年 12 月，国务院颁布了《中华人民共和国资源税暂行条例》，对矿产品和盐资源合并计征资源税，并从 1994 年 1 月起施行。2011 年 9 月国务院对《中华人民共和国资源税暂行条例》进行了修订，修订后的条例于 2011 年 11 月 1 日起施行。2014 年 10 月 9 日，财政部、国家税务总局对煤炭、原油、天然气资源税有关政策进行了调整，自 2014 年 12 月 1 日起执行。随后，又陆续对资源税税率和计税依据进行了调整，自 2015 年 5 月 1 日起，对稀土、钨、钼资源税由从量定额计征改为从价定率计征。2016 年 7 月 1 日，将 21 种资源品目和未列举名称的其他金属矿实行从价计征。2019 年 8 月 26 日第十三届全国人民代表大会常务委员会第十二次会议通过了《中华人民共和国资源税法》，并自 2020 年 9 月 1 日起施行，1993 年 12 月 25 日国务院发布的《中华人民共和国资源税暂行条例》同时废止。

从上面的引读中可以思考什么是资源税？资源税的税制构成要素是怎样的？资源税的应纳税额又是如何计算的？本章内容将对这些问题进行阐述。此外，本章对土地增值税、城镇土地使用税、耕地占用税进行了阐述。

第一节 资源税法

一、资源税的含义

资源税是对在我国领域和管辖的其他海域开发应税资源的单位和个人课征的一种税，属于对自然资源开发课税的范畴。

【知识卡片7.1】

油气"领航"资源税改革

为了建立反映市场供求和资源稀缺程度、体现生态价值和代际补偿的资源有偿使用制度及生态补偿制度，资源税改革采取了"两线并行、梯次推进"的方式，即征收产品范围和地域范围两条线逐步扩大，范围扩大的顺序依次为：石油和天然气→煤炭→金属矿原矿→非金属矿原矿→水资源；实施地域范围扩大的顺序为：由点到片再到面，首先在某个产品资源富集和有一定管理基础的省份试点，而后扩大至若干资源富集省份，最后推广至全国。

二、资源税的特点

我国现行资源税主要有以下几个特点：

(1)只对特定资源征税。我国现行的资源税的征税对象既不是全部的自然资源，也不是对所有具有商品属性的资源都征税，而是主要对矿产品、盐、水资源进行征税。

(2)具有受益税性质。单位或个人开发经营国有自然资源，既应当为拥有开发权而付出一定的"代价"，又因享受国有自然资源有义务支付一定的"费用"。

(3)具有级差收入税的特点。我国资源税通过对同一资源实行高低不同的差别税率，可以直接调节因资源条件不同而产生的级差收入。

三、纳税义务人与扣缴义务人

资源税的纳税义务人，是指在中华人民共和国领域和中华人民共和国管辖的其他海域开采应税资源的单位和个人。

上述单位是指国有企业、集体企业、私营企业、股份制企业、其他企业、行政单位、事业单位、军事单位、社会团体及其他单位。个人，是指个体经营者及其他个人。其他单位和其他个人包括外商投资企业、外国企业及外籍人员。

收购未税矿产品的单位为资源税的扣缴义务人。收购未税矿产品的单位，是指独立矿山、联合企业和其他单位。

【知识卡片7.2】

中外合作开采石油等须征收资源税

根据新修订的《中华人民共和国资源税法》(简称《资源税法》)的规定，中外合作开采石油、天然气，须按照现行规定缴纳资源税。在2011年11月1日前已依法订立的对外合作开采合同,在已约定的合同有效期内,继续依照当时的国家有关规定缴纳矿区使用费,不缴纳资源税。合同期满后,依法缴纳资源税。

四、税目、税率

(一)资源税税目

我国资源税的征税范围由《资源税法》所附"资源税税目税率表"确定,包括能源矿产、金属矿产、非金属矿产、水气矿产、盐类,共计五大类,各税目的征税对象包括原矿或选矿。

(1)能源矿产。包括原油、天然气、页岩气、天然气水合物、煤、煤成(层)气、铀、钍、油页岩、油砂、天然沥青、石煤、地热。

(2)金属矿产。包括黑色金属和有色金属。

(3)非金属矿产。包括矿物类、岩石类、宝玉石类。

(4)水气矿产。包括二氧化碳气、硫化氢气、氦气、氡气、矿泉水。

(5)盐类。包括钠盐、钾盐、镁盐、锂盐、天然卤水、海盐。

纳税人开采或者生产应税产品自用的,视同销售,应当按规定缴纳资源税,但是用于连续生产应税产品的,不缴纳资源税。

国务院根据国民经济和社会发展需要,依照《资源税法》原则,对取用地表水或者地下水的单位和个人试点征收水资源税。征收水资源税的,停止征收水资源费。水资源税根据当地水资源状况、取用水类型和经济发展等情况实行差别税率。水资源税试点实施办法由国务院规定,报全国人民代表大会常务委员会备案。国务院自本法施行之日起五年内,就征收水资源税试点情况向全国人民代表大会常务委员会报告,并及时提出修改法律的建议。

【知识卡片7.3】

水资源税在河北试点

2016年7月1日,我国正式开启水资源税试点,鉴于取用水资源涉及面广、情况复杂,为确保改革平稳有序实施,在河北省开展我国首个也是唯一一个水资源税试点。具体而言,河北采取水资源费改税的方式,将地表水和地下水纳入征税范围,实行从量定额计征,对高耗水行业、超计划用水以及在地下水超采地区取用地下水,适当提高税额标准,正常生产生活用水维持原有负担水平不变。按照资源税改革的路径规划,在总结试点经验基础上,财政部、国家税务总局已选择河北、北京、天津、山西、内蒙古、山东、河南、四川、陕西、宁夏等10个省(自治区、直辖市)直接取用地表水和地下水的单位和个人,为水资源税的纳税人,条件成熟后在全国推行。

(二)资源税税率

资源税税率采用比例税率和定额税率两种形式。对资源税税目税率幅度表中列举名称的27种资源品目和未列举名称的其他金属矿实行从价计征。对经营分散、多为现金交易且难以控管的黏土、砂石,按照便利征管原则,仍实行从量定额计征。对资源税税目税率幅度表中未列举名称的其他非金属矿产品,按照从价计征为主、从量计征为辅的原则,由省级人民政府确定计征方式。

"税目税率表"中规定实行幅度税率的,其具体适用税率由省、自治区、直辖市人民政府统筹考虑该应税资源的品位、开采条件以及对当地生态环境的影响等情况,在规定的税率幅度内提出,报同级人民代表大会常务委员会决定,并报全国人民代表大会常务委员会和国务院备案。"税目税率表"中规定征税对象为原矿或者选矿的,应当分别确定具体适用税率。

【知识卡片7.4】

表7.1 资源税税目税率幅度表(节选)

税 目		征税对象	税 率
能源矿产	原油	原矿	6%
	天然气、页岩气、天然气水合物	原矿	6%
	煤	原矿或者选矿	2%～10%
	煤成(层)气	原矿	1%～2%
	铀、钍	原矿	4%
	油页岩、油砂、天然沥青、石煤	原矿或者选矿	1%～4%
	地热	原矿	1%～20%或者每立方米1～30元
金属矿产	黑色金属 铁、锰、铬、钒、钛	原矿或者选矿	1%～9%
	有色金属 铜、铅、锌、锡、镍、锑、镁、汞	原矿或者选矿	2%～10%
	铝土矿	原矿或者选矿	2%～9%
	钨	选矿	6.5%
	钼	选矿	8%
	金、银	原矿或者选矿	2%～6%
	轻稀土	选矿	7%～12%
	中重稀土	选矿	20%

【知识问答7.1】

进口矿产品是否需要缴纳资源税?

答:根据《资源税法》的规定,对在境内开采应税矿产品的单位和个人征收资源税,对进口资源产品不征收资源税。

五、税收优惠

有下列情形之一的,减征或者免征资源税:

(1)开采原油过程中以及在油田范围内运输原油过程中用于加热、修井的原油免税。

(2)煤炭开采企业因安全生产需要抽采的煤成(层)气。

(3)自2014年12月1日至2023年8月31日,对充填开采置换出来的煤炭,资源税减征50%。

（4）从低丰度油气田开采的原油、天然气，减征20%资源税。

（5）高含硫天然气、三次采油和从深水油气田开采的原油、天然气，减征30%资源税。

（6）从衰竭期矿山开采的矿产品，减征30%资源税。

（7）稠油、高凝油减征40%资源税。

根据国民经济和社会发展需要，国务院对有利于促进资源节约集约利用、保护环境等情形可以规定免征或者减征资源税，报全国人民代表大会常务委员会备案。

有下列情形之一的，省、自治区、直辖市可以决定免征或者减征资源税：

（1）纳税人开采或者生产应税产品过程中，出于意外事故或者自然灾害等原因遭受重大损失。

（2）纳税人开采共伴生矿、低品位矿、尾矿。

以上两种情况免征或者减征资源税的具体办法，由省、自治区、直辖市人民政府提出，报同级人民代表大会常务委员会决定，并报全国人民代表大会常务委员会和国务院备案。

六、资源税计税依据

（一）销售额

资源税以纳税人开采或者生产应税资源的销售额或者销售数量为计税依据。各税目的征税对象包括原矿、精矿（或原矿加工品）。

（1）销售额为纳税人销售应税产品向购买方收取的全部价款和价外费用，但不包括收取的增值税销项税额和运杂费用。运杂费用是指应税产品从坑口或洗选（加工）地到车站、码头或购买方指定地点的运输费用、建设基金以及随运销产生的装卸、仓储、港杂费用。运杂费用应与销售额分别核算，凡未取得相应凭据或不能与销售额分别核算的，应当一并计征资源税。

（2）纳税人将其开采的原矿，自用于连续生产选矿产品（通过破碎、切割、洗选、筛分、磨矿、分级、提纯、脱水、干燥等过程形成的产品，包括富集的精矿和研磨成粉、粒级成型、切割成型的原矿加工品），在原矿移送使用环节不缴纳资源税；将开采的原矿加工为选矿产品销售的，以选矿产品销售额乘以折算率作为应税原矿销售额，计算缴纳资源税。折算率由省、自治区、直辖市财税部门或者授权地市级财税部门确定。

纳税人自用应税产品应当缴纳资源税的情形，包括纳税人以应税产品用于非货币性资产交换、捐赠、偿债、赞助、集资、投资、广告、样品、职工福利、利润分配或者连续生产非应税产品等。

（3）征税对象为精矿的，纳税人销售原矿时，应将原矿销售额换算为精矿销售缴纳资源税；征税对象为原矿的，纳税人销售自采原矿加工的精矿，应将精矿销售额折算为原矿销售额缴纳资源税。换算比或折算率由省级财税部门确定，并报财政部、国家税务总局备案。

（4）纳税人申报的应税产品销售额明显偏低并且无正当理由的、有视同销售应税产品行为而无销售额的，主管税务机关可以按下列方法和顺序确定其应税产品销售额：

①按纳税人最近时期同类产品的平均销售价格确定。

②按其他纳税人最近时期同类产品的平均销售价格确定。

③按后续加工非应税产品销售价格，减去后续加工环节的成本利润后确定。

④按应税产品组成计税价格确定。

组成计税价格＝成本×（1＋成本利润率）÷（1－资源税税率）

公式中的成本是指应税产品的实际生产成本。公式中的成本利润率由省、自治区、直辖市税务机关确定。

（二）销售数量

（1）纳税人开采或者生产应税产品销售的，以实际销售数量为销售数量。

（2）纳税人开采或者生产应税产品自用的，以移送时的自用数量为销售数量。

（3）纳税人以自采原矿直接销售，或者自用于应当缴纳资源税情形的，按照原矿计征资源税。纳税人以自采原矿洗选加工为选矿产品销售，或者将选矿产品自用于应当缴纳资源税情形的，按照选矿产品计征资源税，在原矿移送环节不缴纳资源税。对于无法区分原生岩石矿种的粒级成型砂石颗粒，按照砂石税目征收资源税。

（4）纳税人开采或者生产同一应税产品，其中既有享受减免税政策的，又有不享受减免税政策的，按照免税、减税项目的产量占比等方法分别核算确定免税、减税项目的销售额或者销售数量。

纳税人开采或者生产不同税目应税产品的，应当分别核算不同税目应税产品的销售额或者销售数量；未分别核算或者不能准确提供不同税目应税产品的销售额或者销售数量的，从高适用税率。

纳税人将外购已税产品与自采未税产品混合销售或者混合加工为应税产品销售的，在计算应税产品销售额或者销售数量时，准予扣减外购已税产品的购进金额或者购进数量；当期不足扣减的，可结转下期扣减。纳税人应当准确核算外购已税产品的购进金额或者购进数量，未准确核算的，一并计算缴纳资源税。纳税人核算并扣减当期外购应税产品购进金额、购进数量，应当依据外购应税产品的增值税发票、海关进口增值税专用缴款书或者其他合法有效凭据。

【知识卡片7.5】

资源税改革征收方法由"从量定额"转变为"从价定率"更趋合理

单一的资源税从量定额征收办法存在着一定的弊端，主要是税收与价格脱钩，中断了价税的联动作用，国家无法分享涨价收益，无法体现"资源涨价归公"的理念。因为资源产品涨价反映了资源的稀缺性，并非资源生产企业努力的结果，且资源涨价由全社会负担，涨价收入理应归公。而从价定率征收可以弥补从量定额征收的缺陷，可以维护国家和全体国民的利益。

七、资源税应纳税额的计算

资源税的应纳税额，按照从价定率或者从量定额的办法，分别以应税产品的销售额乘以纳税人具体适用的比例税率或者以应税产品的销售数量乘以纳税人具体适用的定额税率计算。计算公式如下：

（1）从价定率计征办法的应税产品,资源税应纳税额按销售额和比例税率计算:

$$应纳税额 = 应税产品的销售额 \times 适用的比例税率$$

（2）从量定额计征办法的应税产品,资源税应纳税额按销售数量和定额税率计算:

$$应纳税额 = 应税产品的销售数量 \times 适用的定额税率$$

（3）扣缴义务人代扣代缴资源税应纳税额的计算:

$$代扣代缴应纳税额 = 收购未税矿产品的数量 \times 适用的定额税额$$

【案例7.1】

某油田2021年6月生产原油30万t,当月销售24.5万t,取得不含增值税收入98万元。加热、修井用0.5万t;开采天然气100万 m^3,当月销售90万 m^3,取得含增值税收入218万元。按当地规定,原油、天然气的适用资源税比例均为6%,天然气的增值税税率为9%。请计算该油田本月应纳资源税税额。

解析: 开采原油过程中用于加热、修井的原油免税。以纳税人开采或者生产应税资源的销售额或者销售数量为计税依据。

$$\begin{aligned} 应纳税额 &= 不含税销售额 \times 适用税率 \\ &= [98 + 218 \div (1 + 9\%)] \times 6\% \\ &= 17.88(万元) \end{aligned}$$

【案例7.2】

某铜矿2021年6月销售当月开采铜矿石原矿取得不含税销售收入600万元,销售精矿取得不含税收入1 200万元。已知:该矿山铜矿精矿换算比为1.2,适用的精矿资源税税率为6%。请计算该铜矿12月份应纳资源税税额。

解析: 因为铜矿计税依据为精矿,所以应将原矿销售额换算为精矿销售额。

(1)该铜矿当月应税产品销售额 $= 600 \times 1.2 + 1 200 = 1 920(万元)$

(2)该铜矿当月应纳资源税税额 $= 1 920 \times 6\% = 115.2(万元)$

【案例7.3】

某砂石场11月开采砂石100 000 m^3,销售砂石80 000 m^3,该砂石适用1.2元/m^3 的单位税额。请计算该砂石场本月应纳资源税税额。

解析: $$\begin{aligned} 应纳税额 &= 销售数量 \times 定额税额 \\ &= 80 000 \times 1.2 \\ &= 96 000(元) \end{aligned}$$

八、征收管理

（一）纳税义务发生时间

纳税人销售应税产品,纳税义务发生时间为收讫销售款或者取得索取销售款凭据的当日。自用应税产品的,纳税义务发生时间为移送应税产品的当日。

（二）纳税期限

资源税按月或者按季申报缴纳;不能按固定期限计算缴纳的,可以按次申报缴纳。纳税人按月或者按季申报缴纳的,应当自月度或者季度终了之日起 15 日内,向税务机关办理纳税申报并缴纳税款;按次申报缴纳的,应当自纳税义务发生之日起 15 日内,向税务机关办理纳税申报并缴纳税款。

（三）纳税地点

纳税人应当在矿产品的开采地或者海盐的生产地缴纳资源税。海上开采的原油和天然气资源税由海洋石油税务管理机构征收管理。

（四）资源税的纳税申报

【知识卡片 7.6】

财产和行为税实行一表多报

为深入贯彻党的十九届五中全会和中央经济工作会议精神,落实党中央、国务院关于深化"放管服"改革、优化营商环境的部署,贯彻落实中共中央办公厅、国务院办公厅印发的《关于进一步深化税收征管改革的意见》,按照《国家税务总局关于开展 2021 年"我为纳税人缴费人办实事暨便民春风行动"的意见》的要求,国家税务总局决定,自 2021 年 6 月 1 日起,在全国实行财产和行为税合并申报,纳税人在申报多个财产和行为税税种(城镇土地使用税、房产税、车船税、印花税、耕地占用税、资源税、土地增值税、契税、环境保护税、烟叶税 10 个税种)时,不再单独使用分税种申报表,而是在一张纳税申报表上同时申报多个税种,"简并申报表、一表报多税"。财产和行为税纳税申报表见表 7.2。

表 7.2　财产和行为税纳税申报表

纳税人识别号（统一社会信用代码）		纳税人名称		申报类型		正常申报
申报日期		税款所属期起		税款所属期止		
本期是否适用增值税小规模纳税人减征政策		本期适用增值税小规模纳税人减征政策起始时间		本期适用增值税小规模纳税人减征政策终止时间		

序号	税种	税目	税款所属期起	税款所属期止	计税依据	税率	应纳税额	减免税额	已缴税额	应补退税额
合计										

声明:此表是根据国家税收法律法规及相关规定填写的,本人(单位)对填报内容(及附带资料)的真实性、可靠性、完整性负责。

纳税人(签章):

经办人		受理人	
经办人身份证件号		受理税务机关(章)	
代理机构签章		受理日期	
代理机构统一社会信用代码			

　　资源税的纳税人,应按规定的纳税期限进行纳税申报,并如实填写财产和行为税纳税申报表以及资源税税源明细表,见表7.2和表7.3。纳税人符合条件享受资源税优惠政策,实行"自行判别、申报享受、有关资料留存备查"的办理方式,另有规定的除外。纳税人对资源税优惠事项留存材料的真实性和合法性承担法律责任。

表7.3　资源税税源明细表

税款所属期:自　　年　　月　　日至　　年　　月　　日

纳税人识别号(统一社会信用代码):□□□□□□□□□□□□□□□□□□

纳税人名称:　　　　　　　　　　　　　　　　金额单位:人民币元(列至角分)

申报计算明细										
序号	税目	子目	计量单位	销售数量	准予扣减的外购应税产品购进数量	计税销售数量	销售额	准予扣除的运杂费	准予扣减的外购应税产品购进金额	计税销售额
	1	2	3	4	5	6=4-5	7	8	9	10=7-8-9
1										
2										
合计										

减免税计算明细									
序号	税目	子目	减免性质代码和项目名称	计量单位	减免税销售数量	减免税销售额	适用税率	减征比例	本期减免税额
	1	2	3	4	5	6	7	8	9①=5×7×8 / 9②=6×7×8
1									
2									
合计									

第二节　土地增值税法

一、土地增值税的含义

　　土地增值税是对转让国有土地使用权及地上建筑物和其他附着物产权并取得增值性收入的单位和个人所征收的一种税。

【知识卡片7.7】

土地增值税的曲折历史

　　自1994年《中华人民共和国土地增值税暂行条例》(简称《土地增值税暂行条例》)实施以来,属于地方税种之一的土地增值税就经历了紧—松—紧的曲折过程,而其松紧的背后又和宏观经济形势紧密相连。1992 年国家实行房改后，1993 年大量商品房进入市场。当时为了规范土地、房地产市场交易秩序，国务院颁布了《土地增值税暂行条例》。1996 年以后，中国宏观经济开始出现相对萧条。为有效启动房地产市场，1999 年财政部、国家税务总局下发通知，对居民个人拥有的普通住宅，在其转让时暂免征收土地增值税。1999 年年底，财政部、国家税务总局又下发土地增值税优惠政策延期的通知，将已经于 1998 年年底到期的相关房地产转让中免除土地增值税的优惠政策，延长至 2000 年年底。到 2001 年、2002 年，宏观经济形势重新开始高涨，国家税务总局再次下发通知，要求认真做好土地增值税征收管理工作。

二、土地增值税的特点

（1）以转让房地产取得的增值额为征税对象。转让房地产的收入减去税法规定准予扣除项目金额后的余额。

（2）征税面比较广。凡在我国境内转让房地产并取得增值收入的单位和个人，除税法规定免税的外，均应按照税法规定缴纳土地增值税。

（3）采用扣除法和评估法计算增值额。一般来说，以纳税人转让房地产取得的收入，减除法定扣除项目金额后的余额作为计税依据。对旧房及建筑物的转让，以及对纳税人转让房地产申报不实、成交价格偏低的，采用评估价格法确定增值额。

（4）实行超率累进税率。土地增值税的税率是以转让房地产的增值率高低为依据，按照累进原则设计的，实行分级计税。

（5）实行按次征收。土地增值税在房产转让环节实行按次征收。

三、征税对象及范围

土地增值税的征税对象是有偿转让国有土地使用权及地上建筑物和其他附着物产权所取得的增值额。

（一）征税范围的一般规定

（1）土地增值税只对转让国有土地使用权的行为课税，转让非国有土地和出让国有土地的行为均不征税。

国有土地使用权，是指土地使用人根据国家法律、合同等规定，对国家所有的土地享有使用的权利。土地增值税只对企业、单位和个人等经济主体转让国有土地使用权的行为课税。对属于集体所有的土地按现行规定须先由国家征用后才能转让，未经国家征用的集体土地不得转让，自行转让集体土地是一种违法行为，应由有关部门依照相关法律来处理，而不应纳入土地增值税的征税范围。

国有土地出让是指国家以土地所有者的身份将土地使用权在一定年限内让与土地使用者，并由土地使用者向国家支付土地出让金的行为。由于土地使用权的出让方是国家，出让收入在性质上属于政府凭借所有权在土地一级市场上收取的租金，因此，政府出让土地的行为及取得的收入也不在土地增值税的征税之列。

（2）土地增值税既对转让土地使用权课税，也对转让地上建筑物和其他附着物的产权征税。

地上建筑物,是指建于土地上的一切建筑物,包括地上、地下的各种附属设施。如厂房、仓库、商店、医院、住宅、地下室、围墙、烟囱、电梯、中央空调、管道等。

附着物是指附着于土地上、不能移动,一经移动即遭损坏的种植物、养植物及其他物品。

税法规定,纳税人转让地上建筑物和其他附着物的产权转让,取得的增值性收入,也应计算缴纳土地增值税,即纳入土地增值税课征范围的增值额是纳税人转让房地产所取得的全部增值额,而非仅仅是土地使用权转让的收入。

(3)土地增值税只对有偿转让的房地产征税,对以继承、赠与等方式无偿转让的房地产,不予征税。

【知识问答7.2】

是不是所有的赠与方式都不予征收增值税?

答:不予征收土地增值税的房地产赠与行为包括以下两种情况:

(1)房产所有人、土地使用权所有人将房屋产权、土地使用权赠与直系亲属或承担直接赡养义务人的行为。

(2)房产所有人、土地使用权所有人通过中国境内非营利的社会团体、国家机关将房屋产权、土地使用权赠与教育、民政和其他社会福利、公益事业的行为。

(二)征税范围的特殊规定

1.以房地产进行投资、联营

对于以房地产进行投资、联营的,如果投资、联营的一方以土地(房地产)作价入股进行投资或作为联营条件,暂免征收土地增值税。但对以房地产作价入股,凡所投资、联营的企业从事房地产开发的,或者房地产开发企业以其建造的商品房进行投资和联营的,或是投资、联营企业将上述房地产再转让的,则属于征收土地增值税的范围。

2.合作建房

对于一方出地,一方出资金,双方合作建房,建成后分房自用的,暂免征收土地增值税。但是建成后转让的,属于征收土地增值税的范围。

3.企业兼并转让房地产

在企业兼并中,对被兼并企业将房地产转让到兼并企业中的,暂免征收土地增值税。

4.交换房地产

交换房地产行为既发生了房产产权、土地使用权的转移,交换双方又取得了实物形态的收入,按照规定属于征收土地增值税的范围。但对个人之间互换自有居住用房地产的,经当地税务机关核实,可以免征土地增值税。

5.房地产抵押

在抵押期间,因权属未发生变动,不征收土地增值税。待抵押期满后,视该房地产是否转移产权来确定是否征收土地增值税。以房地产抵债而发生房地产权转让的,属于征收土地增值税的范围。

6.房地产出租

房地产出租,出租人取得了收入,但没有发生房地产产权转让的,不属于征收土地增值税的范围。

7. 房地产评估增值

房地产评估增值，没有发生房地产权属的转让，不属于征收土地增值税的范围。

8. 国家收回国有土地使用权、征用地上建筑物及附着物

国家收回或征用，虽然发生了权属的变更，原房地产所有人也取得了收入，但按照《土地增值税暂行条例》的有关规定，可以免征土地增值税。

四、纳税义务人

土地增值税的纳税人是转让国有土地使用权、地上的建筑物及其附着物并取得收入的单位和个人。单位包括国家机关、社会团体、事业单位、企业单位及其他组织；个人包括个体工商户、其他个人、港澳台同胞、外国公民等。

五、税率

土地增值税税率设计的基本原则是：增值多的多征，增值少的少征，无增值的不征。按照这一原则，土地增值税采用四级超率累进税率，见表 7.4。

表 7.4　土地增值税四级超率累进税率表

级　数	增值额与扣除项目金额的比率	税率/%	速算扣除系数/%
1	不超过 50% 的部分	30	0
2	超过 50% ～100% 的部分	40	5
3	超过 100% ～200% 的部分	50	15
4	超过 200% 的部分	60	35

【知识卡片 7.8】

我国土地增值税的开征背景与现状

为了规范土地、房地产市场的交易秩序，合理调节土地增值收益，国务院决定自 1994 年起开征土地增值税。自开征以来，各地对土地增值税只预征不清算，造成国家税款流失，如 1994 年该项税收收入全国统计数字为 0，随后的 1995 年全国也仅有 0.3 亿元，和当时全国近 6 000 亿元的总税收形成了鲜明对比，使得土地增值税的征收没有达到预期效果。2006 年 12 月 28 日，国家税务总局印发了《关于房地产开发企业土地增值税清算管理有关问题的通知》，要求从 2007 年 2 月 1 日起开始对土地增值税进行清算。但是，在 2007 年度税收专项检查中，土地增值税检查收效甚微，没有达到预期效果。2009 年 5 月 12 日国家税务总局印发了《土地增值税清算管理规程》，该规程再次要求从 2009 年 6 月 1 日起开始对土地增值税进行清算。2010 年 5 月 25 日国家税务总局发出《关于加强土地增值税征管工作的通知》，要求各级税务机关加强土地增值税征收管理工作，各地须对目前的土地增值税预征率进行调整。自 2014 年开始，在国家税务总局的统一部署下，土地增值税清算开始进入更加完善、规范的阶段。

六、税收优惠

（1）建造普通标准住宅出售，其增值额未超过扣除项目金额之和20%的，予以免税；超过20%的，应就其全部增值额按规定计税。

【知识卡片7.9】

普通标准住宅的界定

所谓"普通标准住宅"，是指按所在地一般民用住宅标准建造的居住用住宅。高级公寓、别墅、小洋楼、度假村，以及超面积、超标准豪华装修的住宅，均不属于普通标准住宅。从2005年6月1日起，普通标准住宅应同时满足：住宅小区建筑容积率在1.0以上，单套建筑面积上限为144 m²，实际成交价格低于同级别土地上住房平均交易价格上限1.44倍。各省、自治区、直辖市要根据实际情况，制定本地区普通住房具体标准及享受优惠的政策。

（2）因国家建设需要依法征用、收回的房地产，免征土地增值税；因城市实施规划、国家建设的需要而搬迁，由纳税人自行转让原房地产的，比照本规定免征土地增值税。

（3）企事业单位、社会团体以及其他组织转让旧房作为廉租住房、经济适用住房房源且增值额未超过扣除项目金额20%的，免征土地增值税。

（4）自2008年11月1日起，对个人转让住房暂免征收土地增值税。

（5）企业改组重组（2021年1月1日—2023年12月31日）。

①企业发生整体改建的（不改变原企业的投资主体，并承继原企业权利、义务），对改建前的企业将房地产权属转移、变更到改建后的企业，暂不征土地增值税。

②按照法律规定或者合同约定，两个或两个以上企业合并为一个企业，且原企业投资主体存续的，对原企业将房地产权属转移、变更到合并后的企业，暂不征土地增值税。

③按照法律规定或者合同约定，企业分设为两个或两个以上与原企业投资主体相同的企业，对原企业将房地产权属转移、变更到分立后的企业，暂不征土地增值税。

④单位、个人在改制重组时以房地产作价进行投资，对其将房地产权属转移、变更到被投资的企业，暂不征土地增值税。

⑤上述政策不适用于房地产开发企业。

七、计税依据

土地增值税的计税依据，是纳税人转让房地产所取得的增值额，即纳税人转让房地产所取得的收入减除规定的扣除项目金额后的余额。

$$增值额 = 转让房地产所取得的收入 - 规定的扣除项目金额$$

（一）收入额的确定

纳税人转让房地产取得的收入为不含增值税收入，包括转让房地产的全部价款及有关的经济收益。从收入的形式来看，包括货币收入、实物收入和其他收入。

（二）扣除项目及其金额的确定

（1）取得土地使用权所支付的金额。纳税人为取得土地使用权所支付的地价款或出让金,以及按国家统一规定缴纳的有关费用及税金(如土地过户手续费、契税)。

(2)房地产开发成本。房地产开发成本是指纳税人房地产开发项目实际发生的成本。包括土地征用及拆迁补偿费、前期工程费、建筑安装工程费、基础设施费、公共配套设施费、开发间接费用等。

(3)房地产开发费用。房地产开发费用是指与房地产开发项目有关的销售费用、管理费用和财务费用。

其中,财务费用中的利息支出,凡能够按转让房地产项目计算分摊并能提供金融机构的贷款证明的,允许据实扣除,但最高不能超过按商业银行同类同期贷款利率计算的金额;其他房地产开发费用按取得土地使用权所支付的金额与房地产开发成本的金额之和的5%以内计算扣除。

纳税人不能按转让房地产项目计算分摊利息支出或不能提供金融机构贷款证明的,其允许扣除的房地产开发费用按取得土地使用权所支付的金额与房地产开发成本金额之和的10%以内计算扣除。

(4)与转让房地产有关的税金。与转让房地产有关的税金是指在转让房地产时缴纳的城市维护建设税、教育费附加及印花税。关于印花税,实际工作中非房地产企业可正常在税金中扣除,税务机关没有允许房地产企业在税金中扣除。

【知识问答7.3】
房地产开发企业所缴纳的增值税能否扣除?

答:进项税额不得抵扣,包含在开发成本中的,可作为扣除项目进行扣除,如作为增值税进项税额已在销项税额中抵扣的,不再作为扣除项目计算扣除。

(5)财政部规定的其他扣除项目。从事房地产开发的纳税人,可按取得土地使用权所支付的金额和房地产开发成本金额之和加计20%扣除。

(6)旧房及建筑物的评估价格。它是指在转让已使用的房屋及建筑物时,由政府批准设立的房地产评估机构评定的重置成本价乘以成新度折扣率后的价格。评估价格须经当地税务机关确认。

(三)评估价格的确定

房地产评估价格,是指由政府批准设立的房地产评估机构根据相同地段、同类房地产进行综合评定的价格。这种价格须经当地税务机关确认。税法规定,纳税人有下列情形之一的,按照房地产评估价格计算征收:

(1)出售旧房及建筑物的。

(2)隐瞒、虚报房地产成交价格的。

(3)提供扣除项目金额不实的。

(4)转让房地产的成交价格低于房地产评估价格,又无正当理由的。

(5)非直接销售和自用房地产收入的确定。

八、应纳税额的计算

$$应纳税额 = 增值额 × 适用税率 - 扣除项目金额 × 速算扣除系数$$

$$增值额 = 房地产转让收入 - 扣除项目金额$$
$$增值率 = 增值额 ÷ 扣除项目金额$$

【案例7.4】

某宾馆将其副楼出售取得不含税收入5 000万元,该副楼准予扣除项目金额3 977.5万元。请计算该宾馆应缴纳的土地增值税。

解析:增值率 = (5 000 - 3 977.5) ÷ 3 977.5 × 100% = 25.71%,查找表格得出税率为30%,速算扣除系数为0。

应纳土地增值税 = (5 000 - 3 977.5) × 30% = 306.75(万元)

【案例7.5】

某房地产开发公司转让一幢写字楼取得不含税收入1 000万元。已知该公司为取得土地使用权所支付的金额为100万元,房地产开发成本为300万元(其中:土地征用及拆迁补偿费为40万元,前期工程费为20万元,建筑安装工程费用为100万元,基础设施费为20万元,开发间接费用为20万元),房地产开发费用为50万元,其中利息不能按项目分开核算。转让过程中所缴纳的增值税为30万元,印花税为0.5万元,假设城市维护建设税税率为7%,教育费附加征收率为3%。请计算该公司应缴纳的土地增值税。

解析:(1)转让收入 = 1 000(万元)

(2)计算扣除金额:

①取得土地使用权支付的金额 = 100(万元)

②开发成本 = 300万元

③房地产开发费用 = (100 + 300) × 10% = 40(万元)

④可扣除的税费 = 30 × (7% + 3%) = 3(万元)

⑤房地产开发企业加计扣除项目金额 = (100 + 300) × 20% = 80(万元)

故转让写字楼可扣除项目金额 = 100 + 300 + 40 + 3 + 80 = 523(万元)

(3)土地增值额 = 1 000 - 523 = 477(万元)

(4)增值率 = 477 ÷ 523 × 100% = 91.20%,查找表格得出税率为40%,速算扣除系数为5%

应纳土地增值税 = 477 × 40% - 523 × 5% = 164.65(万元)

九、征收管理

(一)纳税时间

(1)土地增值税的纳税人应在转让房地产合同签订后的7日内,到房地产所在地主管税务机关填写纳税申报表办理纳税申报,见表7.2和表7.6,并向税务机关提交房屋及建筑物产权、土地使用权证书,土地转让、房产买卖合同,房地产评估报告及其他与转让房地产有关的资料。纳税人因经常发生房地产转让而难以在每次转让后申报的,经税务机关审核同意后,可以定期进行纳税申报,具体期限由税务机关根据情况确定。

(2)纳税人采用预售方式销售房地产的,在项目全部竣工结算前转让房地产取得的收入,出于涉及成本确定及其他原因而无法据以计算土地增值税的,可以预征土地增值税,待该项目全部竣工、办理结算后再进行清算,多退少补。具体办法由各省、自治区、直辖市地方税务局根据当地情况制定。

【知识卡片7.10】

表7.5　国家税务总局规定各地土地增值税的最低预征比率

地 区	东部地区省份	中部与东北地区省份	西部地区省份
预征比率	2%	1.5%	1%

表7.6　土地增值税税源明细表

税款所属期:自　　　年　　月　　　日至　　　年　　月　　　日

纳税人识别号(统一社会信用代码):□□□□□□□□□□□□□□□□□□

纳税人名称:　　　　　　　　　　　金额单位:人民币元(列至角分)　　　面积单位:平方米

土地增值税项目登记表(从事房地产开发的纳税人适用)			
项目名称		项目地址	
土地使用权受让(行政划拨)合同号		受让(行政划拨)时间	
建设项目起讫时间	总预算成本		单位预算成本
项目详细坐落地点			
开发土地总面积	开发建筑总面积		房地产转让合同名称
转让次序	转让土地面积(按次填写)	转让建筑面积(按次填写)	转让合同签订日期(按次填写)
第1次			
第2次			
…			
备注			
土地增值税申报计算及减免信息			
申报类型:			
1.从事房地产开发的纳税人预缴适用□			
2.从事房地产开发的纳税人清算适用□			
3.从事房地产开发的纳税人按核定征收方式清算适用□			
4.纳税人整体转让在建工程适用□			
5.从事房地产开发的纳税人清算后尾盘销售适用□			

续表

6.转让旧房及建筑物的纳税人适用□						
7.转让旧房及建筑物的纳税人核定征收适用□						
项目名称			项目编码			
项目地址						
项目总可售面积			自用和出租面积			
已售面积		其中:普通住宅已售面积		其中:非普通住宅已售面积		其中:其他类型房地产已售面积
清算时已售面积			清算后剩余可售面积			

申报类型	项　目	序　号	金　额			总额
			普通住宅	非普通住宅	其他类型房地产	
1.从事房地产开发的纳税人预缴适用	一、房产类型子目	1				—
	二、应税收入	2=3+4+5				
	1.货币收入	3				
	2.实物收入及其他收入	4				
	3.视同销售收入	5				
	三、预征率(%)	6				—
2.从事房地产开发的纳税人清算适用 3.从事房地产开发的纳税人按核定征收方式清算适用 4.纳税人整体转让在建工程适用	一、转让房地产收入总额	1=2+3+4				
	1.货币收入	2				
	2.实物收入及其他收入	3				
	3.视同销售收入	4				
	二、扣除项目金额合计	5=6+7+14+17+21+22				
	1.取得土地使用权所支付的金额	6				
	2.房地产开发成本	7=8+9+10+11+12+13				
	其中:土地征用及拆迁补偿费	8				
	前期工程费	9				
	建筑安装工程费	10				

续表

申报类型	项目		序号	金额			总额
				普通住宅	非普通住宅	其他类型房地产	
2.从事房地产开发的纳税人清算适用 3.从事房地产开发的纳税人按核定征收方式清算适用 4.纳税人整体转让在建工程适用	基础设施费		11				
	公共配套设施费		12				
	开发间接费用		13				
	3.房地产开发费用		14=15+16				
	其中:利息支出		15				
	其他房地产开发费用		16				
	4.与转让房地产有关的税金等		17=18+19+20				
	其中:营业税		18				
	城市维护建设税		19				
	教育费附加		20				
	5.财政部规定的其他扣除项目		21				
	6.代收费用(纳税人整体转让在建工程不填此项)		22				
	三、增值额		23=1-5				
	四、增值额与扣除项目金额之比(%)		24=23÷5				
	五、适用税率(核定征收率)(%)		25				
	六、速算扣除系数(%)		26				
	七、减免税额		27=29+31+33				
	其中:减免税(1)	减免性质代码和项目名称(1)	28				
		减免税额(1)	29				
	减免税(2)	减免性质代码和项目名称(2)	30				
		减免税额(2)	31				
	减免税(3)	减免性质代码和项目名称(3)	32				
		减免税额(3)	33				

续表

申报类型	项　目		序　号	金　额			
				普通住宅	非普通住宅	其他类型房地产	总额
5.从事房地产开发的纳税人清算后尾盘销售适用	一、转让房地产收入总额		1＝2+3+4				
	1.货币收入		2				
	2.实物收入及其他收入		3				
	3.视同销售收入		4				
	二、扣除项目金额合计		5＝6×7+8				
	1.本次清算后尾盘销售的销售面积		6				
	2.单位成本费用		7				
	3.本次与转让房地产有关的税金		8＝9+10+11				
	其中:营业税		9				
	城市维护建设税		10				
	教育费附加		11				
	三、增值额		12＝1−5				
	四、增值额与扣除项目金额之比(%)		13＝12÷5				
	五、适用税率(核定征收率)(%)		14				
	六、速算扣除系数(%)		15				
	七、减免税额		16＝18+20+22				
	其中:减免税(1)	减免性质代码和项目名称(1)	17				
		减免税额(1)	18				
	减免税(2)	减免性质代码和项目名称(2)	19				
		减免税额(2)	20				
	减免税(3)	减免性质代码和项目名称(3)	21				
		减免税额(3)	22				

续表

申报类型	项 目	序 号	普通住宅	非普通住宅	其他类型房地产	总额
			金 额			
6. 转让旧房及建筑物的纳税人适用 7. 转让旧房及建筑物的纳税人核定征收适用	一、转让房地产收入总额	1=2+3+4				
	1. 货币收入	2				
	2. 实物收入	3				
	3. 其他收入	4				
	二、扣除项目金额合计	(1)5=6+7+10+15 (2)5=11+12+14+15				
	(一)提供评估价格					
	1. 取得土地使用权所支付的金额	6				
	2. 旧房及建筑物的评估价格	7=8×9				
	其中:旧房及建筑物的重置成本价	8				
	成新度折扣率	9				
	3. 评估费用	10				
	(二)提供购房发票					
	1. 购房发票金额	11				
	2. 发票加计扣除金额	12=11×5%×13				
	其中:房产实际持有年数	13				
	3. 购房契税	14				
	4. 与转让房地产有关的税金等	15=16+17+18+19				
	其中:营业税	16				
	城市维护建设税	17				
	印花税	18				
	教育费附加	19				
	三、增值额	20=1-5				
	四、增值额与扣除项目金额之比(%)	21=20÷5				
	五、适用税率(核定征收率)(%)	22				
	六、速算扣除系数(%)	23				
	七、减免税额	24=26+28+30				

续表

申报类型	项 目		序 号	金 额			总额
				普通住宅	非普通住宅	其他类型房地产	
6.转让旧房及建筑物的纳税人适用 7.转让旧房及建筑物的纳税人核定征收适用	其中:减免税(1)	减免性质代码和项目名称(1)	25				
		减免税额(2)	26				
	减免税(2)	减免性质代码和项目名称(2)	27				
		减免税额(2)	28				
	减免税(3)	减免性质代码和项目名称(3)	29				
		减免税额(3)	30				

（二）纳税地点

土地增值税由房地产所在地的税务机关负责征收。"房地产所在地",是纳税人转让的房地产坐落地。纳税人转让的房地产坐落在两个或两个以上地区的,应按房地产所在地分别申报纳税。实际工作中,纳税地点的确定又可分为以下两种情况:

（1）纳税人是法人。转让的房地产坐落地与其机构所在地或经营所在地一致时,在办理税务登记的原管辖税务机关申报纳税;转让的房地产坐落地与其机构所在地或经营所在地不一致时,应在房地产坐落地所辖的税务机关申报纳税。

（2）纳税人是自然人。转让的房地产坐落地与其居住所在地一致时,在住所所在地税务机关申报纳税;当转让的房地产坐落地与其居住所在地不一致时,在办理过户手续所在地的税务机关申报纳税。

第三节　城镇土地使用税法

一、城镇土地使用税的含义

城镇土地使用税是以开征范围的土地为征税对象,以实际占用的土地面积为计税标准,按规定税额对拥有土地使用权的单位和个人征收的一种税。1988年9月27日国务院颁布《中华人民共和国城镇土地使用税暂行条例》,2006年12月31日、2011年1月8日、2013年12月7日、2019年3月2日国务院进行了四次修订。

二、城镇土地使用税的特点

现行城镇土地使用税具有以下特点:

（1）对占用土地的行为征税。现行的城镇土地使用税实质上是对占用土地资源或行为的课税。

（2）征税对象是土地。开征城镇土地使用税,实质上是运用国家政治权力,将纳税人获取的本应属于国家的土地收益集中到国家手中。

（3）征税范围有所限定。现行城镇土地使用税征税范围限定在城市、县城、建制镇、工矿区,坐落在农村地区的房地产不属城镇土地使用税的征税范围。

（4）实行差别幅度税额。不同城镇适用不同税额,对同一城镇的不同地段,根据市政建设状况和经济繁荣程度也确定不同的负担水平。

三、征税范围

城镇土地使用税的征税范围,包括在城市、县城、建制镇和工矿区的国家所有和集体所有的土地。

城市是指经国务院批准设立的市,城市的土地包括市区和郊区的土地。

县城是指县人民政府所在地,县城土地是指县人民政府所在地的城镇的土地。

建制镇是指经省、自治区、直辖市人民政府批准设立的建制镇,建制镇土地是指镇人民政府所在地的土地。

工矿区是指工商业比较发达,人口比较集中,符合国务院规定的建制镇标准,但未设立建制镇的大中型工矿企业所在地。工矿区须经省政府批准。建立在城市、县城、建制镇和工矿区以外的工矿企业则不需缴纳城镇土地使用税。

四、纳税义务人

凡在城市、县城、建制镇和工矿区范围内使用土地的单位和个人,为城镇土地使用税的纳税义务人。具体规定如下:

（1）城镇土地使用税由拥有土地使用权的单位或个人缴纳。

（2）土地使用权未确定或权属纠纷未解决的,由实际使用人纳税。

（3）土地使用权共有的,由共有各方分别纳税。

（4）拥有土地使用权的纳税人不在土地所在地的,由代管人或者实际使用人缴纳。

五、税率

城镇土地使用税实行分级幅度定额税率。每平方米土地年税额规定如下:

（1）大城市 1.5 ~ 30 元。

（2）中等城市 1.2 ~ 24 元。

（3）小城市 0.9 ~ 18 元。

（4）县城、建制镇、工矿区 0.6 ~ 12 元。

【知识卡片 7.11】

城镇土地使用税中大、中、小城市的界定

大、中、小城市以登记在册的非农业正式户口人数为依据,其中,市区及郊区非农业人口

在 50 万以上的,称为大城市;市区及郊区非农业人口为 20 万~50 万的,称为中等城市;市区及郊区非农业人口在 20 万以下的称为小城市。

经省、自治区、直辖市人民政府批准,经济落后地区的城镇土地使用税适用税额标准可以适当降低,但降低额不得超过规定的最低税额的 30% ,经济发达地区城镇土地使用税的适用税额标准可以适当提高,但须报经财政部批准。

【知识卡片 7.12】

表 7.7　广东省新旧城镇土地使用税税额幅度对比表

原税目	原税额幅度	新税目	新税额幅度
广州市	0.5~10 元	广州市、深圳市	1.5~30 元
汕头市、湛江市、韶关市、佛山市、江门市、茂名市、珠海市	0.4~8 元	佛山市、东莞市、中山市、珠海市、江门市	1.2~24 元
惠州市、肇庆市、梅州市、中山市、东莞市、清远市、阳江市、河源市、汕尾市、潮州市	0.3~6 元	惠州市、汕头市、湛江市、韶关市、肇庆市、茂名市、梅州市、清远市、阳江市、河源市、汕尾市、潮州市、揭阳市、云浮市	0.9~18 元
县城、建制镇、工矿区	0.2~4 元	县城、建制镇、工矿区	0.6~12 元

注:各地的税务机关一般按土地基准地价的高低分成几个等级,以所在土地的街道办管辖范围作为划分界限,在税额幅度范围内,分类分级规定了具体税额。

六、税收优惠

城镇土地使用税的免税项目有:

(1)国家机关、人民团体、军队自用的土地。

(2)由国家财政部门拨付事业经费的单位自用的土地。

(3)宗教寺庙、公园、名胜古迹自用的土地。其生产经营用地和其他用地,不属于免税范围,应按规定缴纳土地使用税。

(4)市政街道、广场、绿化地带等公共用地。

(5)直接用于农、林、牧、渔业的生产用地。这是指直接从事种植、养殖、饲养的专业用地,不包括农副产品加工场地和生活办公用地。

(6)经批准开山填海整治的土地和改造的废弃土地,从使用的月份起免缴土地使用税 5~10 年。具体免税期限由各省、自治区、直辖市地方税务局在条例规定期限内自行确定。

(7)由财政部另行规定免税的能源、交通、水利设施用地和其他用地。

(8)国家机关、军队、人民团体、财政补助事业单位、居民委员会、村民委员会拥有的体育场馆,用于体育活动的土地。

(9)自 2019 年 1 月 1 日至 2023 年供暖期结束,对居民供热收取的采暖费的供热企业,为居民供热所使用的土地免征城镇土地使用税;对供热企业其他土地,应当按照规定征收城镇土地使用税。

城镇土地使用税的减税项目有:自 2020 年 1 月 1 日起至 2022 年 12 月 31 日止,对物流企业自有(包括自用和出租)或承租的大宗商品仓储设施用地,减按所属土地等级适用税额标准的50%计征城镇土地使用税。

七、应纳税额的计算

(一)计税依据

城镇土地使用税以纳税人实际占用的土地面积为计税依据。纳税人实际占用的土地面积,以房地产管理部门核发的土地使用证书与确认的土地面积为准;尚未核发土地使用证书的,应由纳税人申报土地面积,据以纳税,待核发土地使用证后再做调整。

(二)应纳税额计算公式

$$年应纳税额 = 计税土地面积(m^2) × 适用税额$$

【案例7.6】

A市某公司,实际占地23 000 m²,由于经营规模扩大,年初该公司又受让了一尚未办理土地使用证的土地3 000 m²,公司按其当年开发使用的2 000 m²土地面积进行申报纳税,以上土地均适用2元/m²的城镇土地使用税税额。请计算该公司当年应缴纳的城镇土地使用税。

解析: 该公司应纳城镇土地使用税 = (23 000 + 2000) × 2 = 50 000(元)

八、征收管理

城镇土地使用税实行按年计算、分期缴纳的征收方法,具体纳税期限由省、自治区、直辖市人民政府确定。

城镇土地使用税在土地所在地缴纳。纳税人使用的土地不属于同一省、自治区、直辖市管辖的,由纳税人分别向土地所在地的税务机关缴纳;在同一省、自治区、直辖市管辖范围内,纳税人跨地区使用的土地,其纳税地点由各省、自治区、直辖市地方税务局确定。

城镇土地使用税的纳税人应按条例的有关规定及时办理纳税申报,并如实填写财产和行为税纳税申报表以及城镇土地使用税税源明细表,见表7.2和表7.8。

表7.8 城镇土地使用税税源明细表

纳税人识别号(统一社会信用代码):□□□□□□□□□□□□□□□□□□

纳税人名称: 　　　　　　　　　金额单位:人民币元(列至角分) 面积单位:平方米

城镇土地使用税税源明细				
*纳税人类型	土地使用权人□ 集体土地使用人□ 无偿使用人□ 代管人□ 实际使用人□ (必选)	土地使用权人纳税人识别号(统一社会信用代码)		土地使用权人名称
*土地编号		土地名称		不动产权证号

续表

不动产单元代码			宗地号		*土地性质	国有□ 集体□ （必选）
*土地取得方式	划拨□　　出让□ 转让□　　租赁□ 其他□（必选）		*土地用途		工业□　商业□　居住□　综合□ 房地产开发企业的开发用地□ 其他□（必选）	
*土地坐落地址 （详细地址）	省（自治区、直辖市）　　　　　市（区）　　　　　县（区） 乡镇（街道）　　　　　　　　　　　　（必填）					
*土地所属主管税务所 （科、分局）						
*土地取得时间	年　月	变更 类型	纳税义务终止（权属转移□　其他□） 信息项变更（土地面积变更□ 土地等级变更□　减免税变更□ 其他□）		变更 时间	年　　月
*占用土地面积		地价	*土地 等级		*税额 标准	

减免税部分	序号	减免性质代码和项目名称	减免起止时间		减免税土地面积	月减免税金额
			减免起始月份	减免终止月份		
	1		年　月	年　月		
	2					
	3					

第四节　耕地占用税法

一、耕地占用税的含义

耕地占用税是指对占用耕地建房或从事其他非农业建设的单位和个人，就其占用的耕地面积征收的一种税。2018 年 12 月 29 日第十三届全国人大常委会第七次会议通过了《中华人民共和国耕地占用税法》，自 2019 年 9 月 1 日起施行。

二、耕地占用税的特点

耕地占用税的主要特点如下：

（1）税收负担的一次性。耕地占用税以单位和个人实际占用的耕地面积计税，按照规定的税额标准一次性征收。

（2）征收对象有特定性。耕地占用税是对特定的行为征税，即只对占用耕地建房或从事其他非农业生产建设的单位和个人征税。

（3）税收用途的补偿性。国家将征收的耕地占用税设立土地开发基金,全部用于开发农用耕地资源上,而不得用于其他方面,也不存在参与预算平衡并对资金再分配的问题。

（4）征收标准有很大的灵活性。国家只规定每平方米的最高和最低限额,各地可根据本地人均占地面积和经济发展水平,确定当地的具体适用税额标准。

三、征税范围

征税范围包括纳税人为建房或从事其他非农业建设而占用的国家所有和集体所有的耕地。

【知识卡片7.13】

城镇土地使用税与耕地占用税的征税范围衔接

为避免对一块土地同时征收耕地占用税和城镇土地使用税,税法规定,凡是缴纳了耕地占用税的,从批准征用之日起满1年后征收城镇土地使用税;征用非耕地因不需要缴纳耕地占用税,应从批准征用之次月起征收城镇土地使用税。

四、纳税义务人

耕地占用税的纳税人是占用耕地建房或者从事非农业建设的单位或者个人。所称单位,包括国有企业、集体企业、私营企业、股份制企业、外商投资企业、外国企业以及其他企业和事业单位、社会团体、国家机关、部队以及其他单位;所称个人,包括个体工商户、农村承包经营户以及其他个人。

五、税率

耕地占用税实行定额税率,具体见表7.9。

表7.9 耕地占用税额表

级 别	人均耕地标准(以县级行政区域为单位)	税额幅度/元	计税单位
1	人均耕地不超过1亩(1亩≈666.67 m²)的地区	10~50	每平方米
2	人均耕地超过1亩但不超过2亩的地区	8~40	每平方米
3	人均耕地超过2亩但不超过3亩的地区	6~30	每平方米
4	人均耕地超过3亩的地区	5~25	每平方米

国务院财政、税务主管部门根据人均耕地面积和经济发展情况确定各省、自治区、直辖市的平均税额。经济特区、经济技术开发区和经济发达且人均耕地特别少的地区,适用税额可以适当提高,但是提高的部分最高不得超过当地适用税额的50%;占用基本农田的,适用税额应当在当地适用税额的基础上提高50%。

六、税收优惠

（一）免征耕地占用税

（1）军事设施占用耕地。

（2）学校、幼儿园、社会福利机构、医疗机构占用耕地。

医疗机构内职工住房占用耕地的，按照当地适用税额缴纳耕地占用税。学校内经营性场所和教职工住房占用耕地的，按照当地适用税额缴纳耕地占用税。

（二）减征耕地占用税

（1）铁路线路、公路线路、飞机场跑道、停机坪、港口、航道占用耕地，减按每平方米2元的税额征收耕地占用税。

（2）农村居民占用耕地新建住宅，按照当地适用税额减半征收耕地占用税。

纳税人改变原占地用途，不再属于免征或减征情形的，应自改变用途之日起30日内申报补缴税款，补缴税款按改变用途的实际占用耕地面积和改变用途时当地适用税额计算。

七、应纳税额的计算

（一）计税依据

耕地占用税以纳税人实际占用的耕地面积（平方米）为计税依据。

（二）应纳税额计算公式

$$应纳税额 = 实际占用应税耕地面积 \times 单位税额$$

【案例7.7】

惠州某单位在某高新技术开发区征用耕地 $5\,000\,m^2$ 用于建造工厂，该地区适用耕地占用税的单位税额为 $20\,元/m^2$。请计算该单位应纳耕地占用税。

解析： 该单位应纳耕地占用税 = $5\,000 \times 20 = 100\,000$（元）

八、征收管理

耕地占用税按规定税额一次性征收，由地方税务机关负责征收。土地管理部门在通知单位或者个人办理占用耕地手续时，应当同时通知耕地所在地同级地方税务机关。获准占用耕地的单位或者个人应当在收到土地管理部门的通知之日起30日内填写财产和行为税纳税申报表和耕地占用税税源明细表，见表7.2和表7.10，缴纳耕地占用税。自然资源管理部门凭耕地占用税完税凭证或者免税凭证和其他有关文件发放建设用地批准书。

表7.10 耕地占用税税源明细表

纳税人识别号(统一社会信用代码)：□□□□□□□□□□□□□□□□□□

纳税人名称：　　　　　　　　　　　面积单位：平方米　　金额单位：人民币元(列至角分)

占地方式	1. 经批准按批次转用□　2. 经批准单独选址转用□　3. 经批准临时占用□	项目(批次)名称		批准占地文号	
		批准占地部门		经批准占地面积	
		收到书面通知日期(或收到经批准改变原占地用途日期)	年　月　日	批准时间	年　月　日

续表

占地方式	4. 未批先占□	认定的实际占地日期(或认定的未经批准改变原占地用途日期)		年 月 日		认定的实际占地面积	
损毁耕地	挖损□ 采矿塌陷□ 压占□ 污染□		认定的损毁耕地日期	年 月 日		认定的损毁耕地面积	
税源编号	占地位置	占地用途		征收品目	适用税额	计税面积	减免性质代码和项目名称	减免税面积

【本章小结】

本章阐述了资源税(类)法,主要包括资源税、土地增值税、城镇土地使用税、耕地占用税的构成要素及应纳税额的计算。通过本章的学习,学生能够熟练而准确地进行相应应纳税额的计算并能够进行纳税申报。

知识运用与实训

一、名词解释

资源税 土地增值税 城镇土地使用税 耕地占用税

二、简答题

1. 简要说明资源税的税目。
2. 简要说明土地增值税的征税对象及范围。

三、单项选择题

1. 下列油类产品中,应征收资源税的为(   )。
　　A. 人造石油　　　B. 天然原油　　　C. 汽油　　　　D. 柴油
2. 按规定,纳税人开采或者生产应税产品销售的,以(   )为课税数量。
　　A. 销售数量　　　B. 开采数量　　　C. 生产数量　　　D. 计划产量
3. 下列税目采取从量定额计征的是(   )。
　　A. 天然气　　　　B. 原油　　　　　C. 铁矿石　　　　D. 砂石
4. 下列各项中,在计算土地增值税计税依据时不允许扣除的是(   )。

A. 在转让房地产时缴纳的城市维护建设税

B. 纳税人为取得土地使用权所支付的地价款

C. 土地征用及拆迁补偿费

D. 超过贷款期限的利息部分

5. 土地增值税实行的税率为(   )。

    A. 差别比例税率   B. 四级超额累进税率

    C. 四级全率累进税率   D. 四级超率累进税率

6. 某房地产开发公司,2021 年 5 月 1 日销售普通住宅不含税收入 1 500 万元,房产成本 1 000 万元,费用 200 万元,可扣除税费 75 万元,该公司应缴土地增值税为(   )万元。

    A. 67. 5   B. 33. 75   C. 26. 25   D. 0

7. 某公园占地 10 000 m², 其中 1 000 m² 为办公用地, 经营性茶社占用 500 m², 当地每平方米土地使用税 10 元, 该公园应缴纳土地使用税(   )元。

    A. 15 000   B. 10 000   C. 5 000   D. 0

8. 设在某城市的企业使用土地面积 50 000 m², 其中该厂区绿化土地为 2 000 m², 应税土地每平方米税额 3 元。则该企业全年应缴纳的土地使用税为(   )元。

    A. 156 000   B. 150 000   C. 144 000   D. 100 000

9. 城镇土地使用税的纳税办法为(   )。

    A. 按日计算, 按期缴纳   B. 按季计算, 按期缴纳

    C. 按年计算, 分期缴纳   D. 按年计算, 按期缴纳

10. 下列说法正确的是(   )。

A. 军事设施占用耕地减半征收耕地占用税

B. 农村居民占用耕地新建住宅免税

C. 外商投资企业、外国企业不用缴纳耕地占用税

D. 纳税人改变占地用途, 若原占地属于免征或者减征耕地占用税情形的需补税

四、多项选择题

1. 根据资源税法律制度的规定, 下列各项中, 属于资源税征税范围的是(   )。

    A. 人造石油   B. 已税原煤加工的洗煤、选煤

    C. 井矿盐   D. 煤层气

2. 矿产品资源税的纳税人包括(   )。

    A. 经销单位   B. 开采单位

    C. 开采个人   D. 收购未税产品单位

3. 资源税的纳税义务人包括从事应税资源开采或生产而进行销售或自用的所有单位和个人, 但不包括(   )。

    A. 外商投资企业   B. 进口应税产品的单位

    C. 进口应税产品的个人   D. 私有企业

4. 土地增值税纳税人转让房地产取得的收入包括(   )。

    A. 货币收入   B. 依照有关规定代收的价外费用

C. 无形资产收入   D. 实物收入

5. 根据《土地增值税暂行条例》的规定,下列各项中,属于土地增值税的征税范围的有( )。

  A. 将不动产无偿赠与他人   B. 转让国有土地使用权

  C. 城市房地产的出租   D. 地上的建筑物连同国有土地使用权一并转让

6. 下列各项不需要缴纳土地增值税的有( )。

  A. 出让国有土地使用权   B. 出售国有土地使用权

  C. 继承房产   D. 房地产评估增值

7. 对于房地产开发公司,可以作为加计20%扣除的基数的是( )。

  A. 建筑工程安装费   B. 取得土地使用权时所支付的金额

  C. 与房地产开发相关的财务费用   D. 与房地产开发相关的管理费用

8. 城镇土地使用税的征税范围,是国家和集体所有的( )。

  A. 城市   B. 县城

  C. 农村   D. 工矿区和建制镇

9. 城镇土地使用税的纳税人包括( )。

  A. 土地的实际使用人   B. 土地的代管人

  C. 拥有土地使用权的单位   D. 土地使用权共有的各方

10. 下列关于城镇土地使用税说法正确的是( )。

  A. 城镇土地使用税属于资源税类   B. 城镇土地使用税属于价内税

  C. 城镇土地使用税从管理费用中列支   D. 城镇土地使用税纳税地点在土地所在地

五、案例分析

1. 假设某煤矿 2021 年 5 月开采原煤 100 万 t,当月对外销售 90 万 t;为职工宿舍供暖,使用本月开采的原煤 2 万 t;向洗煤车间移送本月开采的原煤 5 万 t 加工洗煤,尚未对外销售;其余 3 万 t 原煤待售。已知煤矿每吨原煤不含增值税售价为 500 元(不含从坑口到车站、码头等的运输费用),适用的资源税税率为 5%。

要求:计算该煤矿企业当月应纳资源税。

2. 隆生房地产开发公司出售一栋写字楼,不含税收入总额为 10 000 万元。开发该写字楼有关支出为:支付地价款及各种费用 1 000 万元;房地产开发成本 3 000 万元;财务费用中的利息支出为 500 万元(可按转让项目计算分摊并提供金融机构证明),但其中有 50 万元属于加罚的利息;转让环节缴纳的有关税费共计 335 万元(含增值税 300 万元);该单位所在地政府规定的其他房地产开发费用计算扣除比例为 5%。

要求:计算该房地产开发公司应纳的土地增值税。

知识运用与实训标准答案

第八章　财产税（类）法

【知识点拨】

　　财产税法就是调整财产税征纳关系的法律规范的总称。财产税（类）法主要包括房产税法、契税法、车辆购置税法、车船税法。财产税是所得税的补充税，是在所得税对收入调节的基础上，对纳税人占有的财产做进一步的调节。本章的重点是房产税、契税、车辆购置税、车船税的构成要素及应纳税额的计算，难点是房产税、契税、车辆购置税、车船税应纳税额的计算。

【知识引读】

财产税的历史沿革

　　国家对财产课税已有悠久历史。在人类历史发展过程中，当私有财产制度确立后，对财产课税就有了可能。国家产生以后，产生了税收，也可以说同时有了财产税。

　　我国奴隶社会对土地课征的"贡""助""彻"，是我国历史上财产税的雏形。到了春秋时期，由于生产力的发展，特别是铁制农具的广泛使用，在井田以外开垦的私田日益增多。私田不属于王室所有，不向王室缴纳贡赋，全部收获都归私田的所有者支配。私田的不断扩大，冲击着奴隶制经济基础。当时的一个主要诸侯国鲁国，为了增加财政收入和抑制开垦私田，于鲁宣公十五年（公元前594年）开始对井田以外的私田征税，称为"初税亩"。"初税亩"首次以法律形式承认了土地的私有权和地主经济的合法化，实行"初税亩"后，土地所有者除了纳税，全部收入归自己支配，土地可以自由买卖和出租。土地再不具有"王室所有"的性质，而真正成为私人的财产，对土地征收的财产税也就从雏形阶段走向成熟。以后汉代课征的"车船税"，唐代课征的"间架税"，都属于财产税。

　　从上面的引读中可以思考：什么是财产税？现行的财产税包括哪些税种？这些税种税制构成要素是什么？应纳税额是怎样计算的？本章将对这些问题进行阐述。

第一节　房产税法

一、房产税的含义

　　房产税是以房屋为征税对象，以房屋的计税余值或租金收入为计税依据，向房屋产权所有人征收的一种财产税。现行的房产税是第二步利改税以后开征的，1986年9月15日，国务院正式发布了《中华人民共和国房产税暂行条例》，从当年10月1日开始实施。

我国开征房产税的目的是筹集地方财政收入、调节财富分配、加强房产管理、配合城市住房制度改革。

【知识卡片8.1】

洪武年间的塌房税

塌房税是一种通过税性质的商税,始于洪武年间。洪武初,明太祖定都南京,这时的南京,不仅是全国的政治中心,也是全国的经济中心,商贾云集,买卖兴隆,但住房拥挤,无空地,商贾货物无栈房可以储存,只得"或止于舟,或贮城外"。于是,太祖命于南京城西三山等门外,濒水之处,建造房屋,供商人储存货物及猪、羊等牲畜,称为塌房。凡是到南京的商货都储存在此,买卖交易也于此处进行。当时尚未征税。洪武二十四年(公元1391年),开始按商税三十而一的税率,对储存于塌房的货物课税,税为"塌房税"。

塌房税在明朝并未普遍征收,只存在于南、北二京,其他地方没有开征。

二、房产税的特点

房产税的主要特点如下:

(1)房产税属于财产税中的个别财产税,其征税对象只是房屋。

(2)征收范围限于城镇的经营性房屋。

(3)区别房屋的经营使用方式规定征税办法,对于自用的按房产计税余值征收,对于出租、出典的房屋按租金收入征税。

【知识卡片8.2】

新一轮房地产税试点工作正式开启

2021年10月23日,第十三届全国人民代表大会常务委员会第三十一次会议决定,为积极稳妥推进房地产税立法与改革,引导住房合理消费和土地资源节约集约利用,促进房地产市场平稳健康发展,授权国务院在部分地区开展房地产税改革试点工作。

会议提出:一是试点地区的房地产税征税对象为居住用和非居住用等各类房地产,不包括依法拥有的农村宅基地及其上住宅。土地使用权人、房屋所有权人为房地产税的纳税人。二是国务院制定房地产税试点具体办法,试点地区人民政府制定具体实施细则。三是按照积极稳妥的原则,统筹考虑深化试点与统一立法、促进房地产市场平稳健康发展等情况确定试点地区。授权的试点期限为五年。

此前,仅上海和重庆试点征收个人住房房产税,这次房地产税试点工作意味着我国房地产税改革将进入一个新阶段。

三、征税对象及范围

房产税的征税对象是房产。所谓房产,是指有屋面和围护结构,能够遮风避雨,可供人们在其中生产、学习、工作、娱乐、居住或储存物资的场所。独立于房屋的建筑物如围墙、暖房、水塔、烟囱、室外游泳池等不属于房产,但室内游泳池属于房产。

征税范围:城市、县城、建制镇、工矿区,不包括农村的房屋。

【知识问答8.1】

房地产开发企业开发的商品房是否缴纳房产税?

答:由于房地产开发企业开发的商品房在出售前对房地产开发企业而言是一种产品,因此,对房地产开发企业建造的商品房,在售出前,不征收房产税;但对售出前房地产开发企业已使用或出租、出借的商品房应按规定征收房产税。

四、纳税义务人

房产税以在征税范围内的房屋产权所有人为纳税人。其中:

(1)产权属国家所有的,由经营管理单位纳税;产权属集体和个人所有的,由集体单位和个人纳税。

(2)产权出典的,由承典人纳税。

(3)产权所有人、承典人不在房屋所在地的,由房产代管人或者使用人纳税。

(4)产权未确定及租典纠纷未解决的,也由房产代管人或者使用人纳税。

(5)无租使用其他房产的问题。纳税单位和个人无租使用房产管理部门、免税单位及纳税单位的房产,应由使用人代为缴纳房产税。

【知识卡片8.3】

房地产税 ≠ 房产税

中央提出"房子是用来住的,不是用来炒的",确定了房地产市场向着打击投机、防止热炒的方向推进。曾经被认为是降低房价的"利器"的房地产税再次进入人们的视野。事实上,在我国的现行税制体系中,并没有房地产税这一税种,但有名称相近的"房产税"。房产税开征于1986年,适用范围较窄,仅限于单位和个人的经营性房地产,对个人住房则实行免税,因此对百姓生活基本没有影响。而房地产税,则是一个综合性概念,即一切与房地产经济运动过程有直接关系的税都属于房地产税。包括房地产业增值税、土地增值税、房产税、城镇土地使用税、印花税等。简单地说就是"房地产税"包含了"房产税",范围更大。

五、税率

房产税采用比例税率,根据房产税的计税依据分为两种:依据房产计税余值计税的,税率为1.2%;依据房产租金收入计税的,税率为12%。自2008年3月1日起,对个人出租住房,不区分用途,按4%的税率征收房产税。对企事业单位、社会团体以及其他组织按市场价格向个人出租用于居住的住房,减按4%的税率征收房产税。

六、税收优惠

目前房产税的税收优惠政策包括以下几方面:

(1)国家机关、人民团体、军队自用的房产免征房产税。但上述免税单位的出租房产不属于免税范围。

(2)由国家财政部门拨付事业经费的单位自用的房产免征房产税。但如学校的工厂、商店、招待所等应照章纳税。

（3）宗教寺庙、公园、名胜古迹自用的房产免征房产税。但经营用的房产不属于免税范围。

（4）个人所有的非营业用的房产免征房产税。但个人拥有的营业用房或出租的房产，应照章纳税。

（5）经财政部批准的下列房产免征房产税：

①老年服务机构自用的房产免税。

②损坏不堪使用的房屋和危险房屋，经有关部门鉴定，在停止使用后，可免征房产税。

③纳税人因房屋大修导致连续停用半年以上的，在房屋大修期间免征房产税，免征税额由纳税人在申报缴纳房产税时自行计算扣除，并在申报表附表或备注栏中做相应说明。

④在基建工地为基建工地服务的各种工棚、材料棚、休息棚和办公室、食堂、茶炉房、汽车房等临时性房屋，在施工期间，一律免征房产税。但工程结束后，施工企业将这种临时性房屋交还或估价转让给基建单位的，应从基建单位减收的次月起，照章纳税。

⑤对高校学生公寓免征房产税。

⑥对房管部门经租的居民住房，在房租调整改革之前收取租金偏低的，可暂缓征收房产税。对房管部门经租的其他非营业用房，是否给予照顾，由各省、自治区、直辖市根据当地具体情况按税收管理体制的规定办理。

⑦对公共租赁住房免税。公共租赁住房经营单位应单独核算公共租赁住房租金收入，未单独核算的，不得享受免征房产税优惠政策。

⑧对非营利性的医疗机构、疾病控制机构和妇幼保健机构等卫生机构自用的房产，免征房产税。

⑨国家机关、军队、人民团队、财政补助事业单位、居民委员会、村民委员会拥有的体育场馆，用于体育活动的房产，免征房产税。

【知识卡片8.4】
广东：房产税困难减免政策

为适应当前经济社会发展需要，大力支持实体经济发展，最大程度为企业减负，最大限度帮扶困难企业，广东省税务局制定了房产税困难减免政策，纳税人符合以下情形之一，纳税确有困难的，可酌情给予减税或免税：

（1）因风、火、水、地震等严重自然灾害或其他不可抗力因素发生重大损失的。

（2）受市场因素影响，难以维系正常生产经营，发生亏损的。

（3）依法进入破产程序或停产、停业连续6个月以上的。

（4）地级及以上人民政府、横琴新区管理委员会、深汕特别合作区管理委员会，广州、深圳市的市辖区人民政府重点扶持的。

此外，在新冠肺炎疫情期间，为租户减免房地产租金的纳税人，按减免租金月份数给予房产税、城镇土地使用税困难减免。房地产被征用支持疫情防控工作的，按被征用时间给予房产税、城镇土地使用税困难减免。

七、应纳税额的计算

按照房产余值征税的,称为从价计征;按照房产租金收入计征的,称为从租计征。

(一)从价计征

从价计征是按房产的原值减除一定比例后的余值计征,其公式为:

$$应纳税额 = 应税房产原值 × (1 - 扣除比例) × 1.2\%$$

房产税依照房产原值一次减除10%~30%后的余值计算缴纳,扣除比例由省、自治区、直辖市人民政府规定。

房产原值应包括与房屋不可分割的各种附属设备或一般不单独计算价值的配套设施,主要有暖气、卫生、通风等。

纳税人对原有房屋进行改建、扩建的,要相应增加房屋的原值。

还应注意以下3个问题:

(1)对投资联营的房产,在计征房产税时应予以区别对待。共担风险的,按房产余值作为计税依据,计征房产税;对收取固定收入,应由出租方按租金收入计缴房产税。

(2)对融资租赁房屋的情况,在计征房产税时应以房产余值计算征收。

(3)新建房屋交付使用时,如中央空调设备已计算在房产原值之中,则房产原值应包括中央空调设备;旧房安装空调设备,一般都做单项固定资产入账,不应计入房产原值。

(二)从租计征

从租计征是按房产的租金收入计征,计征房产税的租金收入不含增值税,其公式为:

$$应纳税额 = 租金收入 × 12\%$$

【案例8.1】

某企业2021年度有自有房屋10栋,其中8栋用于经营生产,房产原值1 000万元;两栋房屋租给某公司作为经营用房,年不含税租金收入50万元。请计算该企业当年应纳的房产税(该企业适用按房产原值一次扣除20%后的余值计税)。

解析:(1)自有房产应纳税额 = 1 000 × (1 - 20%) × 1.2% = 9.6(万元)

(2)租金收入应纳税额 = 50 × 12% = 6(万元)

(3)全年应纳房产税额 = 9.6 + 6 = 15.6(万元)

八、征收管理

(一)纳税义务发生时间

(1)将原有房产用于生产经营的,从生产经营之月起,计征房产税。

(2)自建的房屋用于生产经营的,自建成之日的次月起,计征房产税。

(3)委托施工企业建设的房屋,从办理验收手续之日的次月起,计征房产税。对于在办理验收手续前已使用或出租、出借的新建房屋,应从使用或出租、出借的当月起按规定计征房产税。

（4）购置新建商品房，自房屋交付使用之次月起计征房产税。

（5）购置存量房，自办理房屋权属转移、变更登记手续，房地产权属登记机关签发房屋权属证书之次月起计征房产税。

（6）出租、出借房产，自交付出租、出借房产之次月起计征房产税。

（7）房地产开发企业自用、出租、出借本企业建造的商品房，自房屋使用或交付之次月起计征房产税。

（8）融资租赁的房产，由承租人自融资租赁合同约定开始日的次月起依照房产余值缴纳房产税。合同未约定开始日的，由承租人自合同签订的次月起依照房产余值缴纳房产税。

（二）纳税地点

房产税在房产所在地缴纳。房产不在同一地方的纳税人，应按房产的坐落地点分别向房产所在地的税务机关缴纳。

（三）纳税期限

房产税实行按年征收，分期缴纳。纳税期限由省、自治区、直辖市人民政府规定。各地一般按季或半年征收。

（四）纳税申报

房产税的纳税申报，是房屋产权所有人或纳税人缴纳房产税必须履行的法定手续。房产税的纳税人应按照有关规定，及时办理纳税申报，并如实填写财产和行为税纳税申报表及房产税税源明细表，见表7.2和表8.1。

表8.1　房产税税源明细表

（一）从价计征房产税												
序号	房产编号	房产原值	其中：出租房产原值	计税比例	税率	所属期起	所属期止	本期应纳税额	本期减免税额	本期增值税小规模纳税人减征额	本期已缴税额	本期应补（退）税额
1	*											
2	*											
3	*											
合计	*	*	*	*	*	*	*					

（二）从租计征房产税						
序号	本期申报租金收入	税率	本期应纳税额	本期减免税额	本期增值税小规模纳税人减征额	本期已缴税额	本期应补（退）税额
1							
2							
3							
合计	*	*					

续表

声明:此表是根据国家税收法律法规及相关规定填写的,本人(单位)对填报内容(及附带资料)的真实性、可靠性、完整性负责。	
纳税人(签章): 年 月 日	
经办人: 经办人身份证号: 代理机构签章: 代理机构统一社会信用代码:	受理人: 受理税务机关(章): 受理日期: 年 月 日

第二节　契税法

一、契税的含义

契税是以在中华人民共和国境内转移土地、房屋权属为征税对象,向产权承受人征收的一种财产税。征收契税有利于增加地方财政收入,有利于保护合法产权,避免产权纠纷。现行契税法的基本规范,是2020年8月11日第十三届全国人民代表大会常务委员会第二十一次会议表决通过,并于2021年9月1日开始施行的《中华人民共和国契税法》。

【知识卡片8.5】

我国契税的沿革

我国契税起源于东晋时期的"估税",至今已有1 600多年的历史。当时规定,凡买卖田宅、奴婢、牛马,立有契据者,每一万钱交易额官府征收四百钱,即税率为4%,其中卖方缴纳3%,买方缴纳1%。北宋时期,契税趋于完备。元、明、清等都征收契税,直至今日。1949年后,我国颁布的第一个税收的法规就是《中华人民共和国契税暂行条例》,在全国城市和已完成土改的乡村征收契税。后来,国家规定土地不准自行买卖,许多城市对私房进行了社会主义改造,契税的征收范围缩小了。改革开放后,我国从1990年恢复征收契税。

二、契税的特点

契税与其他税种相比,具有如下特点:

(1)契税属于财产转移税。土地、房屋产权未发生转移的,不征契税。

(2)契税由财产承受人缴纳。一般税种都确定销售者为纳税人,即卖方纳税。契税则属于土地、房屋产权发生交易过程中的财产税,由承受人纳税,即买方纳税。

【知识卡片8.6】

夫妻"房产加名"免征契税

根据财政部、国家税务总局《关于房屋、土地权属由夫妻一方所有变更为夫妻双方共有契税政策的通知》,婚姻关系存续期间,房屋、土地权属原归夫妻一方所有,变更为夫妻双方共有的,免征契税。

三、征税对象及范围

契税的征税对象为发生土地使用权和房屋所有权权属转移的土地和房屋。具体包括:国有土地使用权出让;土地使用权转让,包括出售、赠与和交换;房屋买卖、赠与和交换。

(1)国有土地使用权出让,是指土地使用者向国家交付土地使用权出让费用,国家将国有土地使用权在一定年限内让予土地使用者的行为。

(2)土地使用权转让,包括出售、赠与、交换或者其他方式将土地使用权转让给其他单位和个人的行为,但不包括土地承包经营权和土地经营权的转移。

(3)房屋买卖,是以货币为媒介,出卖者向购买者让渡房产所有权的交易行为。以下几种情况,也视为房屋买卖:

①以房产抵债或实物交换房屋的,经当地政府和有关部门批准,视同房屋买卖,由产权的承受人,按房屋现值缴纳契税。

②以房产作投资、入股的,应按国家房地产管理的有关规定,办理房屋产权交易和产权变更登记手续,视同房屋买卖,由产权的承受方按投资房产价值或房产买价缴纳契税。以自有房产作股投入本人经营企业,免纳契税。

③买房拆料或翻修新房的,应照章征收契税。例如,甲某购买乙某房产,不论其目的是取得该房产的建筑材料或是翻建新房,实际都构成房屋买卖。甲某应首先办理房屋产权变更手续,并按买价缴纳契税。

(4)房屋赠与,是指房屋所有者将房屋无偿转让给他人所有的行为。

(5)房屋交换,是指房屋所有者之间相互交换房屋的行为。

以作价投资(入股)、偿还债务、划转、奖励等方式转移土地、房屋权属的,应当依照规定征收契税。土地、房屋典当、分拆(分割)、抵押以及出租等行为,不属于契税的征税范围。

【知识问答8.2】

承受与房屋相关的附属设施(如停车位、汽车库等)是否缴纳契税?

答:对于承受与房屋相关的附属设施(如停车位、汽车库等)所有权或土地使用权的行为,按照契税法律、法规的规定征收契税;对于不涉及土地使用权和房屋所有权转移变动的,不征收契税。

四、纳税义务人

在中华人民共和国境内转移土地、房屋权属,承受的单位和个人为契税的纳税人。其中单位是指企业单位、事业单位、国家机关、军事单位和社会团体以及其他组织。个人是指个体经营者及其他个人,包括中国公民和外籍人员。

五、税率

契税实行3%~5%的幅度比例税率。具体执行税率,由各省、自治区、直辖市人民政府在幅度税率规定范围内按本地区实际情况提出,报同级人民代表大会常务委员会决定,并报全国人民代表大会常务委员会和国务院备案。

省、自治区、直辖市可以依照上述规定的程序对不同主体、不同地区、不同类型的住房的权属转移确定差别税率。

【知识卡片8.7】

首套唯一住房,契税减半征收

根据现有的房地产交易环节税收优惠政策,对个人购买普通住房,且该住房属于家庭(成员范围包括购房人、配偶以及未成年子女,下同)唯一住房的,减半征收契税。此外,自2010年10月1日起,对个人购买90 m² 及以下且属家庭唯一住房的普通住房,减按1%的税率征收契税。

六、税收优惠

(1)有下列情形之一的,免征契税:

①国家机关、事业单位、社会团体、军事单位承受土地、房屋用于办公、教学、医疗、科研和军事设施的。

②非营利性的学校、医疗机构、社会福利机构承受土地、房屋权属用于办公、教学、医疗、科研、养老、救助。

③承受荒山、荒地、荒滩土地使用权,并用于农、林、牧、渔业生产。

④婚姻关系存续期间夫妻之间变更土地、房屋权属。

⑤法定继承人通过继承承受土地、房屋权属。

⑥依照法律规定应当予以免税的外国驻华使馆、领事馆和国际组织驻华代表机构承受土地、房屋权属。

根据国民经济和社会发展的需要,国务院对居民住房需求保障、企业改制重组、灾后重建等情形可以规定免征或者减征契税,报全国人民代表大会常务委员会备案。

(2)省、自治区、直辖市可以决定对下列情形免征或者减征契税:

①因土地、房屋被县级以上人民政府征收、征用,重新承受土地、房屋权属。

②因不可抗力灭失住房,重新承受住房权属。

免征或者减征契税的具体办法,由省、自治区、直辖市人民政府提出,报同级人民代表大会常务委员会决定,并报全国人民代表大会常务委员会和国务院备案。

经批准减征、免征契税的纳税人,改变有关土地、房屋的用途,不再属于减征、免征契税范围的,应当补缴已经减征、免征的税款。

七、应纳税额的计算

(一)计税依据

契税的计税依据,归结起来有以下几种。

(1)按成交价格计算。成交价格是指土地、房屋权属转移合同确定的价格,包括承受者应交付的货币、实物、无形资产或其他经济利益。计征契税的成交价格不含增值税。这种计税依据主要适用于国有土地使用权出让、土地使用权出售、房屋买卖。

（2）根据市场价格计算。这种计税依据主要适用于土地使用权赠与、房屋赠与。

（3）依据土地、房屋交换价格差额计算。此种计税依据只考虑其价格的差额，交换价格不相等的，由多交付货币、实物、无形资产或其他经济利益的一方缴纳契税；交换价格相等的，免征契税。

（4）以补交出让费用或土地收益计算。以划拨方式取得土地使用权，经批准转让房地产时应补交契税，以补交的出让费用或土地收益作为计税依据。

（5）房屋附属设施征收契税的依据：

①采取分期付款方式购买房屋附属设施土地使用权、房屋所有权的，应按合同规定的总价款计征契税。

②承受的房屋附属设施权属如为单独计价的，按照当地确定的适用税率征收契税；如与房屋统一计价的，适用与房屋相同的契税税率。

（二）应纳税额计算公式

$$应纳税额 = 计税依据 \times 税率$$

【案例 8.2】

居民甲有两套住房，将一套出售给居民乙，不含税成交价格为 80 万元；将另外一套和居民丙拥有的一套住房交换，并支付了换房差价 20 万元。请计算甲、乙、丙相关行为应缴纳的契税（假定税率为 5%）。

解析：（1）甲应缴纳契税 = 20 × 5% = 1（万元）

（2）乙应缴纳契税 = 80 × 5% = 4（万元）

（3）丙不缴纳契税。

八、征收管理

（一）契税纳税义务发生时间

契税的纳税义务发生时间是纳税人签订土地、房屋权属转移合同的当日，或者纳税人取得其他具有土地、房屋权属转移合同性质凭证的当日。纳税人应当在依法办理土地、房屋权属登记手续前进行纳税申报，并如实填写财产和行为税纳税申报表和契税税源明细表，见表 7.2 和表 8.2。

（二）契税的纳税地点

契税在土地、房屋所在地缴纳。

（三）其他规定

纳税人办理纳税事宜后，税务机关应向纳税人开具契税完税凭证。纳税人办理有关土地、房屋的权属登记，不动产登记机构应当查验契税完税、减免税凭证或者相关信息。未按照规定缴纳契税的，不动产登记机构不予办理土地、房屋权属登记。

在依法办理土地、房屋权属登记前，权属转移合同、权属转移合同性质凭证不生效、无效、被撤销或者被解除的,纳税人可以向税务机关申请退还已缴纳的税款,税务机关应当依法办理。

税务机关应当与相关部门建立契税涉税信息共享和工作配合机制。自然资源、住房城乡建设、民政、公安等相关部门应当及时向税务机关提供与转移土地、房屋权属有关的信息,协助税务机关加强契税征收管理。

税务机关及其工作人员对税收征收管理过程中知悉的纳税人的个人信息,应当依法予以保密,不得泄露或者非法向他人提供。

表8.2 契税税源明细表

纳税人识别号(统一社会信用代码):□□□□□□□□□□□□□□□□□□

纳税人名称:　　　　　　　　　金额单位:人民币元(列至角分)　　　　　面积单位:平方米

＊税源编号		＊土地房屋坐落地址		不动产单元代码	
合同编号		＊合同签订日期		＊共有方式	□单独所有/按份共有 □共同共有 (共有人:_____)
＊权属转移对象		＊权属转移方式		＊用途	
＊成交价格		＊权属转移面积		＊成交单价	
＊评估价格			＊计税价格		
＊适用税率			减免性质代码和项目名称		

第三节　车辆购置税法

一、车辆购置税的含义

车辆购置税是以在中国境内购置规定的车辆为课税对象、在特定环节向车辆购置者征收的一种税。现行车辆购置税法的基本规范,是2018年12月29日第十三届全国人民代表大会常务委员会第七次会议通过,并于2019年7月1日起施行的《中华人民共和国车辆购置税法》。征收车辆购置税有利于合理筹集财政资金,规范政府行为,调节收入差距,也有利于配合打击车辆走私和维护国家权益。

【知识卡片8.8】

车辆购置税的前身

车辆购置税于2001年1月1日开始在我国实施,是一个新的税种。车辆购置税的前身,是经国务院批准于1985年在全国范围内征收的专项用于国家公路建设的政府性基金——车辆购置附加费。可以说,车辆购置税是税费改革的产物并基本保留了原车辆购置附加费的特点。

二、车辆购置税的特点

车辆购置税与其他税种相比,具有如下特点:

(1)征收范围单一。车辆购置税以购置的特定车辆为课税对象,而不是对所有的财产或消费财产征税,范围窄,是一种特种财产税。

(2)征收环节单一。车辆购置税实行一次性课征制,它不是在生产、经营和消费的每个环节征收,而是在消费领域中的特定环节一次性征收。

(3)征收方法单一。从价计征,以价格为计税标准。

(4)征税具有特定目的。车辆购置税为中央税,它取之于应税车辆,用之于交通建设。

(5)价外征收,不转嫁税负。也就是说,征收车辆购置税的商品价格中不含车辆购置税税额,车辆购置税是附加在价格之外的,且税收的缴纳者即为最终的税收负担者,税负没有转嫁性。

三、征税范围

车辆购置税征税范围包括汽车、有轨电车、汽车挂车、排气量超过 150 mL 的摩托车。车辆购置税以前述列举的车辆作为征税对象,未列举的车辆不纳税。

四、纳税义务人

车辆购置税的纳税人是指在中华人民共和国境内购置汽车、有轨电车、汽车挂车、排气量超过 150 mL 的摩托车(统称"应税车辆")的单位和个人。其中购置是指以购买、进口、自产、受赠、获奖或者其他方式取得并自用应税车辆的行为。这里的单位包括企业、事业单位、社会团体、国家机关及其他单位;这里的个人包括中国公民和外国公民。

五、税率

车辆购置税实行统一比例税率,税率为 10%。

六、税收优惠

下列车辆免征车辆购置税:

(1)依照法律规定应当予以免税的外国驻华使馆、领事馆和国际组织驻华机构及其有关人员自用的车辆。

(2)中国人民解放军和中国人民武装警察部队列入装备订货计划的车辆。

(3)悬挂应急救援专用号牌的国家综合性消防救援车辆。

(4)设有固定装置的非运输专用作业车辆。

(5)城市公交企业购置的公共汽电车辆。

根据国民经济和社会发展的需要,国务院可以规定减征或者其他免征车辆购置税的情形,报全国人民代表大会常务委员会备案。

七、应纳税额的计算

（一）计税依据

1. 购买自用应税车辆

纳税人购买自用应税车辆计税价格为购置应税车辆实际支付给销售方的全部价款，不包括增值税税款。

$$计税价格 = 全部价款 ÷ （1 + 增值税税率或征收率）$$

【案情设定】

买车人稀里糊涂多掏千余元

惠州市民张涛近日打算在某车行买一辆包牌的国产小轿车，但是因为车辆购置税的计算问题，其与车行争执不休。张涛对该车行说，他是从事会计行业的，《中华人民共和国车辆购置税法》规定车辆购置税计税价格为纳税人实际支付给销售者的全部价款，不包括增值税税款，但是车行的计算公式明显错误，计税价格中没有剔除13%的增值税。

对此，税务局相关负责人分析，车行在销售车辆时有推出包上牌价格的服务，其中车辆购置税的价格是按车身价的10%来算的，其实这是用计算公式误导消费者。车辆购置税的税率为10%。其计税公式是：车身价 ÷ （1 + 增值税税率13%） × 10%。例如，一辆价值11.3万元的车，其车辆购置税应该是11.3 ÷ （1 + 13%） × 10% = 1万元，而该车行的车辆购置税是11.3 × 10% = 1.13万元，使车主多交1 300元。

2. 进口自用应税车辆

纳税人进口自用应税车辆的计税价格为关税完税价格加上关税和消费税；纳税人进口自用应税车辆，是指纳税人直接从境外进口或者委托代理进口自用的应税车辆，不包括在境内购买的进口车辆。

$$组成计税价格 = 关税完税价格 + 关税 + 消费税$$
$$或组成计税价格 = （关税完税价格 + 关税） ÷ （1 - 消费税税率）$$

3. 自产自用应税车辆

纳税人自产自用应税车辆的计税价格，按照纳税人生产的同类应税车辆（即车辆配置序列号相同的车辆）的销售价格确定，不包括增值税税款；没有同类应税车辆销售价格的，按照组成计税价格确定。组成计税价格计算公式为：

$$组成计税价格 = 成本 × （1 + 成本利润率）$$

属于应征消费税的应税车辆，其组成计税价格中应加计消费税税额。上述公式中的成本利润率，由国家税务总局各省、自治区、直辖市和计划单列市税务局确定。

4. 以受赠、获奖或者其他方式取得自用应税车辆

纳税人以受赠、获奖或者其他方式取得自用应税车辆的计税价格，按照购置应税车辆时相关凭证载明的价格确定，不包括增值税税款。无法提供相关凭证的，参照同类应税车辆市场平均交易价格确定其计税价格。无同类应税车辆销售价格的，按照组成计税价格确定应税车辆的计税价格。

纳税人申报的应税车辆计税价格明显偏低,又无正当理由的,由税务机关依照《税收征收管理法》的规定核定其应纳税额。

(二)应纳税额的计算公式

$$应纳税额 = 计税依据 × 税率$$

【案例8.3】

郑某在2021年6月5日,从惠州某公司购买了一辆新飞度豪华版轿车供自己使用,支付了含增值税价款113 800元,取得"机动车销售统一发票",又支付了车辆装饰费1 000元,取得该公司开具的普通发票。另外车辆上牌交由公司代办,支付车辆牌照费150元、保险费4 350元,取得车辆登记部门和保险公司开具的相应票据。请计算应纳车辆购置税。

解析:(1)计税价格 = (113 800 + 1 000) ÷ (1 + 13%) = 101 592.92(元)

(2)应纳税额 = 101 592.92 × 10% = 10 159.29(元)

【案例8.4】

某外贸公司在2021年5月5日从国外进口10辆宝马BMW318型轿车。进口报关这批小轿车时,经报关地海关对有关资料的审查,确定关税计税价格为198 000元/辆(人民币),海关按规定课关税217 800元/辆,并按消费税和增值税的有关规定代征进口消费税21 884元/辆和增值税74 406元/辆。由于业务工作的需要,该公司将两辆小轿车用于本单位使用。请计算应纳车辆购置税。

解析:(1)车辆购置税的计税价格 = 关税完税价格 + 关税 + 消费税

$$= 198 000 + 217 800 + 21 884$$

$$= 437 684(元)$$

(2)应纳车辆购置税税额 = 2 × 437 684 × 10% = 87 536.8(元)

【案例8.5】

某合资公司2021年5月3日将VOLVO牌240GLE型小轿车赠送给我国某市红十字会。经税务部门核定,该轿车组成的计税价格为300 000元。请计算应纳车辆购置税。

解析:应纳税额 = 组成计税价格 × 税率 = 300 000 × 10% = 30 000(元)

【知识问答8.3】

已经缴纳车辆购置税的车辆被退回能否退还车辆购置税?

答:已经缴纳车辆购置税的车辆,发生下列情形之一的,纳税人应到车购办申请退税:

(1)出于质量原因,车辆被退回生产企业或者经销商的。

(2)应当办理车辆登记注册的车辆,公安机关车辆管理机构不予办理车辆登记注册的。

八、征收管理

(一)车辆购置税纳税期限

纳税人购买自用的应税车辆,自购买之日起60日内申报纳税;进口自用的应税车辆,应当自进口之日起 60 日内申报；自产、受赠、获奖和以其他方式取得并自用应税车辆的，应当自取得之日起 60 日内申报纳税。

（二）车辆购置税的纳税地点

纳税人购置应税车辆，应当向车辆登记注册地的主管税务机关申报纳税；购置不需要办理车辆登记注册手续的应税车辆，应当向纳税人所在地的主管税务机关纳税申报。

（三）车辆购置税的纳税申报

车辆购置税实行一车一申报制度，实行一次性征收，购置已征车辆购置税的车辆，不再征收车辆购置税。纳税人办理纳税申报时应如实填写车辆购置税纳税申报表，见表 8.3，同时提供车主的身份证明、车辆价格证明、车辆合格证明的原件和复印件。

表 8.3　车辆购置税纳税申报表

填表日期：　　　年　　　月　　　日　　　　　　　　　　　　　　　　　　　金额单位：元

纳税人名称		申报类型	□征税　□免税　□减税	
证件名称		证件号码		
联系电话		地址		
合格证编号（货物进口证明书号）		车辆识别代号／车架号		
厂牌型号				
排量（cc）		机动车销售统一发票代码		
机动车销售统一发票号码		不含税价		
海关进口关税专用缴款书（进出口货物征免税证明）号码				
关税完税价格		关税	消费税	
其他有效凭证名称		其他有效凭证号码	其他有效凭证价格	
购置日期		申报计税价格	申报免（减）税条件或者代码	
是否办理车辆登记		车辆拟登记地点		
纳税人声明：　　本纳税申报表是根据国家税收法律法规及相关规定填报的，我确定它是真实的、可靠的、完整的。 　　　　　　　　　　　　　　　　　　　　　　　　纳税人（签名或盖章）：				
委托声明：　　现委托（姓名）＿＿＿＿＿＿＿（证件号码）办理车辆购置税涉税事宜，提供的凭证、资料是真实、可靠、完整的。任何与本申报表有关的往来文件，都可交予此人。 委托人（签名或盖章）：　　　　　　　　　　　　被委托人（签名或盖章）：				

续表

以下由税务机关填写					
免(减)税条件代码					
计税价格	税率	应纳税额	免(减)税额	实纳税额	滞纳金金额
受理人： 年　月　日		复核人(适用于免、减税申报)： 年　月　日		主管税务机关(章)	

第四节　车船税法

一、车船税的含义

车船税是对在我国境内车辆、船舶(简称"车船")的所有人或者管理人征收的一种税。《中华人民共和国车船税法》(简称《车船税法》)是在《中华人民共和国车船税暂行条例》的基础上修订而成,并于 2012 年 1 月 1 日起施行。

【知识卡片8.9】

最早征收的车船税

最早对私人拥有的车辆和舟船征税是在汉代初年,汉武帝元光六年(公元前129年),汉朝就颁布了征收车船税的规定,当时叫"算商车"。"算"为征税基本单位,一算为120钱,这时的征收对象还只局限于载货的商船和商车。元狩四年(公元前119年)开始把非商业性的车船也列入征税范围。法令规定,非商业用车每辆征税一算,商业用车征税加倍;舟船五丈以上征税一算,"三老"(掌管教化的乡官)和"骑士"(由各郡训练的骑兵)免征车船税。同时规定,对隐瞒不报或呈报不实的人给予处罚,对告发的人进行奖励。

二、车船税的特点

(1)税负结构合理性。一方面,为支持交通运输业发展,《车船税法》对占汽车总量28%左右的货车、摩托车以及船舶(游艇除外)仍维持原条例税额幅度不变;对载客9人以上的客车税额幅度略做提高;对挂车由原条例规定的与货车适用相同税额改为减按货车税额的50%征收。另一方面,为更好地发挥车船税的调节功能,体现对汽车消费和节能减排的政策导向,《车船税法》对占汽车总量72%左右的乘用车(也就是载客少于9人的汽车)的税负,按发动机排气量大小分别做了降低、不变和提高的结构性调整:适当降低或维持不变2.0 L及以下的乘用车的税额幅度,大幅提高2.5 L以上的较大和大排量车的乘用车的税额幅度。

(2)征收缴纳强制性。由于税务部门没有上路检查权,因此存在很多偷税、漏税的情况。车船税用法律手段将保险部门指定为法定车船税代缴义务人,将车船税与交通事故责任强制保险(简称"交强险")捆绑。车主每年在购买交强险时,必须同时办理车船税。

【知识卡片8.10】

广东:代收代缴车船税

越来越多的消费者在购买机动车时,选择由保险机构来代收代缴车船税。为推进广东省机动车车船税代收代缴管理工作规范化、标准化、一体化建设,广东省税务局、中国银行保险监督委员会广东监管局对2015年发布的《广东省机动车车船税代收代缴管理办法》(简称《办法》)进行了修订,自2021年1月1日起施行。《办法》规定,凡在广东省境内从事机动车交强险业务的保险机构为车船税的扣缴义务人,应当在办理交强险业务时依法代收车船税。扣缴义务人无论直接销售还是委托销售交强险,必须依法代收车船税。

三、征税范围

车船税的征税范围是指在中华人民共和国境内属于车船税法所规定的应税车辆和船舶。具体包括:

(1)依法应当在车船登记管理部门登记的机动车辆和船舶。

(2)依法不需要在车船登记管理部门登记的在单位内部场所行驶或者作业的机动车辆和船舶。

四、纳税义务人

车船税的纳税人为在我国境内的车辆、船舶的所有人或者管理人。

五、税率

车船税实行有幅度的定额税率。省、自治区、直辖市人民政府根据车船税法所附车船税税目税额表确定车辆具体适用税额,见表8.4,同时,应当遵循以下原则:

(1)综合考虑本地区车辆保有情况和税负状况。

(2)乘用车依排气量从小到大递增税额。

(3)客车按照核定载客人数20人以下和20人(含)以上两档划分,递增税额。

(4)根据本地区情况变化适时调整。

表8.4　车船税税目税额表

税　目	计税单位	每年税额	备　注
乘用车(按发动机汽缸容量分档)	每辆	60～5 400元	核定载客人数9人(含)以下
商用客车	每辆	480～1 440元	核定载客人数9人以上包括电车
商用货车、挂车	整备质量每吨	16～120元	包括半挂牵引车、三轮汽车和低速载货汽车,挂车按照货车税额的50%计算
专用作业车	整备质量每吨	16～120元	不包括拖拉机
轮式专用机械车	整备质量每吨	16～120元	

续表

税 目	计税单位	每年税额	备 注
摩托车	每辆	36~180元	
船舶	按净吨位每吨	3~6元	拖船和非机动驳船减半计算
游艇(按艇身长度分类)	艇身长度每米	600~2 000元	包括辅助动力帆艇

六、税收优惠

(一)下列车船免征车船税

(1)捕捞、养殖渔船。

(2)军队、武警专用的车船。

(3)警用车船。

(4)依照法律规定应当予以免税的外国驻华使领馆、国际组织驻华代表机构及其有关人员的车船。

(5)对使用新能源车船,免征车船税。

(6)临时入境的外国车船和中国香港特别行政区、中国澳门特别行政区、中国台湾地区的车船,不征收车船税。

(7)按照规定缴纳船舶吨税的机动船舶,自车船税法实施之日起5年内免征车船税。

(8)依法不需要在车船登记管理部门登记的机场、港口、铁路站场内部行驶或作业的车船,自车船税法实施之日起5年内免征车船税。

(9)悬挂应急救援专用号牌的国家综合性消防救援车辆和国家综合性消防救援船舶。

(二)车船税其他税收优惠

(1)对节约能源车船,减半征收车船税。

(2)对受地震、洪涝等严重自然灾害影响纳税困难以及其他特殊原因确需减免税的车船,可以在一定期限内减征或者免征车船税。具体减免期限和数额由省、自治区、直辖市人民政府确定,报国务院备案。

(3)省、自治区、直辖市人民政府根据当地实际情况,可以对公共交通车船,农村居民拥有并主要在农村地区使用的摩托车、三轮汽车和低速载货汽车定期减征或者免征。

【知识卡片8.11】

新能源汽车免税政策知多少

为促进节约能源,鼓励使用新能源,国家对符合标准的节能汽车,减半征收车船税;对符合标准的新能源车船,免征车船税、车辆购置税。工业和信息化部、国家税务总局不定期联合发布《享受车船税减免优惠的节约能源 使用新能源汽车车型目录》和《免征车辆购置税的新能源汽车车型目录》予以公告。

其中免征车船税的新能源汽车是指纯电动商用车、插电式(含增程式)混合动力汽车、燃料电池商用车。纯电动乘用车和燃料电池乘用车不属于车船税征税范围,对其不征车船税。免征车船税的新能源汽车应同时符合以下标准:(1)获得许可在中国境内销售的纯电动商用车、插电式(含增程式)混合动力汽车、燃料电池商用车;(2)符合新能源汽车产品相关技术标准;(3)通过新能源汽车专项检测,符合新能源汽车相关标准。财政部、国家税务总局、工业和信息化部、交通运输部将根据汽车和船舶技术进步、产业发展等因素适时调整节能、新能源车船的认定标准。

七、应纳税额的计算

(一)计税依据

车船税实行从量计税的办法,分别选择了四种单位的计税标准,即辆、整备质量每吨、净吨位和艇身长度每米。

【知识卡片8.12】

车船税计税依据的特殊规定

车辆整备质量尾数不超过0.5 t的,按照0.5 t计算;超过0.5 t的,按照1 t计算。整备质量不超过1 t的车辆,按照1 t计算。船舶净吨位尾数不超过0.5 t的不予计算,超过0.5 t的按照1 t计算。拖船按照发动机功率每2马力(1马力=735.499 W)折合净吨位1 t计算征收车船税。

(二)应纳税额的计算公式

车船税按年申报,分月计算,一次性缴纳。购置的新车船,购置当年的应纳税额自取得车船所有权或者管理权的当月起按月计算,应纳税额为年应纳税额除以12再乘以应纳税月份数。

$$应纳税额 = 年应纳税额 \div 12 \times 应纳税月份数$$

【知识问答8.4】

客货两用汽车按照什么计税标准征收车船税?

答:客货两用汽车按照载货汽车的计税单位和税额标准计征车船税。

【案例8.6】

西湖运输公司拥有商用货车15辆(整备质量全部10 t);乘人大客车20辆;乘用车10辆。计算该公司应纳车船税。(注:商用货车汽车按整备质量每吨年税额80元,乘人大客车每辆年税额500元,乘用车每辆年税额400元。)

解析:(1)载货汽车应纳税额 = 15 × 10 × 80 = 12 000(元)

(2)乘人大客车与乘用车应纳税额 = 20 × 500 + 10 × 400 = 14 000(元)

(3)全年应纳车船税额 = 12 000 + 14 000 = 26 000(元)

八、征收管理

(一)纳税义务发生时间

车船税的纳税义务发生时间为车船所有权或者管理权的当月。取得车船所有权或者管理权的当月,应以购买车船的发票或者其他证明文件所载日期的当月为准。

(二)纳税地点

车船税由地方税务机关负责征收。

(1)纳税人自行申报的,应当在车船的登记地缴纳车船税。

(2)保险机构代收代缴车船税的,应在保险机构所在地缴纳。

(3)依法不需要办理登记的车船,纳税地点为车船的所有人或者管理人的所在地。

(三)纳税申报

车船税按年申报,分月计算,一次性缴纳。纳税年度为公历 1 月 1 日至 12 月 31 日。具体申报纳税期限由省、自治区、直辖市人民政府规定。车船税的纳税人应按照有关规定及时办理纳税申报,并如实填写财产和行为税纳税申报表以及车船税纳税申报表,见表 7.2 和表 8.5。

表 8.5 车船税税源明细表

纳税人识别号(统一社会信用代码):□□□□□□□□□□□□□□□□□□□□

纳税人名称: 体积单位:升;质量单位:吨;功率单位:千瓦;长度单位:米

车辆税源明细											
序号	车牌号码	*车辆识别代码(车架号)	*车辆类型	车辆品牌	车辆型号	*车辆发票期或注册登记日期	排(气)量	核定载客	整备质量	*单位税额	减免性质代码和项目名称	纳税义务终止时间
1											
2											
3											

船舶税源明细												
序号	船舶登记号	*船舶识别号	*船舶种类	*中文船名	初次登记号码	船籍港	发证日期	取得所有权日期	建成日期	净吨位	主机功率	艇身长度(总长)	*单位税额	减免性质代码和项目名称	纳税义务终止时间
1												
2												
3												

【本章小结】

本章阐述了财产税(类)法,主要包括房产税、契税、车辆购置税、车船税的构成要素及应纳税额的计算。通过本章的学习,学生能够熟练而准确地进行相应应纳税额的计算并能够进行纳税申报。

知识运用与实训

一、名词解释

房产税　契税　车辆购置税　车船税

二、简答题

1.简要说明房产税的征税对象及范围。

2.简要说明契税的征税对象及范围。

3.简要说明车辆购置税的征税对象及范围。

4.简要说明车船税的征税对象及范围。

三、单项选择题

1.下列各项中,符合房产税纳税义务人规定的是(　　　)。

　A.产权属于集体的,由承典人缴纳

　B.房屋产权出典的,由出典人缴纳

　C.产权纠纷未解决的,由代管人或使用人缴纳

　D.产权属于国家所有的,不缴纳

2.某科研单位有办公用房一栋,房产价值1 000万元。2021年将其中的1/5对外出租,取得不含税年租金收入20万元。已知该地区计算房产余值时减除幅度为30%。该单位年应纳的房产税为(　　　)万元。

　A.2.4　　　　　　B.6　　　　　　C.8.4　　　　　　D.10.8

3.下列项目中应当缴纳房产税的是(　　　)。

　A.高校学生公寓

　B.国家拨付经费的事业单位自己办公用房

　C.个人非营业用房

　D.百货商场用房

4.下列行为中,房屋发生权属变更但不需要缴纳契税的是(　　　)。

　A.房屋抵债　　B.房屋等价交换　　C.房屋赠与　　　　D.房屋出售

5.某企业2022年将一处房产与另一企业互换,该换出的房产价值900万元,换入房产

价值 1 000 万元,按差价补付款 100 万元,当地政府规定契税税率为 3%,则企业应纳契税( )万元。

    A.0   B.3   C.27   D.30

6.居民甲将一处房产赠与居民乙,该房产价值 30 万元,当地契税税率为 5%,则( )。

    A.甲应纳契税 1.5 万元,乙不纳税   B.乙应纳契税 1.5 万元,甲不纳税

    C.甲乙都不需要纳税   D.甲乙需同时缴纳契税,各纳 1.5 万元

7.根据规定,下列行为不属于车辆购置税应税行为的是( )。

    A.购买并使用电车的行为   B.进口自用农用运输车的行为

    C.销售豪华小轿车的行为   D.以获奖方式取得并自用摩托车的行为

8.纳税人购买应税车辆,其车辆购置税的计税依据中不包括( )。

    A.增值税   B.消费税   C.关税   D.价外费用

9.《车船税法》规定应税车船如有租赁关系,拥有人与使用人不一致时,如车辆拥有人未缴纳车船税的,( )应当代为缴纳车船税。

    A.税务机关指定其中一方   B.租赁双方共同

    C.租赁方   D.使用人

10.某小型运输公司 2021 年拥有并且使用以下车辆:(1)整备质量 5 t 的载货卡车 10 辆,税额每吨 50 元;(2)18 座的小型客车 3 辆,年税额每辆 530 元。该公司当年应纳车船税为( )。

    A.5 120 元   B.4 800 元   C.4 090 元   D.4 524 元

四、多项选择题

1.下列属于房产税计征方法的是( )。

    A.从价计征   B.从量计征   C.从租计征   D.复合计征

2.可以成为征收范围内的房产税纳税义务人的有( )。

    A.房屋的产权所有人   B.房屋使用人

    C.房屋承典人   D.房屋代管人

3.根据契税法律制度的规定,下列各项中,应当缴纳契税的有( )。

    A.房屋买卖   B.房屋出租

    C.国有土地使用权出让   D.土地使用权抵押

4.下列关于契税的表述中,正确的有( )。

    A.契税的纳税人为我国境内土地、房屋权属的承受者

    B.契税的征收对象是我国境内转移土地、房屋的权属

    C.契税实行差别比例税率

    D.契税纳税人不包括在我国境内承受土地权属的外国个人

5.我国涉及房地产交易市场的税种有( )。

A. 土地增值税   B. 契税

C. 增值税   D. 城市维护建设税

6. 下列选项中,属于车辆购置税的征税范围的有(　　)。

A. 自行车   B. 电车

C. 农用运输车   D. 排气量超过 150 mL 的摩托车

7. 下列有关车辆购置税计税依据的说法正确的有(　　)。

A. 价外向购买方收取的基金作为价外费用,并入计税价格计税

B. 进口自用小汽车的计税价格里包括消费税

C. 销售单位收取的代收款项,一律计入计税价格

D. 购买者随购买车辆支付的装饰费,并入计税价格

8. 根据车船税法律制度的规定,下列使用中的交通工具,属于车船税征收范围的有(　　)。

A. 小轿车   B. 货船   C. 摩托车   D. 客轮

9. 下列各项中,符合车船税有关规定的有(　　)。

A. 电车,以"整备质量每吨"为计税依据

B. 载货汽车,以"整备质量每吨"为计税依据

C. 载客汽车,以"每辆"为计税依据

D. 船舶,以"净吨位"为计税依据

10. 下列各类在用的车船中,可以享受车船税减免的有(　　)。

A. 人民团体自用的汽车   B. 军队用于出租的富余车辆

C. 警用车船   D. 捕捞、养殖的渔船

五、案例分析

1. 王某自有一处平房,共 16 间,其中用于个人开餐馆的 7 间(房屋原值为 20 万元)。2022 年 1 月 1 日,王某将 4 间出典给李某,取得出典价款收入 12 万元,将剩余的 5 间出租给某公司,每月收取不含税租金 1 万元。已知该地区规定按照房产原值一次扣除 20% 后的余值计税。

要求:计算王某 2022 年应纳房产税。

2. 某企业 2021 年 12 月购入楼房一栋,共支付银行存款 5 000 万元,在同月以价值 500 万元的房屋换入价值 530 万元的仓库,另外接受捐赠房屋,价值 400 万元,当月出售厂房收入 3 600 万元。适用契税税率 5%。

要求:计算该企业应缴纳的契税。

3. 某企业上月购进小轿车 3 辆、卡车 1 辆。每辆车购进价格均为 90 000 元,取得增值税专用发票。企业购进小轿车后,将其中的两辆用于厂部办公用车,另一辆赠送给有特殊贡献的科技专家。卡车购进后在厂区内各车间使用。

要求:分别计算该企业和该专家各应缴纳的车辆购置税。

4. 某企业共有 18 辆机动车, 其中: 食堂用客货两用车 3 辆, 整备质量为 1.5 t; 1 辆为拖拉机, 整备质量 2 t; 5 辆 9 人以上客车用于接送企业职工上下班; 1 辆已经报废; 小轿车 8 辆。年税额如下: 客车 500 元/辆, 小轿车 480 元/辆, 货车 50 元/t。

要求: 计算该公司全年应纳车船税。

知识运用与实训标准答案

第九章 其他税（类）法

【知识点拨】

其他税（类）法主要包括印花税、城市维护建设税、教育费附加（非税征收制度）。本章的重点是印花税、城市维护建设税、教育费附加构成要素及应纳税额的计算，难点是印花税、城市维护建设税、教育费附加的计算。

【知识引读】

"杰作"印花税

公元1624年，荷兰政府发生经济危机，财政困难。当时执掌政权的统治者摩里斯为了解决财政上的需要，拟提出要用增加税收的办法来解决支出的困难，但又怕人民反对，便要求政府的大臣们出谋献策。众大臣议来议去，就是想不出两全其美的妙法来。于是，荷兰的统治阶级就采用公开招标办法，以重赏来寻求新税设计方案，谋求妙策。印花税，就是从千万个应征者设计的方案中精选出来的"杰作"。可见，印花税的产生较之其他税种，更具有传奇色彩。

从1624年世界上第一次在荷兰出现印花税后，由于印花税"取微用宏"，简便易行，欧美各国竞相效法。丹麦在1660年、法国在1665年、美国在1671年、奥地利在1686年、英国在1694年先后开征了印花税。它在不长的时间内，就成为世界上普遍采用的一个税种，在国际上盛行。

从以上引读中可以看出，印花税是一个历史渊源悠长的税种，因其独特的魅力而为大多数国家推行开征。那么什么是印花税？印花税有什么特点？印花税的税制构成要素是怎样的？印花税的应纳税额又是如何计算的？本章内容将对这些问题进行阐述。此外，本章对城市维护建设税及教育费附加也进行了阐述。

第一节 印花税法

一、印花税的含义

印花税是对在中华人民共和国境内书立应税凭证、进行证券交易的单位和个人征收的一种税。应税凭证，是指印花税法所附"印花税税目税率表"列明的合同、产权转移书据和营业账簿。现行印花税的基本规范，是1988年8月6日国务院发布并于同年10月1日实施的《中华人民共和国印花税暂行条例》，自2022年7月1日起施行《中华人民共和国印花税法》

(简称《印花税法》)。

【知识卡片9.1】

中国印花税发展简史

印花税是中国效仿西洋税制的第一个税种。从清光绪十五年(1889年)始,清政府拟开征印花税20余年,虽先后印制了日本版和美国版印花税票,也拟订了"印花税则"十五条,但终未能正式实施。1913年,北洋军阀政府首次开征印花税。1927年国民政府公布了印花税条例。1949年后,中央人民政府政务院于1950年1月发布《全国税政实施要则》,规定印花税为全国统一开征的14个税种之一。1985年简化税制时,印花税被并入工商统一税,印花税不再单独征收。1988年8月6日,中华人民共和国国务院以11号令发布《中华人民共和国印花税暂行条例》,规定重新在全国统一开征印花税。1988年10月1日,正式恢复征收印花税。

二、印花税的特点

印花税不论是在性质上,还是在征税方法方面,都具有不同于其他税种的特点:

(1)兼有凭证税和行为税性质。印花税是对单位和个人书立、领受的应税凭证征收的一种税,具有凭证税性质。另外,任何一种应税经济凭证反映的都是某种特定的经济行为,因此,对凭证征税,实质上是对经济行为的课税。

(2)征税范围广泛。印花税的征税对象包括了经济活动和经济交往中的各种应税凭证,凡书立和领受这些凭证的单位和个人都要缴纳印花税,其征税范围是极其广泛的。

(3)税率低、税负轻。印花税与其他税种相比,税率要低得多,其税负较轻,具有广集资金、积少成多的财政效应。

(4)由纳税人自行完成纳税义务。纳税人通过自行计算、购买并粘贴印花税票的方法,完成纳税义务,并在印花税票和凭证的骑缝处自行盖戳注销或画销,或者由税务机关依法开具其他完税凭证的方式缴纳。这也与其他税种的缴纳方法有较大区别。

【知识卡片9.2】

《印花税法》2022年7月1日起施行

2021年6月10日第十三届全国人民代表大会常务委员会第二十九次会议通过《印花税法》,自2022年7月1日起施行,1988年8月6日国务院发布的《中华人民共和国印花税暂行条例》同时废止。

三、征税对象及范围

印花税的征税对象是《印花税法》列举征税的凭证,未列举的不征税。列举征税的凭证共四大类:

(1)合同,包括买卖合同、承揽合同、建设工程合同、运输合同、技术合同、租赁合同、保管合同、仓储合同、借款合同、融资租赁合同、财产保险合同。

（2）产权转移书据,包括土地使用权出让书据,建筑物和构筑物所有权转让书据,股权转让书据,商标专用权、著作权、专利权、专有技术使用权转让书据。

（3）营业账簿,包括记载"实收资本"与"资本公积"的资金账簿。

（4）证券交易,包括转让在依法设立的证券交易所、国务院批准的其他全国性证券交易场所交易的股票和以股票为基础的存托凭证。

【知识卡片9.3】

中国第一套印花税票

1949年11月,我国发行了新中国第一套印花税票,主图是在两根柱子之间由齿轮和麦穗衬托下的五星红旗飘扬在地球上,称为"旗球图"印花税票。

四、纳税义务人

印花税的纳税义务人是在我国境内书立、领受、使用属于征税范围内所列凭证的单位和个人。

单位和个人,是指国内各类企业、事业、机关、团体、部队以及中外合资企业、合作企业、外资企业、外国公司企业和其他经济组织及其在华机构等单位和个人。按照征税项目划分的具体纳税人是:

（1）立合同人,指合同的当事人,但不包括合同的担保人、证人、鉴定人。

（2）立账簿人,指设立并使用营业账簿的纳税人。

（3）立据人,订立产权转移书据的纳税人。

（4）使用人,在国外书立、领受,但在国内使用的应税凭证,其纳税人是使用人。

注意:凡由两方或两方以上当事人共同书立的应税凭证,其当事人各方都是印花税的纳税人,应分别按照各自涉及的金额分别计算应纳税额,履行纳税义务。

五、税率

印花税税率采用比例税率,分为4档,分别为1‰, 0.3‰, 0.5‰, 0.05‰。其具体规定是:

（1）租赁合同、保管合同、仓储合同、财产保险合同、证券交易的税率为1‰。

（2）买卖合同、承揽合同、建筑工程合同、运输合同、技术合同、商标专用权、著作权、专利权、专有技术使用权的规定税率为0.3‰。

（3）土地使用权出让书据、建筑物和构筑物所有权转让书据(不包括土地承包经营权和土地经营权转移)、股权转让书据(不包括应缴纳证券交易印花税)、营业账簿中记载资金的账簿(减半征收后实际为0.25‰),其税率为0.5‰。

（4）借款合同、融资租赁合同的税率为0.05‰。

【知识卡片9.4】

证券交易印花税政策调整

自2008年9月19日起,证券交易印花税实行单项收取,只对受让方征收,对出让方不再征收。

六、税收优惠

根据税法相关规定，下列凭证免征印花税：

（1）已经缴纳印花税的凭证的副本或者抄本。

（2）财产所有权人将财产赠与政府、学校、社会福利机构、慈善组织书立的产权转移书据。

（3）农民、家庭农场、农民专业合作社、农村集体经济组织、村民委员会购买农业生产资料或者销售农产品书立的买卖合同和农业保险合同。

（4）无息或者贴息借款合同、国际金融组织向中国提供优惠贷款书立的借款合同。

（5）依照法律规定应当予以免税的外国驻华使馆、领事馆和国际组织驻华代表机构为获得馆舍书立的应税凭证。

（6）中国人民解放军、中国人民武装警察部队书立的应税凭证。

（7）非营利性医疗卫生机构采购药品或者卫生材料书立的买卖合同。

（8）个人与电子商务经营者订立的电子订单。

根据国民经济和社会发展的需要，国务院对居民住房需求保障、企业改制重组、破产、支持小型微型企业发展等情形可以规定减征或者免征印花税，报全国人民代表大会常务委员会备案。

【知识问答9.1】

副本或者抄本作为正本使用的是否需贴花？

答：副本或者抄本作为正本使用的，应另行贴花。

七、应纳税额的计算

（一）计税依据

印花税实行从价计征征收方法。

从价计税情况下计税依据的确定：

（1）应税合同的计税依据，为合同所列的金额，不包括列明的增值税税款，价款或者报酬与增值税税款未分开列明的，按照合计金额确定。

（2）产权转移数据以书据中所载的金额为计税依据，不包括列明的增值税税款，价款与增值税税款未分开列明的，按照合计金额确定。

（3）记载资金的营业账簿，以账簿记载的实收资本（股本）和资本公积的合计金额为计税依据。

（4）证券交易以成交金额为计税依据。

（5）应税合同、产权转移书据未列明金额的，印花税的计税依据按照实际结算的金额确定。

计税依据按照前款规定仍不能确定的,按照书立合同、产权转移书据时的市场价格确定;依法应当执行政府定价或者政府指导价的,按照国家有关规定确定。

(二)应纳税额的计算公式

纳税人的应纳税额按照计税依据乘以适用税率计算。其计算公式是:

$$应纳税额 = 计税金额 × 适用税率$$

(三)计算印花税应纳税额应当注意的问题

(1)已缴纳印花税的营业账簿,以后年度记载的实收资本(股本)、资本公积合计金额比已缴纳印花税的实收资本(股本)、资本公积合计金额有增加的,按照增加部分计算应纳税额。

(2)同一应税凭证因载有两个或两个以上经济事项而适用不同税率,如分别载有金额的,应分别计算应纳税额,相加后按合计税额贴花;如未分别记载金额的,按税率高的计算应纳税额。

【知识卡片9.5】

印花税票票面金额

印花税票为有价证券,印花税票是缴纳印花税的完税凭证,由国家税务总局负责监制。其票面金额以人民币为单位,分为壹角、贰角、伍角、壹元、贰元、伍元、拾元、伍拾元、壹佰元9种。

【案例9.1】

某开发区企业2021年7月开业,注册资金500万元,当年发生以下业务事项:

(1)建立公司账务,共设7个营业账簿,其中记载资金的账簿所载实收资本为500万元,资本公积为10万元。

(2)签订买卖合同1份,所载金额为200万元(不含增值税)。

(3)签订借款合同1份,所载金额共计100万元。

请计算该企业2021年7月应缴纳的印花税额。

解析:(1)设立账簿及资金账簿应纳印花税 = (5 000 000 + 100 000) × 0.5‰ × 50% = 1 275(元)

(2)签订买卖合同应纳印花税 = 2 000 000 × 0.3‰ = 600(元)

(3)签订借款合同应纳印花税 = 1 000 000 × 0.05‰ = 50(元)

该企业2021年7月应缴纳印花税 = 1 275 + 600 + 50 = 1925(元)

【案例9.2】

某房地产企业2021年9月有关业务如下:收取股东投入资本,实收资本增加500万元;与HL代理公司签订代理销售商品房合同,按实际成交价的3‰支付代理费用;签订广告合同2份,共计金额不含增值税50万元。请计算该房地产企业2021年9月应缴纳的印花税额。

解析：(1)实收资本增加应纳印花税 = 5 000 000 × 0.5‰ × 50% = 1 250(元)

(2)与 HL 代理公司签订代理销售商品房合同不属于印花税征税范围。

(3)签订广告合同应纳印花税 = 500 000 × 0.3‰ = 150(元)

该房地产企业 2021 年 9 月应缴纳印花税 = 1 250 + 150 = 1 400(元)

八、征收管理

(一)纳税方法

印花税由纳税人根据国家税法的规定,分别采用自行贴花、汇贴汇缴、委托代征三种缴纳方法。

(1)纳税人自行纳税(自行贴花),即实行"三自"纳税,纳税人在书立、领受应税凭证时,自行计算应纳印花税额,向当地纳税机关或印花税票代售点购买印花税票,自行在应税凭证上一次贴足印花并自行注销。

(2)汇贴汇缴。一份凭证应纳税额超过 500 元的,纳税人应当向当地税务机关申请填写缴款书或完税证,将其中一联粘贴在凭证上或者税务机关在凭证上加注完税标记代替贴花。同一类应税凭证,需频繁贴花的,纳税人应向当地税务机关申请按期汇总缴纳印花税。税务机关对核准汇总缴纳的单位,应发给汇缴许可证,汇总缴纳的限期限额由当地税务机关确定,但最长期限不得超过一个月。凡汇总缴纳印花税的凭证,应加注税务机关指定的汇缴戳记、编号并装订成册后,将已贴印花或者缴款书的一联黏附册后,盖章注销,保存备查。采用按期汇总申报缴纳方式的,一年内不得改变。

(3)委托代征。为加强征收管理,简化手续,印花税可以委托有关部门代征,实行源泉控管。对通过国家有关部门发放、鉴证、公证或仲裁的应税凭证,税务部门可以委托这些部门代征印花税,发给代征单位代征委托书,明确双方的权利和义务。印花税由纳税人根据规定自行计算应纳税额,购买并一次贴足印花税票,缴纳税款。纳税人向税务机关购买印花税票,就税务机关来说,印花税票一经售出,国家就取得印花税收入;但就纳税人来说,购买了印花税票,不等于履行了纳税义务,纳税人需将印花税票粘贴在应税凭证后,并按规定的办法给予注销。

【知识卡片9.6】
印花税票的防伪措施及 2021 年版印花税票
《中国共产党领导下的税收事业发展》发行

印花税票采用以下防伪措施:一是采用哑铃异形齿孔,左右两边居中;二是图内红版全部采用特制防伪油墨;三是每张喷有 7 位连续墨号;四是其他技术及纸张防伪措施。同时,为庆祝中国共产党建党 100 周年,国家税务总局正式发行 2021 年版中国印花税票《中国共产党领导下的税收事业发展》。这套印花税票以百年党史为背景,总结展示党的领导下我国税收事业发展的光辉历程、巨大成就和宝贵经验。

图 9.1　2021 年版中国印花税票《中国共产党领导下的税收事业发展》

（二）纳税地点

纳税人为单位的，应当向其机构所在地的主管税务机关申报缴纳印花税。

纳税人为个人的，应当向应税凭证书立地或者纳税人居住地的主管税务机关申报缴纳印花税。

不动产产权发生转移的，纳税人应当向不动产所在地的主管税务机关申报缴纳印花税。

纳税人为境外单位或者个人，在境内有代理人的，以其境内代理人为扣缴义务人；在境内没有代理人的，由纳税人自行申报缴纳印花税，具体办法由国务院税务主管部门规定。

证券登记结算机构为证券交易印花税的扣缴义务人，应当向其机构所在地的主管税务机关申报解缴税款以及银行结算的利息。

（三）纳税申报

印花税的纳税义务发生时间为纳税人书立应税凭证或者完成证券交易的当日。证券交易印花税扣缴义务发生时间为证券交易完成的当日。

印花税按季、按年或者按次计征。实行按季、按年计征的，纳税人应当自季度、年度终了之日起 15 日内申报缴纳税款；实行按次计征的，纳税人应当自纳税义务发生之日起 15 日内申报缴纳税款。证券交易印花税按周解缴。证券交易印花税扣缴义务人应当自每周终了之日起 5 日内申报解缴税款以及银行结算的利息。

印花税纳税单位的各项应税凭证在书立、领受时贴花完税。对实行印花税汇总缴纳的单位，按规定报送财产和行为税纳税申报表以及印花税税源明细表，见表 7.2 和表 9.1。

印花税纳税单位使用印花税票贴花完税的，使用缴款书缴纳税款完税的，以及在书立应税凭证时由监督代售单位监督贴花完税的,其凭证完税情况均应进行申报。

表 9.1　印花税税源明细表

纳税人识别号(统一社会信用代码):□□□□□□□□□□□□□□□□□□

纳税人名称:

金额单位:人民币元(列至角分)

序号	*税目	*税款所属期起	*税款所属期止	应纳税凭证编号	应纳税凭证书立(领受)日期	*计税金额或件数	核定比例	*税率	减免性质代码和项目名称
				按期申报					
1									
2									
3									
				按次申报					
1									
2									
3									

第二节　城市维护建设税法

一、城市维护建设税的含义

城市维护建设税(简称"城建税")是在中华人民共和国境内对缴纳增值税、消费税的单位和个人征收的一种税。因此,这是一种具有附加性质的税种。我国开征城市维护建设税的目的是加强城市的维护建设,扩大和稳定城市维护建设资金。

【知识卡片9.7】

城市维护建设税的发展

城市维护建设税是 1984 年我国工商税制全面改革中设置的一个新税种。1985 年 2 月 8 日,国务院发布《中华人民共和国城市维护建设税暂行条例》,从 1985 年起施行。2020 年 8 月 11 日第十三届全国人民代表大会常务委员会第二十一次会议通过《中华人民共和国城市维护建设税法》,自 2021 年 9 月 1 日起施行,1985 年 2 月 8 日国务院发布的《中华人民共和国城市维护建设税暂行条例》同时废止。

二、城市维护建设税的特点

城市维护建设税与其他税种相比较,具有以下特点:

(1)税款专款专用,具有受益税的性质。城市维护建设税专款专用,用来保证城市的公共事业和公共设施的维护和建设。

（2）属于一种附加税。城市维护建设税与其他税种不同，没有独立的征税对象或税基，而是以增值税、消费税"两税"实际缴纳的税额之和为计税依据，随"两税"同时附征，本质上属于一种附加税。

（3）根据城建规模设计税率。城市维护建设税根据城建规模不同，差别设置税率，较好地照顾了城市建设的不同需要。

（4）征收范围较广。鉴于增值税、消费税在我国现行税制中属于主体税种，而城市维护建设税又是其附加税，故征收范围较广。

三、征税对象及范围

城市维护建设税的征税对象为纳税人实际缴纳的增值税、消费税的税额。城市维护建设税征税范围比较广，具体包括城市、县城、建制镇以及税法规定征收"两税"的其他地区。

四、纳税义务人

城市维护建设税的纳税人是在征税范围内从事工商经营，并缴纳消费税、增值税的单位和个人。

但是，个体商贩及个人在集市上出售商品，对其征收临时经营的增值税，是否同时按其实缴税额征收城市维护建设税，由各省、自治区、直辖市人民政府根据实际情况确定。

五、税率

城市维护建设税实行的是地区差别税率，按纳税人所在地不同，分别规定如下：

（1）纳税人所在地在城市市区的税率为7%。

（2）纳税人所在地在县城、镇的税率为5%。

（3）纳税人所在地不在市区、县城或镇的税率为1%。

纳税人所在地，是指纳税人住所地或者与纳税人生产经营活动相关的其他地点，具体地点由省、自治区、直辖市确定。

六、税收优惠

城市维护建设税的税收减免具体有如下规定：

（1）对海关进口产品代征的增值税、消费税，不征收城市维护建设税。

（2）对出口产品退还增值税、消费税的，免进口的城市维护建设税，不退还出口环节已征收的城市维护建设税。

（3）因减免须进行"两税"退库的，城市维护建设税也可以同时退库。

（4）对"两税"实行先征后返、先征后退、即征即退办法的，除另有规定外，随"两税"一同缴纳的城市维护建设税，一律不予以退（返）还。

（5）城市维护建设税原则上不单独减免，但因城市维护建设税又具有附加税性质，当主税发生减免时，城市维护建设税相应发生税收减免。

根据国民经济和社会发展的需要，国务院对重大公共基础设施建设、特殊产业和群体以及重大突发事件应对等情形可以规定减征或者免征城市维护建设税,报全国人民代表大会常务委员会备案。

【知识问答9.2】

海关对进口产品代征增值税、消费税,是否代征城市维护建设税?

答:海关对进口产品代征增值税、消费税的,不征收城市维护建设税。

七、应纳税额的计算

(一)计税依据

城市维护建设税是以纳税人实际缴纳的增值税、消费税税额为计税依据,应当按照规定扣除期末留抵退税退还的增值税税额,纳税人因违反"两税"有关税法而加收的滞纳金和罚款不包含在内。

依法实际缴纳的两税税额,是指纳税人依照增值税、消费税法律法规和税收政策规定计算的应当缴纳的两税税额(不含因进口货物或境外单位和个人向境内销售劳务、服务、无形资产缴纳的两税税额),加上增值税免抵税额,扣除直接减免的两税税额和期末留抵退税退还的增值税税额后的金额。

直接减免的两税税额,是指依照增值税、消费税相关法律法规和税收政策规定,直接减征或免征的两税税额,不包括实行先征后返、先征后退、即征即退办法退还的两税税额。

城市维护建设税计税依据的具体确定办法,由国务院依据本法和有关税收法律、行政法规规定,报全国人民代表大会常务委员会备案。

(二)应纳税额的计算公式

应纳税额 = (实际缴纳的增值税额 + 实际缴纳的消费税额) × 适用税率

【案例9.3】

惠州市惠城区某企业1月份应当缴纳的增值税6 000元,实际缴纳增值税5 180元,应当缴纳的消费税2 500元,实际缴纳的消费税2 060元。请计算该企业当月应纳城市维护建设税。

解析:该企业应纳城市维护建设税 = (5 180 + 2 060) × 7% = 506.8(元)

【案例9.4】

地处某县城的企业,2021年12月份应当缴纳增值税130万元,其中因符合有关政策规定而退库10万元;实际缴纳消费税40万元,因故被加收的滞纳金0.35万元。请计算该企业应缴纳的城市维护建设税。

解析:该企业应纳城市维护建设税 = (130 - 10 + 40) × 5% = 8(万元)

八、征收管理

城市维护建设税的征收管理、纳税环节等事项,比照消费税、增值税的有关规定办理。

（一）纳税地点

根据税法规定的原则,针对一些比较复杂并有特殊性的纳税地点问题,财政部和国家税务总局做了如下规定:

(1)纳税人直接缴纳"两税"的,在缴纳"两税"地缴纳城市维护建设税。

(2)代扣代缴的纳税地点。代征、代扣、代缴消费税、增值税的企业单位,同时也要代征、代扣、代缴城市维护建设税。如果没有代征、代扣、代缴城市维护建设税的,应由纳税单位或个人回到其所在地申报纳税。

(3)银行的纳税地点。各银行缴纳的增值税,均由取得业务收入的核算单位在当地缴纳。即:县以上各级银行直接经营业务取得的收入,由各级银行分别在所在地纳税;县和设区的市,由县支行或区办事处在其所在地纳税,而不能分别按所属营业所的所在地计算纳税。

（二）纳税期限

同增值税、消费税的纳税期限一致,在缴纳增值税、消费税的同时缴纳城市维护建设税。城市维护建设税纳税人应按期申报纳税,并如实填写增值税及附加税费申报表。

第三节　教育费附加、地方教育费附加

一、教育费附加的含义

教育费附加是以单位和个人缴纳的增值税、消费税税额为计算依据征收的一种附加费,教育费附加属于非税征收制度的范畴。

【知识卡片9.8】

非税征收制度

非税征收制度是指由税务机关负责征收的非税财政收入性质的行为规范。按国务院有关规定,现行由税务机关组织征收的非税财政收入包括教育费附加、文化事业建设费,以及各省、自治区、直辖市人民政府征收的社会保险费、地方教育附加,它们虽称为费,但也具备税收的性质。

二、征税范围及计税依据

教育费附加对缴纳增值税、消费税的单位和个人征收,以其实际缴纳的增值税、消费税税额为计税依据。

三、计征比率

教育费附加计征比率为3%,地方教育费附加计征比率为2%。

四、税收优惠

教育费附加优惠政策有如下规定:

(1)对海关进口产品代征的增值税、消费税,不征收教育费附加。

(2)对出口产品退还增值税、消费税的,不退还已征收的教育费附加。

(3)因减免须进行"两税"退库的,教育费附加也可以同时退库。

(4)对"两税"实行先征后返、先征后退、即征即退办法的,除另有规定外,随"两税"一同缴纳的教育费附加,一律不予以退(返)还。

(5)教育费附加原则上不单独减免,但因教育费附加又具有附加税性质,当主税发生减免时,教育费附加相应发生税收减免。

(6)对新办的企业,当年新招用的下岗失业人员,并与其签订1年以上期限劳动合同并购买基本保险的,经劳动保障部门认定、税务机关审核,3年内免征部分教育费附加。

【知识卡片9.9】

月销售额不超过10万元纳税义务人免征教育费附加

根据规定,自2016年2月1日起,教育费附加、地方教育附加、水利建设基金的免征范围由月销售额不超过3万元的缴纳义务人,扩大到月销售额不超过10万元的缴纳义务人。免征政策长期有效。自2021年4月1日至2022年12月31日,对月销售额15万元(含)以下的增值税小规模纳税人免征教育费附加,此政策为疫情阶段性减免政策。

五、教育费附加的计算

教育费附加的计算公式为:

应纳教育费附加 = (实际缴纳的增值税额 + 实际缴纳的消费税额) × 征收比率

【案例9.5】

某市区一企业2021年12月实际缴纳增值税30万元、消费税25万元。请计算该企业应纳的教育费附加。

解析:该企业应纳教育费附加 = (30 + 25) × 3% = 1.65(万元)

【本章小结】

本章阐述了其他税(类)法,主要包括印花税、城市维护建设税、教育费附加的构成要素及应纳税额的计算。通过本章的学习,学生能够熟练而准确地进行相应应纳税额的计算并能够进行纳税申报。

知识运用与实训

一、名词解释

印花税 城市维护建设税 教育费附加

二、简答题

1. 简要说明印花税的征税对象及范围。

2. 简要说明城市维护建设税的征税对象及范围。

三、单项选择题

1. 根据印花税法律制度的规定,下列各项中,不属于印花税征税范围的有(　　　)。

　A. 土地使用权出让合同　　　　　　B. 土地使用权转让合同

　C. 商品房销售合同　　　　　　　　D. 不动产权证

2. 根据印花税法律制度的规定,下列各项中,属于印花税纳税人的是(　　　)。

　A. 合同的代理人　B. 合同的担保人　C. 合同的书立人　D. 合同的鉴定人

3. 甲企业与乙企业签订一份技术开发合同,记载金额共计500万元。该合同甲、乙各持一份,则甲、乙应纳印花税为(　　　)。

　A.1 550 元　　　　B.3 000 元　　　　C.1 740 元　　　　D.2 500 元

4. 下列关于城市维护建设税的说法正确的是(　　　)。

　A. 城市维护建设税的计税依据是纳税人实际缴纳的"两税"税额

　B. 外商投资企业和外国企业不需要征收城市维护建设税

　C. 进口货物要征收城市维护建设税

　D. 纳税人因违反"三税"有关税法而加收的滞纳金,要作为城市维护建设税的计税依据

5. 下列关于教育费附加的说法正确的是(　　　)。

　A. 免征或减征"两税"的,同时免征或减征教育费附加

　B. 出口产品退还增值税、消费税的,也退还已经缴纳的教育费附加

　C. 经国家税务总局批准的当期免抵增值税额不属于教育费附加的计税范围

　D. 进口货物要征收教育费附加

四、多项选择题

1. 下列各项中,应当征收印花税的项目有(　　　)。

　A. 承揽合同　　　B. 法律咨询合同　　　C. 技术合同　　　D. 仓储合同

2. 以下税率中属于印花税适用税率的有(　　　)。

　A. 万分之零点五　B. 万分之零点三　　C. 千分之五　　　D. 千分之一

3. 印花税的征收方式有(　　)。

 A. 委托代征　　　　B. 汇贴汇缴　　　　C. 代扣代缴　　　　D. 自行贴花

4. 城建税纳税人下列项目中,可以作为城建税计税依据的有(　　)。

 A. 增值税税金　　B. 补缴的消费税　　C. 增值税滞纳金　　D. 消费税罚款

5. 下列企业属于城市维护建设税纳税人的有(　　)。

 A. 缴纳增值税的国有企业　　　　　　B. 缴纳消费税的个体工商户

 C. 缴纳消费税的外商投资企业　　　　D. 缴纳增值税的私营企业

五、案例分析

1. 某公司于 2021 年 12 月 27 日与北京富华大厦签订办公写字楼租赁协议,租用写字间 2 000 m²,每平方米月租金 120 元(不含增值税),租期 4 年。

要求:计算该公司应纳印花税。

2. 某单位与青联公司签订厂房租赁协议,将 500 m² 的厂房租赁给青联公司使用,租期 2 年,年租金 50 万元(不含增值税)。在合同执行一年以后,出于特殊原因,双方解除了合同。于是某单位申请税务机关对多缴纳的印花税予以退税,或者将多缴并已经画销的揭下后再用。

问:(1)税务机关是否可以退税? 为什么?

(2)已经贴用画销的印花税票是否可以揭下后再用? 为什么?

知识运用与实训标准答案

下 编

税收程序法

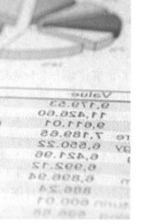

第十章 税收征收管理法

【知识点拨】

　　税收征收管理是税务机关代表国家行使征税权,对日常税收活动进行有计划的组织、指挥、控制和监督的活动,是对纳税人履行纳税义务采用的一种管理、征收和检查行为,是实现税收职能的必要手段。税收征管包括税务登记、发票管理、纳税申报、税款征收、税务检查和法律责任等环节。税收征收管理法是我国税法体系的重要组成部分,是有关税收征收管理等方面的法律规范的总称,包括《税收征收管理法》及税收征收管理的有关法律、法规和规章,主要内容有管理、征收和检查。其重点是税务管理、税款征收和税务违法处理,难点是税务违法处理。

【知识引读】

小林创业开办公司的疑问

　　在大众创业、万众创新的时代背景下,大学毕业的小林选择了创业,筹钱开办了公司。他知道开办公司要先去工商局进行注册登记,但接着他产生了一系列的疑问:到工商局办理了营业执照还要不要去税务局登记办理税务登记证呢? 接下来开展业务客户要求开发票,怎么领取发票并开具呢? 有了收入要按规定纳税,目前没有收入要不要报税呢? 纳税申报具体有什么要求和规定呢? 如果没有按时缴税或者少缴税会被处罚吗? 后来小林了解到,税务机关都是根据《税收征收管理法》来管理企业的涉税行为的,《税收征收管理法》规定了征纳双方的权利和义务,作为纳税人要按规定进行税务登记、发票领取、纳税申报等,如果违反了规定,就要受到相应的处罚。

　　从上面的引读中可以思考:关于税务登记、发票管理、纳税申报具体有哪些规定? 本章将对这些问题进行阐述,同时还对税款征收、税务检查、税务违法处理进行阐述。

第一节 税务管理

　　税务管理是税务机关在税收征收管理中对征纳过程实施的基础性的管理制度和管理行为,包括税务登记、账证管理和纳税申报等服务。税务管理是整个税收征管工作的基础环节,是做好税款征收和税务检查的前提。

一、税务登记

　　税务登记是税务机关对纳税人的生产、经营活动进行登记并据此对纳税人实施纳税管理的一种法定制度。税务登记又称纳税登记，它是税务机关对纳税人实施税收管理的首要环节和基础工作，是征纳双方法律关系成立的依据和证明，也是对纳税人必须依法履行纳税义务的情况进行监督和管理；同时也有利于增强纳税人依法纳税的观念，保护纳税人的合法权益。

（一）开业税务登记

开业税务登记，是指纳税人依法成立并经工商行政管理登记后，为确认其纳税人的身份、纳入国家税务管理体系而到税务机关进行的登记。

（1）开业登记的对象。根据有关规定，需要办理开业登记的纳税人可以分为以下两类：

①取得营业执照从事生产、经营的纳税人。具体包括企业、企业在外地设立的分支机构和从事生产、经营的场所，个体工商户及从事生产、经营的事业单位。

②除国家机关、个人和无固定生产、经营场所的流动性农村小商贩外，其他负有纳税义务的纳税人。

（2）开业登记的时间和地点。从事生产、经营的纳税人，应当自领取营业执照之日起30日内，向生产、经营地或者纳税义务发生地的主管税务机关申报办理税务登记，如实填写税务登记表并按照税务机关的要求提供有关证件、资料。

除国家机关、个人及上述以外的其他纳税人，应当自纳税义务发生之日起30日内，持有关证件向所在地主管税务机关办理税务登记。

（3）开业登记的内容。税务登记的内容，必须真实、完整地反映纳税人的生产经营情况及其他与纳税相关的事项。登记的内容主要是通过纳税人填写税务登记表来体现的，税务登记表包括以下内容：纳税人名称、法定代表人或者业主姓名及其居民身份证、护照或者其他证明身份的合法证件；纳税人住所、经营地点；经济类型或经济性质、核算方式、分支机构、隶属关系；行业、经营范围、经营方式；注册资金（资本）、投资总额、开户银行及账号；生产经营期限、从业人数；财务负责人、办税人员姓名、职务；其他有关事项。

【知识卡片10.1】

"三证合一""五证合一"——注册登记制度的改革

目前企业注册登记制度正逐步改革，简化了原来要跑多个部门（工商、税务、质监等），办多种证照（工商营业执照、税务登记证、组织机构代码证等）的流程。自2015年10月1日起，政府全面实施"三证合一、一照一码"注册登记制度。"三证合一"指的是：营业执照、组织机构代码证、税务登记证，统一换发带有社会信用代码的新版营业执照。即纳税人先到工商部门办理营业执照，然后工商部门通过信息共享平台，把信息共享给税务部门，纳税人再拿营业执照到税务部门报到确认办理开业登记、领取发票、办理一般纳税人认定等后续手续。

"三证合一"并非将税务登记取消了，税务登记的法律地位仍然存在，只是政府简政放权将此环节改为由工商行政管理部门一口受理，核发一个加载法人和其他组织统一社会信用代码营业执照（该18位"统一社会信用代码"既是企业的工商登记号，又是税务登记号），这个营业执照在税务机关完成信息补录后具备税务登记证的法律地位和作用。

自 2016 年 10 月 1 日起,政府又开始全面实施"五证合一、一照一码"登记制度,五证合一指的是:营业执照、组织机构代码证、税务登记证、社会保险登记证和统计登记证"五证合一"的登记制度。

(二)变更税务登记

变更税务登记是指纳税人在办理税务登记后,原登记的内容发生变化时向原税务机关申报办理的税务登记。

(1)变更登记的范围。纳税人办理税务登记后,如发生下列情形之一,应当办理变更税务登记:改变名称、改变法定代表人、改变经济性质或经济类型、改变住所和经营地点(不涉及主管税务机关变动的)、改变生产经营或经营方式、增减注册资金(资本)、改变隶属关系、改变生产经营期限、改变或增减银行账号、改变生产经营权属及改变其他税务登记内容的。

(2)变更登记时间。从事生产、经营的纳税人,税务登记内容发生变化的,自工商行政管理机关办理变更登记之日起 30 日内持有关证件向原税务机关申报办理变更税务登记。不需要在工商行政管理部门办理注册登记的,应当自有关机关批准变更或发布变更之日起 30 日内持有关证件向原税务机关申报办理变更税务登记。

(三)注销税务登记

注销税务登记是指纳税人由于出现法定情形终止纳税义务时,向原税务机关申报办理注销税务登记手续。办理注销税务登记手续后,该当事人不再接受原税务机关的管理。

(1)注销登记的范围。纳税人发生以下情形的,向主管税务机关申报办理注销税务登记:

①纳税人发生解散、破产、撤销以及其他情形,依法终止纳税义务的。

②按规定不需要在工商行政管理机关或者其他机关办理注销登记的,但经有关机关批准或者宣告终止的。

③纳税人被工商行政管理机关吊销营业执照或者被其他机关予以撤销登记的。

④纳税人因住所、经营地点变动,涉及改变税务登记机关的。

⑤境外企业在中国境内承包建筑、安装、装配、勘探工程和提供劳务的,项目完工、离开中国的。

(2)注销登记的时间。按照规定不需要在工商行政管理机关办理注册登记的纳税人,应当自有关机关批准或者宣告终止之日起 15 日内,向原税务机关申报办理注销税务登记;纳税人住所、经营场所变动而涉及改变原主管税务机关的,应当向在工商行政管理机关申请办理变更或注销登记前或者住所、生产、经营场所变动前,向原税务登记机关办理注销税务登记,并在 30 日内向迁达地主管税务机关申报办理税务登记;纳税人被工商行政管理机关吊销营业执照的,应当自营业执照吊销之日起 15 日内,向原税务登记机关申报办理注销税务登记。境外企业在中国境内承包建筑、安装、装配、勘探工程和提供劳务的,应当在项目完工、离开中国前 15 日内,持有关证件和资料,向原税务登记机关申报办理注销税务登记。

纳税人在办理注销税务登记前,应当向税务机关提交相关证明文件和资料,结清应纳税款、多退(免)税款、滞纳金和罚款,缴销发票、税务登记证件和其他税务证件,经税务机关核准后,办理注销税务登记手续。

【知识卡片10.2】

纳税信用等级知多少？

　　纳税信用等级是对企业类纳税人信用状况进行的评价，税务部门每年依据企业类纳税人在涉税事项方面的遵从能力、实际结果和失信程度等情况，按照近100项评价指标，对其信用状况进行评价，由高到低分为A，B，M，C，D五级。

　　纳税信用等级就像一张成绩单，若纳税人获得一个优秀的级别分数，就有资格向税务部门换福利。若被评为A级纳税人，领取发票将更加方便，如一般纳税人可单次领取3个月的增值税发票用量；办理出口退税和资源综合利用退税时也将为其简化程序，提高资金流转效率，节省经营成本；此外国家税务总局还与人民银行、财政部等多个部门联动合作，例如推出"银税互动"产品，可使纳税信用级别轻松"变现"为无抵押贷款。当然，信用级别低的纳税人也有相应的处罚。近年来，税务部门定期按照信用信息目录，向全国信用信息共享平台推送A级纳税人名单、税收违法"黑名单"等税务领域信用信息，并联合金融、公安、市场监管、海关等部门实施守信联合激励、失信联合惩戒，让守信者处处受益，失信者处处受限。

二、账簿、凭证的管理

　　账簿、凭证管理是税收征收管理中的一项基础性工作，是税收征收管理中一个十分重要的环节，加强账簿、凭证管理，是《税收征收管理法》赋予税务机关的权利，也是要求纳税人和扣缴义务人履行的义务。

（一）账簿、凭证管理

　　1.账簿、凭证的设置

　　（1）从事生产、经营的纳税人自领取营业执照之日起15日内设置账簿。

　　（2）扣缴义务人应当自扣缴义务发生之日起10日内，按照所代扣、代收的税种，分别设置代扣代缴、代收代缴税款账簿。

　　（3）生产、经营规模小又确无建账能力的纳税人，可以聘请经批准从事会计代理记账业务的专业机构或者经税务机关认可的财会人员代为建账和办理账务；聘请上述机构或者人员有实际困难的，经县以上税务机关批准，可以按照税务机关的规定，建立收支凭证粘贴簿、进货销货登记簿或者使用税控装置。

　　2.账簿、凭证的备案

　　从事生产、经营的纳税人应当自领取税务登记证之日起15日内，将其财务、会计制度和具体的财务、会计处理办法和会计核算软件，报送税务机关备案。纳税人、扣缴义务人采取电子计算机记账的，应当将其使用的记账软件、程序和使用说明书及有关资料报送主管税务机关备案。

　　3.账簿和凭证的保管

　　纳税人、扣缴义务人对各类账簿、会计凭证、报表、完税凭证及其他有关纳税资料应当保存10年。但是法律、行政法规另有规定的除外。

【案情设定】

未按规定报送财务管理办法的后果

某街道 2021 年 4 月成立一物资公司,属集体企业。公司成立后,内部制定了《某物资公司财务管理办法》,办法中规定了记账方法、核算制度以及税前列支标准、税后分配等内容。2021 年 6 月,税务机关对企业进行检查时发现该物资公司擅自制定财务制度的问题,遂立即告知该物资公司财务人员和负责人:按税法要求,公司建立财会制度及处理办法应当报送税务机关备查,责令该物资公司 5 日内将《某物资公司财务管理办法》及有关财务工作的其他措施报送税务机关备查。当时该公司负责人以本公司制定的财务管理办法还不完善为由说待修改后再报税务机关。过了两个月,该物资公司仍未将其财务管理办法报送税务机关。税务机关派员前去通知,该公司领导仍未能交出财务管理办法。9 月,税务机关做出决定,责令该物资公司 5 日内将其财务管理办法报送税务机关,并处以 500 元罚款。

(二)发票管理

税务机关是发票的主管机关,负责发票印制、领购、开具、取得、保管、缴销的管理和监督。

(1)发票印制管理。增值税专用发票由国务院税务主管部门确定的企业印制;其他发票,按照国务院税务主管部门的规定,由省、自治区、直辖市税务机关确定的企业印制。禁止私自印制、伪造、变造发票。

【知识卡片 10.3】

"互联网+"时代下的开票新形式

为了促进发票开具方式的升级和进步,国家税务总局出台的《网络发票管理办法》从 2013 年 4 月 1 日起实施,提出了推广试行网络电子发票。由于电子发票不需要纸质载体,没有印刷、打印、存储和邮寄等成本,其领用、开具、查验等可以通过电子发票管理系统在互联网上进行,具有高效环保、简单易用、成本低廉、开具方便等特点。纳税人只需在网上开具发票,消费者可直接自行打印发票,极大地方便了纳税人办理业务。电子发票的法律效力、基本用途、基本使用规定等与税务机关监制的增值税普通发票相同,可以报销入账。

目前,微信平台也上线了"微信闪开发票"功能、"发票小助手"小程序等功能,消费者只要用手机扫描商家提供的二维码,然后确认自己的发票信息,就能直接开具发票。消费者可以在微信、网站等各平台下载自己的发票,易保存、易查询、方便报销。

(2)发票领购管理。纳税人首次领用发票,可以通过"非接触式"方式办理,即纳税人可登录电子税务局后,选择进入"新办纳税人套餐",填写完成相关税务信息报告后,根据系统提示,完成"发票票种核定""增值税税控系统专用设备初始发行"和"发票申领"等业务申请。税务机关审批完成后,即可领用发票。需要临时使用发票的单位和个人,可以凭购销商品、提供或者接受服务以及从事其他经营活动的书面证明、经办人身份证明,直接向经营地税务机关代开发票。税务机关对外省、自治区、直辖市来本辖区从事临时经营活动的单位和个人申请领购发票的,可以要求其提供保证人或者交纳不超过 1 万元的保证金,并限期缴销发票。税务机关收取保证金应当开具资金往来结算票据。

（3）发票开具、使用、取得管理。单位、个人在购销商品、提供或者接受经营服务以及从事其他经营活动中,应当按照规定开具、使用、取得发票。

【知识卡片 10.4】

区块链电子发票知多少?

区块链电子发票是深圳市税务局、腾讯公司在"智税"创新实验室的一项重要落地产品,区块链电子发票是"智税"创新实验室重点项目之一。

采用区块链电子发票,经营者可以在区块链上实现发票申领、开具、查验、入账;消费者可以实现链上储存、流转、报销;对于税务监管方、管理方的税务局而言,则可以达到全流程监管,实现无纸化智能税务管理。此外,区块链电子发票还具有降低成本、简化流程、保障数据安全和隐私的优势。同时,区块链电子发票具有全流程完整追溯、信息不可篡改等特性,与发票逻辑吻合,能够有效规避假发票。

据了解,对消费者而言,传统发票在完成交易后需等待商家开票并填写报销单,经过报销流程才能拿到报销款。对商户而言,传统发票在消费者结账后需安排专人开票,开票慢、开错票又容易影响消费体验和口碑。采用区块链电子发票后,消费者结账后即可通过微信一键申请开票、存储、报销,且报销状态实时可查,免去了烦琐的流程,实现"交易即开票,开票即报销"。2018 年 8 月 15 日,全国首张区块链电子发票在深圳国贸旋转餐厅开出,宣告深圳成为全国区块链电子发票首个试点城市。而深圳市税务局最新数据显示,截至 2021 年 3 月底,深圳共开具区块链电子发票超 4 700 万张,总开票金额超 600 亿元,日均开票量突破 12 万张。目前已覆盖批发零售、酒店餐饮、港口交通、房地产、互联网、医疗等百余行业,超 2.5 万家企业接入。

（4）发票保管管理。开具发票的单位和个人应当建立发票使用登记制度,设置发票登记簿,并定期向主管税务机关报告发票使用情况。开具发票的单位和个人应当按照税务机关的规定妥善存放和保管发票,不得擅自销毁。已开具的发票存根联和发票登记簿应当保存 5 年。保存期满,报经税务机关查验后销毁。

（5）发票缴销管理。按期缴销发票的,解除保证人的担保义务或者退还保证金;未按期缴销发票的,由保证人或者以保证金承担法律责任。

【知识卡片 10.5】

"全电发票",开启财经管理的数字化时代

2021 年 2 月 22 日,国家档案局等四部门联合发布了《关于进一步扩大增值税电子发票电子化报销、入账、归档试点工作的通知》,有关增值税电子发票全流程试点进一步扩大。2021 年 12 月 1 日,广东、内蒙古、上海税务机关相继发布《关于开展全面数字化的电子发票试点工作的公告》,发票全面数字化、电子化试点开始,"全电发票"时代来临。

三、纳税申报

纳税申报是纳税人在发生纳税义务后,按照税法规定的期限和内容向主管税务机关提

交有关纳税事项书面报告的法律行为,是纳税人履行纳税义务及税务机关界定纳税人法律责任的主要依据,是税务机关税收管理信息的主要来源。纳税申报是税收征收管理的基础环节,是税款征收和税务稽查的前提。

(一)纳税申报的对象

纳税申报的对象是指按照国家法律、行政法规的规定,负有纳税义务和负有代扣代缴、代收代缴税款义务的单位和个人。纳税人(含享有减免税的纳税人)、扣缴义务人无论本期有无应该缴纳、解缴的税款,都必须按税法规定的期限如实向主管税务机关办理申报。

(二)纳税申报的内容

纳税人、扣缴义务人的纳税申报或者代扣代缴、代收代缴税款报告的主要内容包括企业注册类型,预算级次,行业,税种,税目,应纳税项目或者应代扣代缴、代收代缴税款项目,适用税率或者单位税额,计税依据,所得税额的计算、抵扣项目、扣除项目及标准,应纳税额或者应代扣代缴、代收代缴税额,税款所属期限,获利年度的确认,享受税收减免照顾年度期限,延期缴纳税款、欠税、滞纳金等。

【知识问答】

纳税期内纳税人未产生应纳税款是否需纳税申报

答:纳税人在纳税期内无论有没有产生应纳税款,都应当按照规定办理纳税申报。纳税人享受减税、免税待遇的,在减税、免税期间应当按照规定办理纳税申报。

(三)纳税申报的方式

纳税人、扣缴义务人可以直接到税务机关办理纳税申报或者报送代扣代缴、代收代缴税款报告表,也可以按照规定采取邮寄、数据电文或者其他方式办理上述申报、报送事项。

【知识卡片 10.6】

网上办税平台——电子税务局

电子税务局,是以服务纳税人为中心,以提升纳税服务质量和效率为目的,以现代网络技术为支撑,优化整合了各项涉税事项的纳税服务系统。在电子税务局这个网上平台,可以实现全流程、无纸化办税,给纳税人带来前所未有的便利。

税务登记、税务认定、发票办理、申报纳税、证明开具、行政审批等纳税人常办事项均能通过网上受理、办理及反馈。此外,还将实现通过税务部门微信公众号、电子税务局、手机App 等方式融合,全面启动纳税人线上、掌上同步办税新模式。通过手机端可办理网上申报、缴款、发票查验等业务,并针对不同行业、不同类型的纳税人实施分类差异化推送相关政策法规、办税指南、涉税提醒等信息,通过一系列智能化手段大幅提高纳税人的办税体验。

第二节 税款征收

税款征收是指税务机关根据税收法律、法规的规定将纳税人应当缴纳的税款组织入库的一系列活动的总称。它是税收征收管理工作中的中心环节,在整个税收工作中占据着极其重要的地位。

一、税款征收方式

税款征收方式是指税务机关根据各税种的不同特点和纳税人的具体情况而确定计算、征收税款的形式和方法。我国的税款征收主要有以下几种方式：

（一）查账征收

查账征收是由税务机关对账务健全的纳税人，依据其报送的纳税申报表、财务会计报表和其他有关纳税资料，计算应纳税款，最后由纳税人完成税款缴纳的征收方式。这种方式适用于已建立会计账册、财务会计制度健全、会计记录完整的企业。

（二）查定征收

查定征收是由税务机关根据纳税人的生产设备等情况，以及在正常条件下的生产销售情况，对其生产的应税产品查定产量和销售额并据以计算征收税额的方式。这种税款征收方式主要适用于生产、经营不固定，账册不健全的企业。

（三）查验征收

查验征收是由税务机关对纳税申报人的应税产品进行查验，通过查验数量，按市场一般销售单价计算其销售收入并据以征税的方式。这种税款征收方式主要适用于生产和经营零星、分散、流动性大的企业。

（四）定期定额征收

定期定额（简称"双定"）征收是指税务机关根据有关法律规定，按照一定程序，核定纳税人在一定经营时期内的应纳税经营额及收益额，并以此为计税依据，确定其应纳税额的一种税收征收方式。这种税款征收方式适用于生产经营规模较小，达不到《个体工商户建账管理暂行办法》规定设置账簿标准，难以查账征收，不能准确计算计税依据的个体工商户（包括个人独资企业）。

（五）代收代缴

代收代缴是指由与纳税人有经济往来的单位和个人向纳税人收取款项时，依据税收法规的规定收取税款并向税务机关解缴的行为。这种税款征收方式一般适用于税收网络覆盖不到或很难控制的领域，如受托加工应缴消费税的消费品，由受托方代收代缴的消费税。

（六）代扣代缴

代扣代缴是指按照税法规定，负有代扣代缴税款义务的法定义务人，在向纳税人支付款项的同时，依法从所支付款项中扣缴税款的方式。其目的是对零星分期、不易控制的税源实行源泉控制。

（七）委托代征

委托代征是指受托单位按照税务机关核发的代征证书的要求，以税务机关的名义向纳税人征收一些零散税款的一种税款征收方式。

（八）"三自"纳税

"三自"纳税是经税务机关批准,纳税人根据税法规定,自行计算应纳税款、自行填写缴款书、自行按期到银行缴纳税款的一种方式。

（九）自报核缴

自报核缴是纳税人向税务机关报送纳税申报表,经税务机关审核,核定应纳税额,填发缴税书,纳税人凭其到银行缴纳税款的一种征收方式。

【知识卡片 10.7】

加强税收征管,实施金税工程

金税工程是我国税收管理信息系统工程的总称。1994年,朱镕基指示尽快实施金税工程,利用计算机网络对增值税专用发票和企业增值税纳税状况进行严密监控。

第一阶段:1994年,国家税务总局推行金税一期,包括增值税交叉稽核和增值税防伪税控两个子系统,在全国50个试点上线,通过人工采集纳税人的发票信息,再由计算机对比发现问题,但由于手工采集数据错误率太高,金税一期后来停用。

第二阶段:2001年,吸取一期教训,金税二期实现了发票数据的自动采集,与此同时增加税种,把海关增值税完税凭证纳入管理,并将上述功能推广至全国使用。

第三阶段:2013年,金税三期经过在广东、山东、河南、山西、内蒙古自治区、重庆6个省(自治区、直辖市)级国地税局试点后,在全国范围逐步推广,并于2016年完成全部推广工作。金税三期实现了国地税和其他部门的联网;统一国地税核心征管系统版本,实现业务操作和执法标准统一规范,实现全国征管数据大集中。

第四阶段:2021年9月,国家税务总局局长王军表示:我国正从"以票控税"向"以数治税"时期迈进,金税工程四期建设已正式启动实施。金税四期会将社保费在内的非税业务纳入监管体系,并在"金三"的基础上继续搭建和各部委、银行等众多参与机构之间的多渠道信息共享,实行多维度信息核查,税收征管方式从网络化升级为智能化,税收征管流程从"上网"到"上云"。

二、税款征收制度

（一）延期缴纳税款制度

纳税人和扣缴义务人必须在税法规定的期限内缴纳、解缴税款。但考虑到纳税人在履行纳税义务的过程中,可能会遇到特殊困难的客观情况,为了保护纳税人的合法权益,纳税人确有特殊困难,不能按期缴纳税款的,经省、自治区、直辖市国家税务局、地方税务局批准,可以延期缴纳税款,但最长不得超过3个月。税务机关应当自收到申请延期缴纳税款报告之日起30日内做出批准或者不予批准的决定;不予批准的,从缴纳税款期限届满之日起加收滞纳金。

特殊困难的主要内容:一是不可抗力,导致纳税人发生较大损失,正常生产经营活动受到较大影响的;二是当期货币资金在扣除应付职工工资、社会保险费后,不足以缴纳税款的。

（二）税收滞纳金征收制度

纳税人未按照规定期限缴纳税款的，扣缴义务人未按照规定期限解缴税款的，税务机关除责令限期缴纳外，从滞纳税款之日起，按日加收滞纳税款的 0.5‰的滞纳金。

（三）减免税收制度

办理减税、免税应注意下列事项：

（1）减免税必须有法律、行政法规的明确规定。地方各级人民政府、各级人民政府主管部门、单位和个人违反法律、行政法规规定，擅自做出的减免、免税决定无效，税务机关不得执行，并向上级税务机关报告。

（2）纳税人申请减免税，应向主管税务机关提出书面申请，并按规定附送有关资料。

（3）减免税的申请须经法律、行政法规规定的减税、免税审查批准机关审批。

（4）纳税人在享受减免税待遇期间，仍应按规定办理纳税申报。

（5）纳税人享受减税、免税的条件发生变化时，应当自发生变化之日起 15 日内向税务机关报告，经税务机关审核后，停止其减税、免税；对不报告的，又不再符合减税、免税条件的，税务机关有权追回已减免的税款。

（6）减税、免税期满，纳税人应当自期满次日起恢复纳税。

（四）税额核定制度

纳税人有下列情形之一的，税务机关有权核定其应纳税额：

（1）依照法律、行政法规的规定可以不设置账簿的。

（2）依照法律、行政法规的规定应当设置但未设置账簿的。

（3）擅自销毁账簿或者拒不提供纳税资料的。

（4）虽设置账簿，但账目混乱或者账本资料、收入凭证、费用凭证残缺不全，难以查账的。

（5）发生纳税义务，未按照规定的期限办理纳税申报，经税务机关责令限期申报，逾期仍不申报的。

（6）纳税人申报的计税依据明显偏低，又无正当理由的。

（五）税收保全措施

税收保全措施是指税务机关对可能由于纳税人的行为或者某种客观原因，致使以后税款的征收不能保证或难以保证的案件，采取限制纳税人处理或转移商品、货物或其他财产的措施。

税务机关可以采取下列税收保全措施：

（1）书面通知纳税人开户银行或者其他金融机构冻结纳税人的金额相当于应纳税款的存款。

（2）扣押、查封纳税人的价值相当于应纳税款的商品、货物或者其他财产。其他财产包括纳税人的房产、现金、有价证券等不动产和动产。个人及其所扶养家属维持生活必需的住房和用品，不在税收保全措施的范围之内。机动车辆、金银饰品、古玩字画、豪华住宅或者一处以外的住房不属于税收征管法所称个人及其所扶养家属维持生活必需的住房和用品。个人所扶养家属,是指与纳税人共同居住生活的配偶、直系亲属以及无生活来源并由纳税人扶养的其他亲属。税务机关对单价 5 000 元以下的其他生活用品,不采取税收保全措施和强制执行措施。

税收保全措施终止有两种情况:一是纳税人在规定期限内缴纳了应纳税款的,税务机关必须立即解除税收保全措施;二是纳税人超过规定的期限不缴纳税款的,经县以上税务局(分局)局长批准,终止保全措施,转入强制执行措施,即书面通知纳税人开户银行或其他金融机构从其冻结的存款中扣缴税款,或者拍卖、变卖所扣押、查封的商品、货物或其他财产,以拍卖或者变卖所得抵缴税款及滞纳金的,税务机关必须立即解除税收保全措施。

(六)税收强制执行措施

税收强制执行措施,是指税务机关对未按照规定的期限履行纳税义务的纳税人、扣缴义务人、纳税担保人等税收管理相对人,依法采取法定的强制手段,以迫使其履行法定义务的一种征管制度。

从事生产、经营的纳税人、扣缴义务人未按照规定的期限缴纳或者解缴税款,纳税担保人未按照规定的期限缴纳所担保的税款,即他们都是逾期未履行纳税义务。此外,对已采取税收保全措施的纳税人,限期内仍未履行纳税义务的,可依法采取强制执行措施。

(1)税收强制执行的适用范围。税收强制执行措施的适用范围是从事生产、经营的纳税人、扣缴义务人、纳税担保人,不包括非从事生产、经营的纳税人。从事生产、经营的纳税人,扣缴义务人未按照规定的期限缴纳或解缴税款,纳税担保人未按照规定的期限缴纳所担保的税款的,应当先行告诫,责令限期缴纳;对逾期仍未缴纳的生产、经营的纳税人,方可适用强制执行措施。

(2)税收强制执行应坚持的原则。采取强制执行措施必须坚持告诫在先、执行在后的原则。即从事生产、经营的纳税人、扣缴义务人未按照规定的期限缴纳或解缴税款,纳税担保人未按照规定的期限缴纳所担保的税款,应当先行告诫,责令限期缴纳;对逾期仍未缴纳者,方可适用强制执行措施。

(3)采取税收强制执行措施的程序。

①税款的强制征收。纳税人、扣缴义务人、纳税担保人未按照规定的期限缴纳或者提供担保的,经主管税务机关责令限期缴纳,逾期仍未缴纳的,经县以上税务局(分局)局长批准,书面通知纳税人开户银行或其他金融机构,从其存款中扣缴税款。在扣缴税款的同时,主管税务机关按照规定,可以处以不缴或少缴的税款的50%以上5倍以下的罚款。

②扣押、查封、拍卖或者变卖,以拍卖或者变卖所得抵缴税款。按照规定,扣押、查封、拍卖或者变卖等行为具有连续性,即税务机关可以在扣押、查封后,不再给纳税人自动履行纳税义务的时间,税务机关可以直接依法拍卖、变卖其价值相当应纳税款的商品、货物或者其他财产,以拍卖或者变卖所得抵缴税款。拍卖或者变卖所得抵缴税款、滞纳金、罚款以及扣押、查封、保管、拍卖、变卖等费用后,剩余部分应当在 3 日内退还被执行人。

(七)欠税清缴制度

欠税是指纳税人未按照规定期限缴纳税款,扣缴义务人未按照规定期限解缴税款的行为。

从事生产、经营的纳税人、扣缴义务人未按照规定期限缴纳或者解缴税款的,纳税担保人未按照规定期限缴纳所担保的税款的,由税务机关发出限期缴纳税款通知书,责令缴纳或者解缴税款的最长期限不得超过 15 日。

欠缴税款的纳税人及其法定代表需要出境的,应当在出境前向税务机关结清应纳税款或者提供担保。未结清税款,又不提供担保的,税务机关可以通知出境管理机关阻止其出境。

（八）税款的退还和追征制度

（1）税款的退还。纳税人超过应纳税额缴纳的税款,税务机关发现后应当立即退还;纳税人自结算缴纳税款之日起 3 年内发现的,可以向税务机关要求退还多缴的税款并加算银行同期存款利息,税务机关及时查实后应当立即退还;涉及从国库中退库的,依照法律、行政法规有关国库管理的规定退还。

（2）税款的追征。因税务机关责任,致使纳税人、扣缴义务人未缴或者少缴税款的,税务机关在 3 年内可要求纳税人、扣缴义务人补缴税款,但是不得加收滞纳金。因纳税人、扣缴义务人计算等失误,未缴或者少缴税款的,税务机关在 3 年内可以追征税款、滞纳金;有特殊情况的追征期可以延长到 5 年。所谓特殊情况,是指纳税人或者扣缴义务人因计算错误等失误,未缴或者少缴、未扣或者少扣、未收或者少收税款,累计数额在 10 万元以上的。对偷税、抗税、骗税的,税务机关追征其未缴或者少缴的税款、滞纳金或者所骗取的税款,不受前款规定期限的限制。

第三节　税务检查

税务检查又称纳税检查,是指税务机关根据税收法律、法规的规定,对纳税人、扣缴义务人履行纳税义务的情况进行的审查监督活动。

【知识卡片 10.8】

康熙皇帝查税

康熙年间,苏州一带绅士逃税之风甚烈,涉及者共 13 517 人。为此,康熙皇帝下令一律取消功名,其中 3 000 人交刑部议处。在顺治皇帝时考中"探花"的昆山儒叶子蔼,也欠税折银一两。叶探花上书求情:"所欠一厘,准令制钱一文。"料想是会恩准的。然而,康熙皇帝还是照样除了他的功名。这事在江南一带成了一句民谣:"探花不值一文。"此事四处流传,偷漏税者,莫不惊恐。

一、税务检查的形式、方法和范围

（一）税务检查的形式

（1）重点检查。重点检查指对公民举报、上级机关交办有关部门转来的有偷税行为或偷税嫌疑的,纳税申报与实际生产经营情况有明显不符的纳税人及有普遍逃税行为的行业的检查。

（2）分类计划检查。分类计划检查指根据纳税人历来纳税情况、纳税人的纳税规模及税务检查间隔时间的长短等综合因素,按事先确定的纳税人分类、计划检查时间及检查频率而进行的检查。

(3)集中性检查。集中性检查指税务机关在一定时间、一定范围内,统一安排、统一组织的税务检查。这种检查一般规模比较大,如以前年度的全国范围内的税收、财务大检查就属于这类检查。

(4)临时性检查。临时性检查指由各级税务机关根据不同的经济形势、偷逃税趋势、税收任务完成情况等综合因素,在正常的检查计划之外安排的检查。如行业性解剖、典型调查性的检查等。

(5)专项检查。专项检查指税务机关根据税收工作实际,对某一税种或税收征收管理某一环节进行的检查。比如增值税一般纳税专项检查、漏征漏管户专项检查等。

(二)税务检查的方法

(1)全查法。全查法是对被查纳税人一定时期内所有会计凭证、账簿、报表及各种存货进行全面、系统检查的一种方法。

(2)抽查法。抽查法是对被查纳税人一定时期内的会计凭证、账簿、报表及各种存货,抽取一部分进行检查的一种方法。

(3)顺查法。顺查法与逆查法对称,是对被查纳税人按照其会计核算的顺序,依次检查会计凭证、账簿、报表,并将其相互核对的一种检查方法。

(4)逆查法。逆查法与顺查法对称,指逆会计核算的顺序,依次检查会计报表、账簿及凭证,并将其相互核对的一种稽查方法。

(5)现场检查法。现场检查法与调账检查法对称,指税务机关派人员到被查纳税人的机构办公地点对其账务资料进行检查的一种方法。

(6)调账检查法。调账检查法与现场检查法对称,指将被查纳税人的账务资料调到税务机关进行检查的一种方法。

(7)比较分析法。比较分析法是将被查纳税人检查期有关财务指标的实际完成数进行纵向横向比较,分析其异常变化情况,从中发现纳税问题线索的一种方法。

(8)控制计算法。控制计算法也称逻辑推算法,指根据被查纳税人财务数据的相互关系,用可靠或科学测定的数据,验证其检查期限账面记录或申报的资料是否正确的一种检查方法。

(9)审阅法。审阅法指对被纳税人的会计账簿、凭证等资料,通过直观地审查阅览,发现在纳税方面存在问题的一种检查方法。

(10)核对法。核对法指通过对被查纳税人的各种相关联的会计凭证、账簿、报表及实物进行相互核对,验证其在纳税方面存在问题的一种方法。

(11)观察法。观察法指通过观察被查纳税人的生产场所、仓库、工地等现场,实地察看其生产经营及存货等情况,以发现纳税问题或验证账中可疑问题的一种检查方法。

(12)外调法。外调法指对被查纳税人有怀疑或已掌握一定线索的经济事项,通过向与其有经济联系的单位或个人进行调查,予以查证核实的一种方法。

(13)盘存法。盘存法指通过对被查纳税人的货币资金、存货及固定资产等实物进行盘点清查,核实其账物是否相符,进而发现纳税问题的一种检查方法。

(14)交叉稽核法。国家为加强增值税专用发票管理,应用计算机将开出的增值税专用发票抵扣联与存根联进行交叉稽核,以查出虚开及假开发票行为,避免国家税款流失。目前这种方法通过"金税工程"体现,对利用增值税专用发票偷逃税款行为起到了极大的遏制作用。

(三)税务检查的范围

(1)检查纳税人的账簿、记账凭证、报表和有关资料,检查扣缴义务人代扣代缴、代收代缴税款账簿、记账凭证和有关资料。税务机关行使此项职权时,可以在纳税扣缴义务人的业务场所进行;必要时,经县以上税务局(分局)局长批准,也可以将纳税人、扣缴义务人以前会计年度的账簿、记账凭证、报表和其他有关资料调回税务机关检查,但是税务机关必须向纳税人、扣缴义务人开付清单,并在两个月内完整退还。

(2)到纳税人的生产、经营场所和货物存放地检查纳税人应纳税的商品、货物或者其他财产,检查扣缴义务人与代扣代缴、代收代缴税款有关的经营情况。

(3)责成纳税人、扣缴义务人提供与纳税或者代扣代缴、代收代缴税款有关的文件、证明材料和有关资料。

(4)询问纳税人、扣缴义务人与纳税或者代扣代缴、代收代缴税款有关的问题和情况。

(5)到车站、码头、机场、邮政企业及其分支机构检查纳税人托运、邮寄应纳税商品、货物或者其他财产的有关单据、凭证和有关资料。

(6)经县以上税务局(分局)局长批准,凭全国统一格式的检查存款账户许可证明,查核从事生产、经营的纳税人、扣缴义务人在银行或者其他金融机构的存款账户;税务机关在调查税收违法案件时,经该地区的市、自治州以上税务局(分局)局长批准,可以查询案件涉嫌人员的储蓄存款。税务机关查询所获得的资料,不得用于税收以外的用途。

税务机关查询的内容,包括纳税人存款账户余额及资金往来情况。查询应当指定专人负责,凭全国统一格式的检查存款账户许可证明进行,并有责任为被检查人保守秘密。

二、税务机关的职权

(1)税务机关对从事生产、经营的纳税人以前纳税期的纳税情况依法进行税务检查时,发现纳税人有逃避纳税义务行为,并有明显的转移、隐匿其应纳税的商品、货物以及其他财产或者应纳税的收入的迹象的,可以按照批准权限采取税收保全措施或者强制执行措施。这里的批准权限只能由县级以上税务局(分局)局长行使。

税务机关采取税收保全措施的期限一般不得超过6个月,重要案件需要延长的,应当报国家税务总局批准。

(2)纳税人、扣缴义务人必须接受税务机关依法进行的税务检查,如实反映情况,提供有关资料,不得拒绝、隐瞒。

(3)税务机关依法进行税务检查时,有权向有关单位和个人调查纳税人、扣缴义务人和其他当事人与纳税或者代扣代缴、代收代缴税款有关的情况,有关单位和个人有义务向税务机关如实提供有关资料及证明材料。

（4）税务机关调查税务违法案件时，对与案件有关的情况和资料，可以记录、录音、录像、照相和复制。

三、税务检查应注意的事项

（1）税务机关派出的人员进行税务检查时，应当出示税务检查证和税务检查通知书，并有责任为被检查人保守秘密；未出示税务检查证和税务检查通知书的，被检查人有权拒绝检查。

（2）税务机关对纳税人、扣缴义务人及其他当事人处以罚款或者没收违法所得时，应当开具罚款凭证；未开具罚款凭证的，纳税人、扣缴义务人及其他当事人有权拒绝给付。

（3）对采用电算化会计系统的纳税人，税务机关有权以其会计电算化系统进行检查，并可复制与纳税有关的电子数据作为证据。

（4）税务机关进入纳税人电算化系统进行检查时，有责任保证纳税人会计电算化系统的安全，并保守纳税人的商业秘密。

第四节　税务违法处理

一、违反税务管理基本规定行为的处罚

纳税人有下列行为之一的，由税务机关责令限期改正，可以处 2 000 元以下的罚款；情节严重的，处 2 000 元以上 1 万元以下的罚款：

（1）未按照规定的期限申报办理税务登记、变更或者注销登记的。

（2）未按照规定设置、保管账簿或者保管记账凭证和有关资料的。

（3）未按照规定将财务、会计制度或者财务、会计处理办法和会计核算软件报送税务机关备查的。

（4）未按照规定将其全部银行账号向税务机关报告的。

（5）未按照规定安装、使用税控装置，或者损毁、擅自改动税控装置的。

纳税人不办理税务登记的，由税务机关责令限期改正；逾期不改正的，经税务机关提请，由工商行政管理机关吊销其营业执照。

纳税人未按照规定使用税务登记证件，或者转借、涂改、损毁、买卖、伪造税务登记证件的，处 2 000 元以上 1 万元以下的罚款；情节严重的，处 1 万元以上 5 万元以下罚款。

二、扣缴义务人违反账簿、凭证管理的处罚

扣缴义务人未按照规定设置、保管代扣代缴、代收代缴税款账簿或者保管代扣代缴、代收代缴税款记账凭证及有关资料的，由税务机关责令限期改正，可以处 2 000 元以下罚款；情节严重的，处 2 000 元以上 5 000 元以下罚款。

三、纳税人、扣缴义务从未按照规定进行纳税申报的法律责任

纳税人未按照规定的期限办理纳税申报和报送纳税资料的，或者扣缴义务人未按照规

定的期限向税务机关报送代扣代缴、代收代缴税款报告表和有关资料的,由税务机关责令限期改正,可以处 2 000 元以下罚款;情节严重的,可以处 2 000 元以上 1 万元以下罚款。

四、对偷税的认定及其法律责任

（1）纳税人伪造、变造、隐匿、擅自销毁账簿、记账凭证,或者在账簿上多列支出或者不列、少列收入,或者经税务机关通知申报而拒不申报或者进行虚假的纳税申报,不缴或者少缴应纳税款的,是偷税。对纳税人偷税的,由税务机关追缴其不缴或者少缴的税款、滞纳金,并处不缴或者少缴的税款 50% 以上 5 倍以下的罚款;构成犯罪的,依法追究刑事责任。

扣缴义务人采取前款所列手段,不缴或者少缴已扣、已收税款,由税务机关追缴其不缴或者少缴的税款、滞纳金,并处不缴或者少缴的税款 50% 以上 5 倍以下的罚款;构成犯罪的,依法追究刑事责任。

（2）《刑法》第二百零一条规定:纳税人采取欺骗、隐瞒手段进行虚假纳税申报或者不申报,逃避缴纳税款数额较大并且占应纳税额 10% 以上的,处 3 年以下有期徒刑或者拘役,并处罚金;数额巨大并且占应纳税额 30% 以上的,处 3 年以上 7 年以下有期徒刑,并处罚金。

扣缴义务人采取前款所列手段,不缴或者少缴已扣、已收税款,数额较大的,依照前款的规定处罚。

对多次实施前两款行为,未经处理的,按照累计数额计算。

有第一款行为,经税务机关依法下达追缴通知后,补缴应纳税款,缴纳滞纳金,已受行政处罚的,不予追究刑事责任;但是,5 年内因逃避缴纳税款受过刑事处罚或者被税务机关给予两次以上行政处罚的除外。

五、进行虚假申报或不进行申报行为的法律责任

纳税人、扣缴义务人编造虚假计税依据的,由税务机关责令限期改正,并处 5 万元以下罚款。

纳税人不进行纳税申报,不缴或者少缴应纳税款的,由税务机关追缴其不缴或者少缴的税款、滞纳金,并处不缴或者少缴的税款 50% 以上 5 倍以下罚款。

六、逃避追缴欠税的法律责任

（1）纳税人欠缴应纳税款,采取转移或者隐匿财产的手段,妨碍税务机关追缴欠缴的税款的,由税务机关追缴欠缴的税款、滞纳金,并处欠缴税款 50% 以上 5 倍以下的罚款;构成犯罪的,依法追究刑事责任。

（2）《刑法》第二百零三条规定:纳税人欠缴应纳税款,采取转移或者隐匿财产的手段,致使税务机关无法追缴欠缴的税款,数额在 1 万元以上不满 10 万元的,处 3 年以下有期徒刑或者拘役,并处或者单处欠缴税款 1 倍以上 5 倍以下罚金;数额在 10 万元以上的,处 3 年以上 7 年以下有期徒刑,并处欠缴税款 1 倍以上 5 倍以下罚金。

七、骗取出口退税的法律责任

（1）以假报出口或者其他欺骗手段,骗取国家出口退税款,由税务机关追缴其骗取的退

税款,并处骗取税款1倍以上5倍以下的罚款;构成犯罪的,依法追究刑事责任。

对骗取国家出口退税款的,税务机关可以在规定期间内停止为其办理出口退税。

(2)《刑法》第二百零四条规定:以假报出口或者其他欺骗手段,骗取国家出口退税款,数额较大的,处5年以下有期徒刑或者拘役,并处骗取税款1倍以上5倍以下罚金;数额巨大或者有其他严重情节的,处5年以上10年以下有期徒刑,并处骗取税款1倍以上5倍以下罚金;数额特别巨大或者有其他特别严重情节的,处10年以上有期徒刑或者无期徒刑,并处骗取税款1倍以上5倍以下罚金或者没收财产。

【知识卡片10.9】

男子用同批货物倒手130次,骗取出口退税1 200万元

价值10多元的硬盘托架标价120美元出口到香港,然后再走私回来重新包装出口,同一批货物"左手卖给右手"来回倒腾了130多次,骗取出口退税1 200多万元,涉案金额1亿多元。2008年11月8日,江苏省扬州市公安局经侦支队成功侦查审结了这起案件,涉案的10名犯罪嫌疑人被移送检察机关审查起诉。

八、抗税的法律责任

(1)以暴力、威胁方法拒不缴纳税款的,是抗税,除由税务机关追缴其拒缴的税款、滞纳金外,依法追究刑事责任。情节轻微,未构成犯罪的,由税务机关追缴其拒缴的税款、滞纳金,并处拒缴税款1倍以上5倍以下罚款。

(2)《刑法》第二百零二条规定:以暴力、威胁方法拒不缴纳税款的,处3年以下有期徒刑或者拘役,并处拒缴税款1倍以上5倍以下罚金;情节严重的,处3年以上7年以下有期徒刑,并处拒缴税款1倍以上5倍以下罚金。

九、在规定期限内不缴或者少缴税款的法律责任

纳税人、扣缴义务人在规定期限内不缴或者少缴应纳或者应解缴的税款,经税务机关责令限期缴纳,逾期仍未缴纳的,税务机关除依照规定采取强制执行措施追缴其不缴或者少缴的税款外,可以处不缴或者少缴的税款50%以上5倍以下的罚款。

十、扣缴义务人不履行扣缴义务的法律责任

扣缴义务人应扣未扣、应收而不收税款的,由税务机关向纳税人追缴税款,对扣缴义务人处应扣未扣、应收未收税款50%以上3倍以下的罚款。

十一、不配合税务机关依法检查的法律责任

纳税人、扣缴义务人逃避、拒绝或者以其他方式阻挠税务机关检查的,由税务机关责令改正,可以处1万元以下的罚款;情节严重的,处1万元以上5万元以下的罚款。

逃避、拒绝或者以其他方式阻挠税务机关检查的情形有:

(1)提供虚假资料,不如实反映情况,或者拒绝提供有关资料的。

(2)拒绝或阻止税务机关记录、录音、录像、照相和复制与案件有关的情况和资料的。

（3）在检查期间，纳税人、扣缴义务人转移、隐匿、销毁有关资料的。

（4）有不依法接受税务检查的其他情形的。

另外，到车站、码头、机场、邮政企业及其分支机构检查纳税人有关情况时，有关单位拒绝的，由税务机关责令改正，可以处以1万元以下的罚款；情节严重的，处以1万元以上5万元以下的罚款。

十二、非法印制发票的法律责任

（1）非法印制发票的，由税务机关销毁非法印制的发票，没收违法所得和作案工具，并处1万元以上5万元以下的罚款；构成犯罪的，依法追究刑事责任。

（2）《刑法》第二百零六条规定：伪造或者出售伪造的增值税专用发票的，处3年以下有期徒刑、拘役或者管制，并处2万元以上20万元以下罚金；数量较大或者有其他严重情节的，处3年以上10年以下有期徒刑，并处5万元以上50万元以下罚金；数量巨大或者有其他特别严重情节的，处10年以上有期徒刑或者无期徒刑，并处5万元以上50万元以下罚金或者没收财产。

伪造并出售伪造的增值税专用发票，数量特别巨大，情节特别严重，严重破坏经济秩序的，处无期徒刑或者死刑，并处没收财产。

单位犯本条规定之罪的，对单位判处罚金，并对其直接负责的主管人员和其他直接责任人员，处3年以下有期徒刑、拘役或者管制；数量较大或者有其他严重情节的，处3年以上10年以下有期徒刑；数量巨大或者有其他特别严重情节的，处10年以上有期徒刑或者无期徒刑。

（3）《刑法》第二百零九条规定：伪造、擅自制造或者出售伪造、擅自制造的可以用于骗取出口退税、抵扣税款的其他发票的，处3年以下有期徒刑、拘役或者管制，并处2万元以上20万元以下罚金；数量巨大的，处3年以上7年以下有期徒刑，并处5万元以上50万元以下罚金；数量特别巨大的，处7年以上有期徒刑，并处5万元以上50万元以下罚金或者没收财产。

伪造、擅自制造或者出售伪造、擅自制造的前款规定以外的其他发票的，处2年以下有期徒刑、拘役或者管制，并处或者单处1万元以上5万元以下罚金；情节严重的，处2年以上7年以下有期徒刑，并处5万元以上50万元以下罚金。

（4）非法印制、转借、倒卖、变造或者伪造完税凭证的，由税务机关责令改正，处2 000元以上1万元以下罚款；情节严重的，处1万元以上5万元以下罚款；构成犯罪的，依法追究刑事责任。

十三、有税收违法行为而拒不接受税务机关处理的法律责任

从事生产、经营的纳税人、扣缴义务人有《税收征收管理法》规定的税收违法行为，拒不接受税务机关处理的，税务机关可以收缴其发票或者停止向其发售发票。

十四、银行及其他金融机构拒绝配合税务机关依法执行职务的法律责任

（1）银行和其他金融机构未依照《税收征收管理法》的规定在从事生产、经营的纳税人

的账户中登录税务登记证件号码,或者未按规定在税务登记证件中登录从事生产、经营的纳税人的账户账号的,由税务机关责令其限期改正,处 2 000 元以上 2 万元以下的罚款;情节严重的,处 2 万元以上 5 万元以下的罚款。

(2)为纳税人、扣缴义务人非法提供银行账户、发票、证明或者其他方便,导致未缴、少缴税款或者骗取国家出口退税款的,税务机关除没收其违法所得外,可以处未缴、少缴或者骗取的税款 1 倍以下的罚款。

(3)《税收征收管理法》规定:纳税人、扣缴义务人的开户银行或者其他金融机构拒绝接受税务机关依法检查纳税人、扣缴义务人存款账户,或者拒绝执行税务机关做出的冻结存款或者扣缴税款的决定,或者在接到税务机关的书面通知后帮助纳税人、扣缴义务人转移存款、造成税款流失的,由税务机关处 10 万元以上 50 万元以下的罚款,对直接负责的主管人员和其他直接责任人员处 1 000 元以上 1 万元以下的罚款。

十五、擅自改变税收征收管理范围的法律责任

税务机关违反规定擅自改变税收征收管理范围和税款入库预算级次的,责令限期改正,对直接负责的主管人员和其他直接责任人员依法给予降级或者撤职的行政处分。

十六、不移送的法律责任

税务人员徇私舞弊,对依法应当移送司法机关追究刑事责任的案件不移送,情节严重的,依法追究刑事责任。

十七、税务人员不依法行政的法律责任

税务人员与纳税人、扣缴义务人勾结,唆使或者协助纳税人、扣缴义务人有《税收征收管理法》第六十三条、第六十五条、第六十六条规定的行为,构成犯罪的,依法追究刑事责任;尚不构成犯罪的,依法给予行政处分。

税务人员私分扣押、查封的商品、货物或者其他财产,情节严重,构成犯罪的,依法追究刑事责任;尚不构成犯罪的,依法给予行政处分。

十八、渎职行为的法律责任

(1)税务人员利用职务的便利,收受或者索取纳税人、扣缴义务人财物或者谋取其他不正当利益,构成犯罪的,依法追究刑事责任;尚不构成犯罪的,依法给予行政处分。

(2)税务人员徇私舞弊或者玩忽职守,不征收或者少征应征税款,致使国家税收遭受重大损失,构成犯罪的,依法追究刑事责任;尚不构成犯罪的,依法给予行政处分。税务人员滥用职权,故意刁难纳税人、扣缴义务人的,调离税收工作岗位,并依法给予行政处分。税务人员对控告、检举税收违法违纪行为的纳税人、扣缴义务人以及其他检举人进行打击报复的,依法给予行政处分;构成犯罪的,依法追究刑事责任。

(3)税务人员徇私舞弊,不征或少征应征税款,致使国家遭受重大损失的,处 5 年以下有期徒刑或者拘役;造成特别重大损失的,处 5 年以上有期徒刑。

(4)《刑法》规定:税务机关的工作人员违反法律、行政法规的规定,在办理发售发票、抵扣税款、出口退税工作中,徇私舞弊,致使国家利益遭受重大损失的,处 5 年以下有期徒刑或者拘役;致使国家利益遭受特别重大损失的,处 5 年以上有期徒刑。

十九、不按规定征收税款的法律责任

违反法律、行政法规的规定提前征收、延缓征收或者摊派税款的,由其上级机关或者行政监察机关责令改正,对直接负责的主管人员和其他直接责任人员依法给予行政处分。

《税收征收管理法》规定:违反法律、行政法规的规定,擅自做出税收的开征、停征或者减税、免税、退税、补税以及其他同税收法律、行政法规相抵触的决定的,除依照本法规定撤销其擅自做出的决定外,补征应征未征税款,退还不用征收而征收的税款,并由上级机关追究直接负责的主管人员和其他直接责任人员的行政责任;构成犯罪的,依法追究刑事责任。

二十、违反税务代理的法律责任

税务代理人违反税收法律、行政法规,造成纳税人未缴或者少缴税款的,除由纳税人缴纳或者补缴应纳税款、滞纳金外,对税务代理人处纳税人未缴或者少缴税款 50% 以上 3 倍以下的罚款。

【本章小结】

本章较全面地阐述了税收征收管理法的相关规定,分别介绍了税务管理、税款征收、税务检查、税务违法处理。通过本章的学习,学生进一步明确了税务机关执法主体的地位,突出了规范税务机关行政行为的要求,加大了对纳税人合法权益的保护和打击偷骗税的力度。

知识运用与实训

一、名词解释

税务管理　纳税申报　税款征收　税务检查

二、简答题

1. 简要说明税务登记的概念和种类。
2. 简要说明税款征收的方式和制度。
3. 简要说明税务检查应注意的事项。
4. 简要说明违反税务管理基本规定行为的处罚。

三、单项选择题

1. 企业领取营业执照后,向税务机关申报办理税务登记的时间为(　　　　)。

A.10 日内　　　　B.15 日内　　　　C.30 日内　　　　D.60 日内

2.纳税申报的方式中,比较传统的方式是(　　)。

A.直接申报　　　B.邮寄申报　　　C.数据电文申报　　D.网上申报

3.甲企业生产规模较小、账册不健全、财务管理和会计核算水平也较低、产品零星、税源分散,其适用的税款征收方式是(　　)。

A.查账征收　　　B.查定征收　　　C.查验征收　　　D.定期定额征收

4.根据《税收征收管理法》的规定,下列各项中,不属于税务机关职权的是(　　)。

A.税务检查　　　B.税务代理　　　C.税务处罚　　　D.税款征收

5.纳税人采取转移、隐匿财产的手段,使税务机关无法追缴纳税人所欠税款,数额在 1 万元以上的行为,构成(　　)。

A.偷税罪　　　　B.抗税罪　　　　C.逃避追缴欠税罪　　D.骗税罪

四、多项选择题

1.税务管理主要包括(　　)等方面的管理。

A.税款征收　　　B.税务登记　　　C.账簿和凭证管理　D.纳税申报

2.《税收征收管理法》规定,(　　)不需要办理税务登记。

A.国家机关

B.无固定生产经营场所的流动性农村小贩

C.个体工商户

D.个人

3.下列各项中,税务机关可以采取"核定征收"方式征税的有(　　)。

A.擅自销毁账簿或者拒不提供纳税资料的

B.企业开业初期、生产经营尚未正规

C.企业财务会计管理人员严重不足

D.纳税人申报的计税依据明显偏低,又无正当理由的

4.法律、行政法规规定负有(　　)税款义务的单位和个人为扣缴义务人。

A.直接征收　　　B.委托代征　　　C.代扣代缴　　　D.代收代缴

5.下列各项中属税法所规定的偷税手段的有(　　)。

A.伪造、变造账簿、记账凭证　　　　B.隐匿、擅自销毁账簿、记账凭证

C.进行虚假的纳税申报　　　　　　　D.以暴力、威胁方法拒不缴纳税款

6.纳税人有下列行为之一的,由税务机关责令限期改正,可以处 2 000 元以下的罚款,情节严重的,处 2 000 元以上 1 万元以下的罚款的有(　　)。

A.未按照规定的期限申报办理税务登记、变更或者注销登记的

B.未按照规定设置、保管账簿或者保管记账凭证和有关资料的

C.未按照规定将财务、会计制度或者财务、会计处理办法和会计核算软件报送税务机关备查的

D.未按照规定将其全部银行账号向税务机关报告的

五、案例分析

1.某基层税务所2021年8月15日在实施税务检查中发现,辖区内大众饭店(系私营企业)自2021年5月10日办理工商营业执照以来,一直没有办理税务登记,也没有申报纳税。根据检查情况,该饭店应纳未纳税款1 500元,税务所于8月18日做出如下处理决定:

(1)责令大众饭店8月20日前申报办理税务登记并处以500元罚款。

(2)补缴税款,加收滞纳金,并处不缴税款1倍,即1 500元的罚款。

要求:请回答以上处理决定是否正确,为什么?

2.某企业财务人员2018年7月采取虚假的纳税申报手段少缴增值税5万元。2021年8月,税务人员在检查中发现了这一问题,要求追征这笔税款。该企业财务人员认为时间已过3年,超过了税务机关的追征期,不应再缴纳这笔税款。

要求:请回答税务机关是否可以追征这笔税款,为什么?

知识运用与实训标准答案

第十一章 税务行政管理法

【知识点拨】

税务行政是国家行政的重要组成部分,是以国家强制力保证实施的税务执法行为。税务行政管理是税务机关为提高行政效率,依据税收法律制度行使职权,对税务机关内部事务进行有效管理的活动。它与税收征收管理相对应,构成税收管理的全部内容。本章内容有税务行政处罚、税务行政复议、税务行政诉讼。其重点是税务行政处罚、税务行政复议,难点是税务行政复议。

【知识引读】

撤销原处罚,重新做出税务行政行为

2022 年 1 月 12 日,某区税务局收到一封群众举报信,举报某实业有限公司在经营过程中,不按法律规定开具发票,偷逃国家税收。某区税务局接到举报后,决定给予申请人处以10 000 元罚款。申请人不服,向区税务局的上一级行政机关市税务局申请税务行政复议,经审查,符合复议条件,该市税务局受理了复议申请。税务行政复议机构经审查,申请人确有违反法律规定开具发票且证据确凿,被申请人的处罚适用法律适当,但由于区税务局在调查过程中程序违法,行政复议机构做出复议决定如下:撤销被申请人的处罚决定并重新做出行政行为。

从上面的引读中可以思考:什么是税务行政复议? 税务行政复议的程序是如何的? 本章将对这些问题进行阐述,同时还对税务行政处罚、税务行政复议、税务行政诉讼进行阐述。

第一节 税务行政处罚

税务行政处罚是指从事生产经营的纳税人和其他税务当事人违反税收征收管理秩序的行为,尚未构成犯罪,依法应当承担行政法律责任的,由税务机关依法对其实施一定的制裁措施。它包含以下几个方面的内容:当事人行为违反了税收法律制度,侵犯的客体是税收征收管理秩序,应当承担税务行政责任;不要求当事人主观上是否具有主观故意和过失;当事人行为还没有构成犯罪,依法应当给予行政处罚的行为;给予行政处罚的主体是税务机关。

一、税务行政处罚的设定和种类

(一)税收行政处罚的设定

税务行政处罚的设定由法律、行政法规确定,国家税务总局作为国务院的直属机构,经授权,可以设定警告和一定数量罚款的行政处罚。

（1）全国人民代表大会及其常务委员会可以通过法律的形式设定各种税务行政处罚。

（2）国务院可以通过行政法规的形式设定除限制人身自由以外的税务行政处罚。

（3）国家税务总局可以通过规章的形式设定警告和罚款。税务行政规章对非经营活动中的违法行为设定罚款不得超过1 000元；对经营活动中的违法行为，有违法所得的，设定罚款不得超过违法所得的3倍，且最高不得超过30 000元，没有违法所得的，设定罚款不得超过10 000元，超过限额的，应当报国务院批准。

（二）税务行政处罚种类

根据税法的规定，现行执行的税务行政处罚种类主要有：罚款；没收违法所得；停止出口退税；吊销税务行政许可证件。需要强调的是，税务机关做出的责令限期改正不用于警告，不是税务行政处罚，而是一种行政命令；税务机关做出的收缴或者停售发票也不是税务行政处罚，而是一种执行罚性质的间接强制执行措施；税务机关依法做出的其他一些税务具体行政行为，如通知有关部门阻止出境、取消一般纳税人资格登记、收缴税务登记证、停止抵扣等，均不属于税务行政处罚。

二、税务行政处罚的程序

税务行政处罚的程序分为简易程序、一般程序和听证程序。

（一）简易程序

根据行政处罚法的规定，对于违法事实确凿并有法定依据，对公民处以200元以下、对法人或者其他组织处以3 000元以下罚款或者警告的行政处罚的，可以当场做出行政处罚决定。即对于有违法行为但后果轻微的，或情况紧急非当场处罚不可的情形等，可以采取简易程序处罚。

适用简易程序时，税务人员应出示税务检查证，说明处罚理由，应允许被处罚者口头申明意见，并应填写税务处理决定书当场交付当事人。

（二）一般程序

（1）一般程序适用的条件。简易程序之外的其他处罚适用于一般程序。

（2）适用一般程序的步骤。税务行政处罚一般程序如图11.1所示。

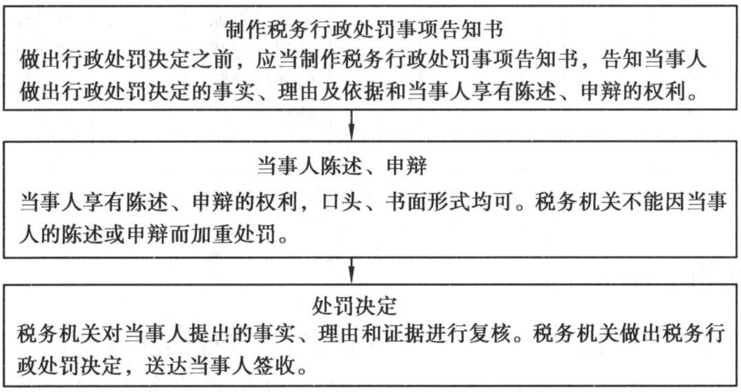

注：税务机关对公民处以2 000元以上罚款、对法人或者其他组织处以10 000元以上罚款的行政处罚时，当事人在税务机关做出税务行政处罚决定之前可以要求听证。

图11.1 税务行政处罚的一般程序

【知识卡片11.1】

税务行政处罚事项告知书

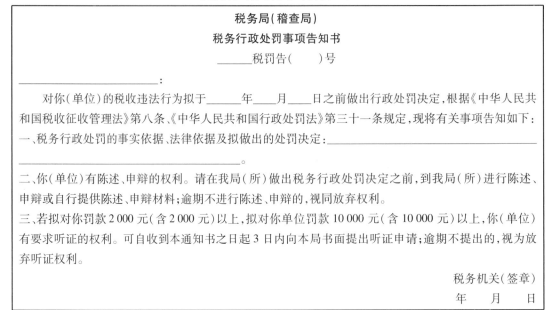

（三）听证程序

税务行政处罚的听证程序如图11.2所示。

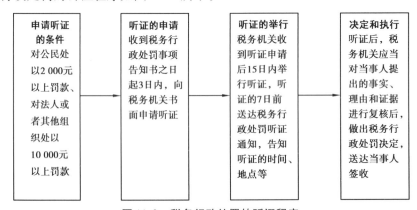

图11.2　税务行政处罚的听证程序

三、税务行政处罚的执行

税务机关对当事人做出罚款行政处罚决定的,当事人应当在收到行政处罚决定书之日起15日内缴纳罚款,到期不缴纳的,税务机关可以对当事人每日按罚款数额的3%加处罚款。

（1）税务机关对当事人当场做出行政处罚决定,具有依法给予100元以下罚款或不当场收缴罚款事后难以执行的,税务机关行政执法人员可以当场收缴罚款,并向当事人出具合法罚款收据,自收缴罚款之日起 2 日内将罚款交至税务机关。税务机关应当在 2 日内将罚款交付指定的银行或其他金融机构。

(2)除了依法可以当场收缴罚款的情形外,税务机关做出罚款的行政处罚决定和罚款的收缴要分离。

【知识卡片 11.2】

"首违不罚",让执法既有力度又有温度

为进一步推进税务领域"放管服"改革,更好地服务市场主体,国家税务总局在全国税务系统推广"首违不罚"制度,发布了《税务行政处罚"首违不罚"事项清单》(国家税务总局公告 2021 年第 6 号),清单列举了适用"首违不罚"的事项,共计 10 项,兼顾了资料报送、纳税申报和票证管理等多类型轻微税收违法行为。

所谓"首违不罚"是指纳税人首次发生清单中所列事项且情节轻微,并在税务机关发现前主动改正或者在税务机关责令限期改正的期限内改正的,可以依法不予行政处罚。

"首违不罚"制度减轻市场主体经营压力,规范税务行政执法行为,增进征纳双方相互理解,节约执法成本,提高执法效率,体现了处罚与教育相结合的原则,反映新时期税收执法理念的转变。国家税务总局局长王军表示:将推出第二批"首违不罚"清单,"让执法既有力度又有温度"是未来税务执法的重要走向。

第二节 税务行政复议

税务行政复议是我国行政复议制度的一个重要组成部分,是指纳税人和其他税务当事人对税务机关的税务行政行为不服,依法向上级税务机关提出申诉,请求上一级税务机关对原具体行政行为的合理性、合法性做出审议,复议机关依法对原行政行为的合理性、合法性做出裁决的行政司法活动。

一、税务行政复议的受案范围

纳税人及其他当事人(简称"申请人")认为税务机关(简称"被申请人")的具体行政行为侵犯其合法权益,可依法向税务行政复议机关申请行政复议。税务行政复议机关(简称"复议机关"),是指依法受理税务行政复议申请,对具体行政行为进行审查并做出行政复议决定的税务机关。

行政复议机关受理申请人对税务机关下列具体行政行为不服提出的行政复议申请包括:

(1)征税行为,包括确认纳税主体、征税对象、征税范围、减税、免税、退税、抵扣税款、适用税率、计税依据、纳税环节、纳税期限、纳税地点和税款征收方式等具体行政行为,征收税款、加收滞纳金,扣缴义务人、受税务机关委托的单位和个人做出的代扣代缴、代收代缴、代征行为等。

(2)行政许可、行政审批行为。

（3）发票管理行为，包括发售、收缴、代开发票等。

（4）税收保全措施、强制执行措施。

（5）行政处罚行为：①罚款；②没收财物和违法所得；③停止出口退税权。

（6）不依法履行下列职责的行为：①颁发税务登记；②开具、出具完税凭证、外出经营活动税收管理证明；③行政赔偿；④行政奖励；⑤其他不依法履行职责的行为。

（7）资格认定行为。

（8）不依法确认纳税担保行为。

（9）政府信息公开工作中的具体行政行为。

（10）纳税信用等级评定行为。

（11）通知出入境管理机关阻止出境行为。

（12）其他具体行政行为。

申请人认为税务机关的具体行政行为所依据的下列规定不合法，对具体行政行为申请行政复议时，可以一并向行政复议机关提出对有关规定的审查申请：①国家税务总局和国务院其他部门的规定；②其他各级税务机关的规定；③地方各级人民政府的规定；④地方人民政府工作部门的规定。

申请人对具体行政行为提出行政复议，申请时不知道该具体行政行为所依据的规定的，可以在行政复议机关做出行政复议决定前提出对该规定的审查申请。

【知识问答】

当事人与税务机关之间的哪些争议适用税务行政复议前置

所谓税务行政复议前置，是指当事人对税务行政机关的具体行政行为不服的，必须先依法申请税务行政复议；对税务行政复议决定不服的，才能向人民法院提起行政诉讼。

根据新《税收征收管理法》第八十八条第一款的规定：纳税人、扣缴义务人、纳税担保人同税务机关在纳税上发生的争议时，必须先依照税务机关的纳税决定缴纳或者解缴税款及滞纳金或者提供相应的担保，然后可以依法申请税务行政复议；对行政复议决定不服的，可以依法向人民法院起诉。

二、税务行政复议的管辖

（一）复议管辖的一般规定

（1）对各级税务局的具体行政行为不服的，向其上一级税务局申请行政复议。

（2）对计划单列市税务局的具体行政行为不服的，向国家税务总局申请行政复议。

（3）对税务所（分局）、各级税务局的稽查局的具体行政行为不服的，向其所属税务局申请行政复议。

（4）对国家税务总局的具体行政行为不服的，向国家税务总局申请行政复议。对行政复议决定不服的，申请人可以向人民法院提起行政诉讼，也可以向国务院申请裁决。国务院的裁决为最终裁决。

（二）复议管辖的特殊规定

（1）对两个以上税务机关共同做出的具体行政行为不服的,向共同上一级税务机关申请行政复议;对税务机关与其他行政机关共同做出的具体行政行为不服的,向其共同上一级行政机关申请行政复议。

（2）对被撤销的税务机关在撤销以前所做出的具体行政行为不服的,向继续行使其职权的税务机关的上一级税务机关申请行政复议。

（3）对税务机关做出逾期不缴纳罚款加处罚款的决定不服的,向做出行政处罚决定的税务机关申请行政复议。但是对已处罚款和加处罚款都不服的,一并向做出行政处罚决定的税务机关的上一级税务机关申请行政复议。

申请人向具体行政行为发生地的县级地方人民政府提交行政复议申请,由接受申请的县级地方人民政府依法转送。

三、税务行政复议的工作程序

（一）税务行政复议申请

（1）纳税人及其他税务当事人对税务机关做出的征税行为不服的,应当先向复议机关申请复议;对复议不服的,再向人民法院起诉。申请人对税务机关做出的征税行为以外的其他税务具体行政行为不服的,可以申请行政复议,也可以直接向人民法院提起行政诉讼。

【知识卡片11.3】

表11.1 税务行政复议申请书

税务行政复议申请书
申请人:姓名(或名称)
法定代表人(或负责人):_____ 地址:_____
电话:_____ 邮编:_____
委托代理人:_____ 单位:_____ 电话:_____
被申请人:_____
申请事项:
申请理由:(内容较多可另附纸)
此致
_____(税务行政复议机关名称)
申请人签名或盖章 年 月 日
注:1.复议申请书应一式两份,被申请人是两个以上的,每增加一个,应增加一份。 2.复议申请的要求和理由一栏不够填写可另加附页。

（2）申请人按前款规定申请行政复议的,必须先依照税务机关的纳税决定缴纳或解缴税款及滞纳金或提供相应的担保,然后可以依法提出行政复议申请,即复议不停止执行。申请人对税务机关做出逾期不缴纳罚款加处罚款的决定不服的,应当先缴纳罚款和加处罚款,再

申请行政复议。

（3）申请人可以在得知税务机关做出具体行政行为之日起 60 日内提出行政复议申请。因不可抗力或者被申请人设置障碍等其他正当理由耽误法定申请期限的，申请期限自障碍消除之日起继续计算。

（4）申请人申请行政复议，可以书面申请，也可以口头申请。口头申请的，复议机关应当场记录申请人的基本情况，行政复议请求，申请行政复议的主要事实、理由和时间。

（5）申请人向复议机关申请行政复议，复议机关已经受理的，在法定行政复议期限内申请人不得再向法院起诉；申请人向人民法院提起行政诉讼，法院已经依法受理的，不得申请行政复议。

（二）税务机关复议的受理

复议机关收到行政复议申请后，应当在 5 日内进行审查，对不符合规定的行政复议申请，决定不予受理，并书面告知申请人；对符合规定的行政复议申请，复议机关法制工作机构收到之日起即视为受理。

复议机关决定受理行政复议申请后，应书面告知申请人。对应当先向复议机关申请复议，对行政复议决定不服再向人民法院提起行政诉讼的具体行政行为，复议机关决定不予受理或者受理后超过复议期限不做答复的，纳税人和其他税务当事人可以自收到不予受理决定书之日，或行政复议期满之日起 15 日内，依法向人民法院提起行政诉讼。

（三）税务行政复议决定

（1）复议机关内部有关工作机构应当自受理行政复议申请之日起 7 日内，将行政复议申请书副本或行政复议笔录复印件发送被申请人。被申请人应当自收到申请书或申请笔录复印件之日起 10 日内，提出书面答复，并提交当初做出具体行政行为的证据依据和其他有关资料。

（2）复议机关在被申请人做出的具体行政行为进行审查时，认为其依据不合法，本机关有权处理的，应当在 30 日内依法处理。无权处理的，应当在 7 日内按照法定程序转送有权处理的行政机关依法处理。处理期间，终止对具体行政行为的审查。复议过程中，被申请人不得自行向申请人和其他有关组织或个人收集证据。

（3）复议机关应当自受理申请之日起 60 日内做出行政复议决定，即维持、变更或撤销。情况复杂，不能在规定期限内做出行政复议决定的，经复议机关负责人批准，可以适当延长，并告知申请人和被申请人；但是延长期限最多不得超过 30 日。复议机关做出行政复议决定应当制作行政复议决定书，并加盖公章。行政复议决定书一经送达，即发生法律效力，双方均要求执行。

（4）行政复议决定做出前，申请人要求撤回行政复议申请的，经行政复议机构同意，可以撤回。申请人撤回行政复议申请的，不得再以同一事实和理由提出行政复议申请。但是，申请人能够证明撤回行政复议申请违背其真实意思表示的除外。

（5）申请人在申请行政复议时可以一并提出行政赔偿请求。

（6）复议机关受理行政复议申请时不得向申请人收取任何费用。

【知识卡片11.4】

税务行政复议流程图

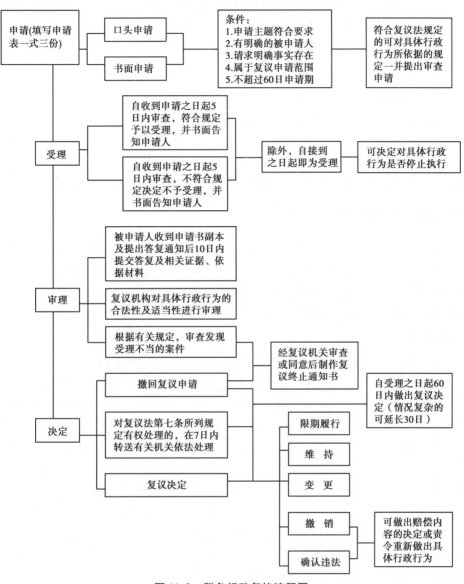

图 11.3　税务行政复议流程图

第三节　税务行政诉讼

一、税务行政诉讼的概念与特点

税务行政诉讼是指公民、法人和其他组织认为税务机关及其工作人员的具体税务行政行为违法或不当,侵犯了其合法权益,依法向人民法院提起行政诉讼,由人民法院对具体税务行政行为的合法性和适当性进行审理并做出裁决的司法活动。其具有以下特点:是由人民法院进行审理并做出裁判的一种司法活动;以审理税务行政案件、解决税务行政争议为前提和内容;保障纳税人、扣缴义务人和纳税担保人等税务当事人及其他行政相对人的合法权益;维护和监督税务机关依法行使职权。

【知识卡片11.5】

税务行政诉讼充分保障纳税人权益

世界各国一般以各级法院作为税务行政诉讼的审理机构。有的国家如美国、德国和加拿大等,还单独设置了税务法院,专门审理税务行政诉讼案件。税务法院作为独立的审判机关,与征税机关没有任何关系。只有确保了审判机关的独立性,才能保证它对税务纠纷做出客观公正的裁决。如美国的税务法院与美国国内收入署无任何关系,确保了审判机关的独立公正。除了税务法院,地区法院和索赔法院也享有税务诉讼案件的司法权。

二、税务行政诉讼的范围

税务行政诉讼的范围包括税务机关做出的征税行为;税务机关做出的责令纳税人提供纳税担保行为;税务机关做出的税收保全措施;税务机关做出的税收强制执行措施;税务机关做出的税务行政处罚行为;税务机关不予依法办理或答复的行为;税务机关的复议行为;税务机关做出的其他税务具体行政行为。

【案情设定】

正在税务行政复议的案件能不能向法院起诉

2017年5月20日,个体工商户王某因销售商品向客户开具收据而被当地县国税局处以1000元的罚款。王某不服,遂向市级国税局申请税务行政复议。市国税局于2017年5月24日受理了王某的行政复议申请,但至2017年7月15日尚未做出复议决定。王某听说对税务机关做出的处罚决定不服可以直接向人民法院提起诉讼,便于2017年7月16日向区人民法院提起了税务行政诉讼。区法院在得知王某已向市国税局申请税务行政复议的情况后,决定不予受理。王某为此感到不解,认为法院有意袒护国税局。因此来信询问法院。法院告知他上述案例中法院在得知该案已向市国税局申请税务行政复议的情况后,决定不予受理的决定是完全符合《税务行政复议规则》所规定的法定程序的,并不存在偏袒国税局的情况。按照上述的法定程序,王某应等待市国税局做出复议决定,若对复议决定不服,或者复议期满市国税局未做出复议决定时(7月24日之后),依据《税务行政复议规则》的规定,可以在收到复议决定书之日起或复议期满后15日内,再向人民法院提起行政诉讼。

三、税务行政诉讼的管辖

税务行政诉讼管辖可以分为级别管辖、地域管辖和裁定管辖三类。

(一)级别管辖

级别管辖的主要内容包括基层人民法院管辖本辖区内一般的税务行政诉讼案件,中级人民法院和高级人民法院管辖本辖区内重大、复杂的税务行政诉讼案件,最高人民法院管辖全国范围内重大、复杂的税务行政诉讼案件。

(二)地域管辖

地域管辖包括一般地域管辖和特殊地域管辖两种。

1.一般地域管辖

一般地域管辖是指按照最初做出税务具体行政行为的税务机关所在地确定管辖法院。凡是没有经过税务行政复议直接向人民法院提起税务行政诉讼的;或者经过税务行政复议,裁决维护原税务具体行政行为,当事人不服,向人民法院提起税务行政诉讼的,均由最初做出税务具体行政行为的税务机关所在地的人民法院管辖。

2.特殊地域管辖

特殊地域管辖是指根据特殊行政法律关系或者特殊行政法律关系所指的对象确定管辖法院。主要包括:

(1)经过复议的案件,复议机关改变原具体行政行为的,由原告选择最初做出具体行政行为的税务机关所在地的人民法院,或者复议机关所在地人民法院管辖。

(2)因不动产提起的税务行政诉讼,由不动产所在地的人民法院管辖。

(3)两个以上的人民法院都有管辖权的税务行政条件,可以由原告选择其中一个人民法院提起诉讼,原告向两个以上有管辖权的人民法院提起诉讼的,由最先收到起诉状的人民法院管辖。

(三)裁定管辖

裁定管辖包括移送管辖、指定管辖和管辖权的转移三种。

1.移送管辖

人民法院发现受理的税务行政案件不属于自己管辖时,应当将其移送有管辖权的人民法院。

2.指定管辖

有税务行政诉讼管辖权的人民法院,出于特殊原因不能行使管辖权的,由上级人民法院指定管辖。人民法院对税务行政诉讼管辖权发生争论的,由争议双方协商解决;协商不成的,报其共同上级人民法院指定管辖。

3.管辖权的转移

上级人民法院有权审判下级人民法院管辖的第一审税务行政案件,也可以把自己管辖的第一审税务行政案件移交给下级人民法院审判。

四、税务行政诉讼的程序

(一)起诉

税务行政诉讼的起诉是指纳税人、扣缴义务人、纳税担保人等税务当事人认为自己的合法权益受到税务机关具体行政行为的侵害,而向人民法院提出诉讼请求,要求人民法院行使审判权,依法予以保护的诉讼行为。

在税务行政诉讼等行政诉讼中,起诉权是单向性的权利,税务机关不享有起诉权,只有应诉权,即税务机关只能做被告;与民事诉讼不同,作为被告的税务机关不能反诉。

提起税务行政诉讼,还必须符合法定的期限和必经的程序。对税务机关的征税行为提起诉讼,必须先经过复议;对复议决定不服的,可以在接到复议决定之日起 15 日内向人民法院起诉。对其他具体行政行为不服的,当事人可以在接到通知或知道之日起 15 日内直接向人民法院起诉。

税务机关做出具体行政行为时,未告知当事人诉讼权和起诉期限,致使当事人逾期向人民法院起诉的,其起诉期限从当事人实际知道诉讼权或起诉期限时计算,但最长不得超过两年。

(二)受理

原告起诉,经人民法院审查,认为符合起诉条件并立案审理的行为,称为受理。

(三)审理

审理指人民法院对税务行政案件进行实质性审查,并确认、判决行政机关的行政行为是否合法、正确的诉讼活动。人民法院审理税务行政案件,以法律法规为依据,以规章为参照,以一般规范性文件为参考。人民法院审理税务行政案件实行公开、合法、回避、两审终审等制度。

(四)判决

判决指人民法院依法对审理终结的行政诉讼案件,经过调查收集证据开庭审理之后,做出实体判决的法律行为,分为一审判决、二审判决。

(1)一审判决。可做出如下审判:维持判决、撤销判决、履行判决、变更判决。
(2)二审判决,即终局判决。可做出如下审判:维持原判、依法改判、发回重审。

【本章小结】

本章较全面地阐述了税务行政管理法的相关规定,分别介绍了税务行政处罚、税务行政复议、税务行政诉讼。通过本章的学习,进一步明确了税务行政管理是税务机关为提高行政效率,依据税收法律制度行使职权,对税务机关内部事务进行有效管理的活动。

知识运用与实训

一、名词解释

税务行政复议　税务行政诉讼　税务行政处罚

二、简答题

1.简要说明税务行政处罚的程序。

2. 简要说明税务行政复议的受案范围及程序。

3. 简要说明税务行政诉讼的范围及程序。

三、单项选择题

1. 纳税人对省级以下各级税务局做出的税务具体行为不服的,可以向(   )申请税务行政复议。

    A. 财政部　　　　　B. 国务院　　　　　C. 国家税务总局　　D. 上一级机关

2. 根据规定,下列行为既可以直接申请行政复议,又可以直接提出行政诉讼的是(   )。

    A. 确认纳税期限和纳税地点

    B. 行政许可行为

    C. 扣缴义务人做出的代扣代缴行为

    D. 加收滞纳金

3. 根据税务行政法制的规定,下列税务行政处罚,需要采取听证程序的是(   )。

    A. 对 A 公民做出的 1 000 元的税务行政处罚

    B. 对 B 企业做出的 5 000 元的税务行政处罚

    C. 对 C 公民做出的 3 000 元的税务行政处罚

    D. 对 D 企业做出的 8 000 元的税务行政处罚

4. 税务行政复议的申请人,可以在得知税务机关做出税务具体行政行为之日起(   )日内提出税务行政复议申请。

    A. 30　　　　　　　B. 40　　　　　　　C. 50　　　　　　　D. 60

四、多项选择题

1. 根据税收征收管理法律制度的规定,下列关于税务行政复议管辖的表述中,正确的是(   )。

    A. 对国家税务总局的具体行政行为不服的,向国家税务总局申请行政复议

    B. 对市辖区税务局的具体行政行为不服的,向市税务局申请行政复议

    C. 对税务局的稽查局的具体行政行为不服的,向其所属税务局申请行政复议

    D. 对计划单列市税务局的具体行政行为不服的,向其所在省的省税务局申请行政复议

2. 我国现行税务行政处罚种类中包括(   )。

    A. 罚款　　　　　　　　　　　B. 没收财物违法所得

    C. 停止出口退税权　　　　　　D. 罚金

3. 税务行政诉讼管辖可以分为(   )。

    A. 级别管辖　　　B. 行政管辖　　　C. 地域管辖　　　D. 法律管辖

4. 人民法院对受理的税务行政案件,经过调查、收集证据、开庭审理之后,分别做出如下裁决(   )。

    A. 维持判决　　　B. 撤销判决　　　C. 履行判决　　　D. 变更判决

五、案例分析

　　李某于 2021 年 10 月 7 日被所在县的税务局罚款 600 元,王某是李某的好朋友,他认为税务局的罚款过重,于同年 11 月 14 日以自己的名义,向该市税务局邮寄了行政复议书。出于邮局的原因,该市税务局 2022 年 1 月 14 日才收到行政复议申请书,该市税务局在 2022 年 1 月 24 日以超过复议申请期限为由做出不予受理决定,并电话通知了王某。

　　要求:请对以下内容进行分析。

　　1. 王某能否作为申请人申请行政复议? 为什么?

　　2. 本案申请人的申请期限是否超期? 为什么?

　　3. 市税务局对王某的行政复议申请,做出不予受理决定的期限是否符合行政复议法的规定? 如果不符合,市税务局应在几日内做出?

　　4. 市税务局用电话通知王某不予受理的做法是否符合行政复议法的规定? 如果不符合,应当用什么方式?

　　5. 李某对该行政处罚的罚款不服,可以不经过行政复议,直接提起行政诉讼吗? 为什么?

知识运用与实训标准答案

参考文献 REFERENCES

[1] 全国税务师职业资格考试教材编写组.税法：Ⅰ[M].北京：中国税务出版社，2021.

[2] 全国税务师职业资格考试教材编写组.税法：Ⅱ[M].北京：中国税务出版社，2021.

[3] 全国税务师职业资格考试教材编写组.涉税服务相关法律[M].北京：中国税务出版社，2021.

[4] 中国注册会计师协会.税法[M].北京：中国财政经济出版社，2021.

[5] 财政部会计资格评价中心.经济法[M].北京：经济科学出版社，2020.

[6] 财政部会计资格评价中心.经济法基础[M].北京：经济科学出版社，2018.

[7] 国家税务总局官网.

[8] 国家税务总局广东省税务局官网.

[9] 中国税务网官网.

[10] 中税网官网.